JN078962

テーマパーク地域学

Theme Park Regionology

奥野　一生

目次

図表目次

Ⅰ．はじめに　＜文献 14 点＞

　日本のテーマパークにとって，2023 年（令和 5 年）は，大きな節目の年である。すなわち，東京ディズニーランド・長崎オランダ村が開園した 1983 年（昭和 58 年）は「テーマパーク元年」と称され，東京ディズニーランドは，この 2023 年（令和 5 年）が開園 40 周年，「テーマパーク元年」から 50 年となる半世紀までの，「カウントダウン」を歩むこととなった。開園当初は 20 代だった若者が，結婚して子供とともに訪れ，さらに孫が誕生して親子三世代で訪れるという，日本のテーマパークは時代と人生の流れを実感できる場所となった。テーマパーク観光史の視点から区分すると，第一世代は東京ディズニーランドなどの 1980 年代に開園したテーマパーク，第二世代はレオマワールド・ハウステンボス・東武ワールドスクウェアなどの 1990 年代に開園したテーマパーク，第三世代はユニバーサル・スタジオ・ジャパンと東京ディズニーシーなどの 2000 年代に開園したテーマパーク，第四世代はレゴランド・ジャパンとムーミンバレーパークの 2010 年代に開園したテーマパークと，開園期で世代を類型化できる。日本のテーマパークは，このように訪問者（ゲスト）の世代と共に，テーマパーク自体が世代を重ねた重要な観光地となっている。

　日本のテーマパーク業界では，第一世代期に「東の東京ディズニーランド，西の長崎オランダ村」，第二世代期に「東の東京ディズニーランド，西のレオマワールドや西のハウステンボス」，第三世代期以降は「東の東京ディズニーリゾート（東京ディズニーランド＆東京ディズニーシー），西のユニバーサル・スタジオ・ジャパン」の大都市内型テーマパーク 2 強時代とされることがある。しかし，世代を重ねた多くのテーマパークの存在も含めて，包括的・総括的な視点で，テーマパーク全体を注視するとともに，第四世代のムーミンバレーパークが，地域環境の類似性と地元地域の熱心な誘致活動による開園であることからも，地域と共に存在するのがテーマパークであり，地域学の観点が必要であることを痛感させられる。2020 年度以降の新型コロナ禍で「マイクロツーリズム」の提起があり，観光における地元リピーター客の重要性が指摘され，地域における真価が問われ

ることとなった。地元の協力がテーマパークの維持・発展に大きく貢献している事例もあり、まさしく、地域あってのテーマパーク、テーマパークあっての地域という、テーマパークと地域の相互作用・相互関係が研究の視点として、極めて重要となっていることが認識された。

　世界的視点からテーマパークを見ると、1955年（昭和30年）、アメリカ合衆国カリフォルニア州ロサンゼルス郊外アナハイムに開園したディズニーランドを代表として、アメリカ合衆国内には数多くのテーマパークがあり、すでに70年近い歴史を歩み、実に人生の歴史に匹敵する。1971年（昭和46年）、アメリカ合衆国フロリダ州オーランドに開園したウォルト・ディズニー・ワールドも、2021年（令和3年）に開園50周年を迎えた。日本国内では、1980年代後半から1990年代前半にかけて、テーマパークブームで多数開園、日本の観光地図が大きく変化した。更に言えば、すでに観光産業の代表、中心的存在ともいえる状況である。特に、「本格的テーマパーク」あるいは「大規模テーマパーク」とされる、東京ディズニーランドや長崎オランダ村・ハウステンボスが、事例研究の代表となっている。しかし、自称「テーマパーク」、あるいは何らかのテーマを少しでも持った観光施設を、広い意味ですべてテーマパークとして取り上げた観光ガイドブックも刊行されており、「フードテーマパーク」「フラワーテーマパーク」「イルミネーションテーマパーク」「鉱山テーマパーク」「アウトドアスポーツテーマパーク」などの幅広いジャンルにも類型化でき、今日では、テーマパークという用語がきわめて広い意味で使用されるようになっている。テーマパークの意味合いも、この40年間で変化をきたしてきた。

　現代日本の観光学を語るとき、テーマパーク論はもはや必修かつ必須の項目内容であり、大学の観光学部・観光学科では必須科目である。観光学部・観光学科の学生にとっては、テーマパーク論（概論・総論）の講義があって当然で、学ぶべき授業科目といえる。それに対して、個々のテーマパークの事例的研究にとどまらない、総括的・包括的なテーマパーク研究史はいかがだろうか。テーマパーク論（概論・総論）で、総括的・包括的な講義が行われているだろうか。テーマパークの研究書は、1990年（平成2年）の根本祐二著『テーマ・パーク時代の到来』（ダイヤモンド社発行）

が先駆的と思われ，1994 年（平成 6 年）の伊藤正視著『人が集まるテーマ
パークの秘密』（日本経済新聞社発行）が続いた。

　筆者は，1995 年（平成 7 年）に，日本のテーマパークを検討して規模
や内容の独自性と本格性という視点からテーマパークを厳選するととも
に，筆者所蔵の，日本のテーマパーク文献を詳細に提示した拙稿「日本の
テーマパークとその文献」を発表した。そこで示したように，地理学から
の包括的な研究が少ない。さらに筆者は，1997 年（平成 9 年）に，「日本
におけるテーマパークの立地と展開」を学会で報告，1998 年（平成 10 年）
に，その学会報告を論文化した拙稿「日本におけるテーマパークの立地と
展開」を公刊した。これらの総括的・包括的なテーマパーク研究の拙稿 2
稿は地理学研究誌の文献案内欄や単行本の参考文献で紹介されて，多くの
方々からの反響があった。

　また，筆者は，2003 年（平成 15 年）に，その 2 稿をまとめるとともに，
具体的事例をより多く追加，その後の変化と文献を加筆，より多くの方々
にお読みいただくことを意図して，拙著『ソフィア叢書 No.9　日本の
テーマパーク研究』（竹林館）を出版した。地形図，特に新旧地形図を掲載
して読図教材としての活用を盛り込み，さらにテーマパーク論や地域振興
政策論，観光学や観光地理学のテキストとして，利用いただけることを期
待した。その書評では，「図書新聞」においては，「発展と停滞の二極分解
を分析」「極めて統計学的な分析を駆使した研究報告」「数多く掲載されて
いる国土地理院発行の二万五千分の一地形図は，テーマパークの立地と展
開といったことがリアルに俯瞰」とご指摘いただいた。古今書院発行の「月
刊　地理」で香川貴志先生には，「テーマパークを主題とした研究を行う
のであれば必読の書」「地誌的にテーマパークを扱う場合は本書のような
構成が奏功し，このうえなく便利」と評していただいた。日本地理教育学
会誌「新地理」で青木栄一先生には，「テーマパークについてこれだけの
文献を列挙した『文献』はあるまい」「これからテーマパークの勉強を始
めようとする人，あるいは教材開発をしようとする人には大変有益な著作」
「テーマパーク研究にとっての一里塚となり，この研究にひとつの基礎を
据えるという大きな役割をはたした」と評していただいた。地域地理学会

誌「地域地理」で石原照敏先生には，「地理学からは，従来，個々のテーマパークの研究は若干なされているが，全国のテーマパークの包括的な研究は本格的にはなされていなかった。本書はその空白を埋める重要な研究」と評していただいた。綜合ユニコム発行の「月刊レジャー産業資料」では，「そのユニークな点は，開設時期と立地を踏まえ，集客状況と地域との関連性に言及したうえで，わが国の風土や地域性といった地理学的な視点から施設を考察することを提唱している点」「従来にはない地理学的考察からみたテーマパークの成立要因をうかがい知ることができる」「文献類を数多く列挙しており，文献目録としての利用価値も兼ね備える」と評していただいた。各先生方は，関連分野における第一人者であり，「月刊レジャー産業資料」は，レジャー産業界を代表する月刊誌であるだけに，評価していただいたことは，極めて心強い。幸いにしてこの拙著は大好評で，大手インターネット書店の「テーマパーク」の本で売れ行きベスト3にランクされることもあり，初版は2ヶ月で完売，増刷も2年で完売，以後は希書的扱いになったこともあった。

　さらに，筆者は，その5年後，2008年（平成20年）に大幅に改訂・増補を行って判を拡大，ページ数も増加させた拙著『新・日本のテーマパーク研究』(竹林館)を出版した。その書評では，「図書新聞」で黒川類氏に「綿密な資料とデータで日本のテーマパークの変遷を辿る，日本の風土や地域の地理学的研究の必要を提示」と評していただいた。古今書院発行の「月刊　地理」で齋藤清嗣先生には，「テーマパークに取り組もうとする学生や，テーマパークを素材にした地理教材を作成しようとする教員にとっては，必携といっても過言ではなかろう」と評していただいた。初版は2ヶ月で完売，大幅増刷して第2刷は3年半で完売，さらに大幅増刷して第3刷は9年で完売にいたった。

　以上のように，両稿・両著は，いくつもの書評でも取り上げていただくとともに，筆者は図書館等への寄贈は行わなかったが，多くの公立図書館や大学図書館でご購入いただいた。特に『新・日本のテーマパーク研究』は，日本の約4分の1の大学図書館で購入・所蔵をいただいており，総合大学は勿論，単科大学でも，少なくとも地域政策や観光学専攻のある大学

の図書館では，購入・所蔵をいただいている。海外では，アジア地域で，國立臺灣師範大學・香港中文大学・東義大学校，ヨーロッパ地域で，オックスフォード大学，アメリカ地域で，ハーバード大学・シカゴ大学・スタンフォード大学・トロント大学，オセアニア地域で，オーストラリア国立図書館で，購入・所蔵いただいている。拙著（旧著）の購入・所蔵状況については，インターネットの，全国大学図書館蔵書検索や各公立図書館蔵書検索等にて検索可能であり，それぞれの蔵書図書館で両著を閲覧いただければ幸いである。

　全国のテーマパークを対象に，フィールドワークに基づき，立地から展開までまとめ，数多くの文献を掲載したものは拙著が唯一といえるであろう。実際，インターネットのキーワード検索にても「テーマパーク研究」で検索すると拙著が表示され，大学での研究における文献検索でよく活用される「全国大学図書館蔵書検索」の「連想検索」で「テーマパーク」にて検索すると，拙著が上位に表示される。また，インターネットのホームページやブログ等でも拙著が取り上げられ，学位論文で拙著が引用されたり，ゼミ演習の参考文献として必読が指示されたりした記載も拝見させていただいた。テーマパーク研究の必読書，あるいはテーマパーク文献として示すべき必須の文献目録書と，多くの人々に認識いただいた。もっとも，明らかに拙稿・拙著からの転載・引用と思われるものの，その転載・引用が「転載表示形式・引用表示形式」で明示されていないもの，その転載・引用からの「孫引き」もあった。すなわち，「子引き」の文献は文献として示されているものの，拙稿・拙著が文献として示されていない観光学入門の書籍もあった。

　マスコミ等の関係では，2009 年（平成 21 年）8 月 8 日に，『新・日本のテーマパーク研究』の著者として，ＫＢＳ京都放送に出演させていただいた。2010 年（平成 22 年）5 月 24 日には毎日新聞地方版の香川支局版で「支局長のからの手紙」として『新・日本のテーマパーク研究』を紹介いただいた。2012 年（平成 24 年）12 月 5 日には，四国四万十を舞台としたテレビドラマ「遅咲きのヒマワリ」において，四万十にテーマパークを作る話で，「テーマパークだったらこの本」と桐谷健太さんから生田斗真さんに拙著『新・日本のテーマパーク研究』が手渡されるシーンを放映していただいた。2017 年（平成 29 年）4 月 15 日に，『新・日本のテーマパーク研究』

の著者でテーマパークに詳しいということで，ＲＳＫ山陽放送の「土曜番長」という番組に出演させていただいた。2019年（平成31年）3月25日には，ムーミンバレーパーク開園についての筆者へのインタビューに基づく共同通信社の配信記事が「上毛新聞」「北日本新聞」に掲載されるなど，多方面から注目していただいた。

　そこで，絶版となった前2著に続いて，本書を刊行することとした次第である。本書では，日本においてテーマパークと称される主要な施設を実際に調査し，筆者の同一の視点から代表的かつ本格的なテーマパークを厳選して提示するとともに，それぞれのテーマパークの開園前後の地形図やテーマパークの文献（筆者所蔵文献）を数多く掲載することにした。その文献の表題及び副題を見ることによって，文献の内容のみならず，当時の状況や関心事，時代の流れを理解することもできる。また，テーマパークの立地と展開について，数多くの事例を提示して幅広く詳細に検討，地域学からのテーマパーク研究の深化をも期待したものである。さらに，本書は，日本のテーマパークの地理的展開・歴史的発展について，系統的・体系的にまとめることを意図したものである。

　本書で取り上げるテーマパークを選定する際，重視した視点は世界や日本の地理と歴史の理解に役立つ社会教育的施設という観点でもある。高等学校地理においては，テーマパークが教材として教科書に掲載され，大学入試においても，テーマパークを示唆する問題が出題されている。主として読図教材や地域調査の事例として取り上げられており，生徒の興味関心や内容理解の明瞭さから，その教材として適当ではあるが，第一義的には観光の項目で取り上げるべきものであろう。また，地理学で扱う場合は，その立地条件や地域に与える影響を考察することも必要である。

　筆者は，従来の地域学が，「地名冠学」や「地域的地域学」とされるのに対して，「系統的地域学」の視点による「地域学」の確立が必要と考え，すでに，『観光地域学』『自然地域学』の2著を刊行した。それに引き続いて，本書『テーマパーク地域学』を刊行することとした。初著発行から20年が経過，「テーマパーク研究からテーマパーク地域学へ」，テーマパーク研究と共に，地域学の発展・深化に寄与できることを期待したい。

1．拙稿2編・拙著3冊 ＜文献5点＞

・奥野一生（1995）：日本のテーマパークとその文献，「大阪教育大学地理学会会報」，大阪教育大学地理学会，29：19-40.

・奥野一生（1998）：日本におけるテーマパークの立地と展開，「地理學報」，大阪教育大学地理学教室，33：15-35.

・奥野一生（2003）：『日本のテーマパーク研究』，竹林館，総ページ数138p.

・奥野一生（2008）：『新・日本のテーマパーク研究』，竹林館，総ページ数278p.

・奥野一生（2018）：『観光地域学』，竹林館，総ページ数271p.

2．日本地理教育学会大会（於：大阪教育大学）の予稿集と 学会誌「新地理」に掲載された発表要旨 ＜文献2点＞

・奥野一生（1997）：日本におけるテーマパークの立地と展開，「日本地理教育学会　平成9年度　予稿集」，日本地理教育学会，12-13.

・奥野一生（1997）：一般研究発表要旨　日本におけるテーマパークの立地と展開，「新地理」，日本地理教育学会，45（3）：58.

3．拙著の書評 ＜文献7点＞

・図書新聞（2003）：書評 日本のテーマパーク研究，「図書新聞」，No.2652.

・香川貴志（2003）：書架 日本のテーマパーク研究，「月刊　地理」，古今書院，48（10）：118.

・青木栄一（2003）：書評　日本のテーマパーク研究，「新地理」，日本地理教育学会，51（3）：41-42

・石原照敏（2004）：書評　日本のテーマパーク研究，「地域地理研究」，地域地理学会，No.9.

・月刊レジャー産業資料編集部（2004）：書評　日本のテーマパーク研究，「月刊レジャー産業資料」，綜合ユニコム，448：166.

・黒川類（2008）：書評　新・日本のテーマパーク研究，「図書新聞」，2008年11月1日.

・齋藤清嗣（2008）：書評　新・日本のテーマパーク研究，「月刊　地理」，古今書院，53（12）：111.

Ⅱ．日本のテーマパーク文献 ＜文献117点＞

1．地理学の本・地理学専門誌に登場したテーマパーク
＜文献15点＞

　最初に，地理学からのテーマパーク研究として，過去の地理学の本・地理学専門誌に登場した，テーマパーク時代初期の文献を紹介する。これは，観光及びテーマパーク研究の文献として，地理学の文献が基本となることを期待したからである。従来は，前述した先駆的研究書のように観光論やテーマパーク論は，経済学や経営学から語られることが多く，直接的には売上高や損益収支が示され，内容の先駆性・希少性・奇抜性から成功例が示されることが多かった。しかし，大規模・本格化・淘汰の時代となると，地域状況を見極めた判断の重要性が高まっている。そこから研究も，テーマパーク，あるいは観光の成否について，地域を見る目が必要という，地理学的研究の重要性・基本性があり，地理学からのテーマパーク研究の深化が求められる。

　「週刊　朝日百科　世界の地理」は，地理の代表的週刊百科で，地誌的区分による内容が中心であるものの，東京ディズニーランド開園直後の発刊ということもあって，「東京ディズニーランド」と「レジャー旅行」の項目が取り上げられている。古今書院の月刊「地理」は地理学を代表する月刊誌で，地理学のトレンドを捉えた内容と共に，学校現場で活用できる内容が特色である。「つくば博」が開催された年に「ディズニーランドとつくば博」が取り上げられ，その後に次々とテーマパークが開園，「テーマパーク攻防戦」「地域変化を読む目　遊園地・テーマパーク」「遊園地の判読」といった内容での記事があり，筆者も読図教材として東京ディズニーリゾートのある「浦安」を取り上げた。

　地形図読図は，学校教育における地理学習にとって重要な学習内容である。後述する各博覧会会場も地形図に記録されたが，大規模で恒久的な施設であるテーマパークも地形図に登場し，格好の読図教材となっている。地形図を中心とした読図本のみならず，教科書での登場を含めれば比較的

多いといえる。本書でも，その変化を見るために開園前後の地形図を掲載した。世界や日本の地理と歴史の学習に最適となれば，修学旅行先ともなる。各地にテーマパークが誕生して地域変化の原動力となると，テーマパークは地理学上注目すべき存在となってきている。また製鉄所や繊維工場等の工場跡地がテーマパークになるという事例は，工業立地と観光産業を考える教材となりえるのである。当然のごとく，テーマパークは現代地理学のキーワードとなる。地誌でも，テーマパークはその地域の構成要素として，欠かせない存在となってきている。

　テーマパークは，当初，博覧会的なものと見られた面があり（一時的で，どっと一回行ったらそれで終わり），各テーマパークには「いつまでやっているのですか」という，聞き方によっては失礼な問い合わせが多かったと伝えられている。実際に，1年目に非常に多かった入場者が，2年目に大幅に減少し，3年目にどれだけ盛り返すかが勝負であるという，「テーマパーク2〜3年目のジンクス」が指摘できる。このジンクスは，エアラインの新規開設航空路線にも該当し，テーマパークとエアラインは観光という視点だけではない共通項がある。日本における博覧会的な来訪行動傾向に対して，長期的に継続して運営するためには，どう対処するかが求められることになった。そこで，いわゆる「リピーター（再訪者）」をいかに増やすかがテーマパーク成功のカギだと，強く指摘されることになった。エアラインの新規開設航空路線も，「リピーター（再利用者）」をいかに増やすかが路線成功のカギである。そして両者とも，いかに地域との相互作用関係を良好に構築するか，「面」である地域に対して，その中で「点」であるテーマパークや空港，「線」である航空路線が，相互にどのような影響を与えるかとともに，相互にどのような影響を受けるかといった地域学的視点で考察することが，研究に必要不可欠である。

・山村順次（1984）：東京ディズニーランド，「週刊　朝日百科　世界の地理　日本東部　千葉」，37：4-169.

・市川健夫（1984）：レジャー旅行の変遷“どっと繰り出す”日本人，「週刊　朝日百科　世界の地理　特集編　日本の暮らしと文化」，50：5-277〜5-280.

・荒木泰晴（1985）：ディズニーランドとつくば博，「月刊　地理」，古
　今書院，30（8）：52-61.

・南出真助（1989）：東京ディズニーランド，『地図と地域構造』，ナカ
　ニシヤ出版，18-19.

・岩田　貢（1990）：グローバルな視点立つ　地理教材　テーマパーク
　攻防戦，「月刊　地理」，古今書院，35（8）：129-134.

・溝尾良隆（1990）：地域変化を読む目　遊園地・テーマパーク，「月刊
　地理」，古今書院，35（10）：14-15.

・大沼一雄（1991）：青べかの町から東京のベッドタウンへ―浦安，『続々
　日本列島地図の旅』，東洋書店（東洋選書），262-273.

・赤桐毅一（1992）：日本の開発と環境2　遊園地の判読，「月刊　地理」，
　古今書院，37（1），裏表紙．

・小山昌矩（1993）：新日鉄のスペースワールド，『新・地理のとびら3』，
　日本書籍，16-17.

・戸所　隆（1993）：テーマパーク，「地理学の最近のキーワード」，浮
　田典良編，『ジオグラフィックパル　地理学便利帖　94-95年版』，
　海青社，167-168.

・豊田　薫（1994）：東京ディズニーランド，『東京の地理再発見』，地歴社，
　202-223.

・北川美紀（1996）：地域振興策としての観光開発　北海道芦別市を事
　例として，「日本地理学会予稿集」，日本地理学会，49：316-317.

・浮田典良編（2003）：テーマパーク，『最新地理学用語辞典［改訂版］』，
　大明堂，199.

・竹内裕一（2003）：漁師町からアーバンリゾート地域へ　浦安市・市
　川市行徳，『関東Ⅰ　地図で読む百年』，古今書院，91-96.

・奥野一生（2006）：明日の授業で使える！　地形図読図　第17回　千
　葉県浦安，「月刊　地理」，古今書院，51（11）：70-79.

2．テーマパーク時代の基本的文献 ＜文献3点＞

　下記の3文献は，テーマパーク時代の基本的な文献として押さえておきたい。それぞれ，銀行調査担当・業界誌編集部長・テーマパーク専務（注：肩書はそれぞれの執筆当時）で，それぞれの立場があって，視点がそれぞれ違っているのが興味深い。根本祐二氏は，日本開発銀行地域開発調査部勤務で，テーマパークの誕生・本質・特徴，代表的テーマパーク，テーマパークの動向，日本型テーマパーク，テーマパーク事業の留意点と，体系的なテーマパーク論を展開している。長沼修二氏は，後述する「月刊レジャー産業資料」編集部長で，「地域開発」に掲載された文章は量的には少ないものの，テーマパークとは，テーマパークと地域活性化，テーマパークの事業特性，テーマパークの課題と，ポイントをしっかりと示している。伊藤正視氏は，神戸レジャーワールド開発専務で，自らのテーマパーク建設にあたり，調査研究した内容をまとめてある。日本人のレジャー感覚，ウォルトディズニーからアイズナー会長，祝祭空間の歴史，世界のテーマパークと集客施設，遊びの本質とリピーター力，決め手はノスタルジーとイマジネーション，テーマパークの成功・オペレーション・もてなしと情感演出・進化と，テーマパークの運営においてポイントとなる事項に重点をおいた内容となっている。ただ残念ながら，1995年（平成7年）発生した阪神淡路大震災と，その後の経済情勢から，そのテーマパーク建設は中止された。

・根本祐二（1990）:『テーマ・パーク時代の到来　魅力ある地域創造のニュービジネス』，ダイヤモンド社．
・長沼修二（1993）:テーマパークと地域活性化,「地域開発」，日本地域開発センター，342：21-25.
・伊藤正視（1994）:『人が集まるテーマパークの秘密』，日本経済新聞社．

3．テーマパークを紹介した旅行ガイドブック ＜文献11点＞

　テーマパークを特集したテーマパーク時代初期の旅行ガイドブックとしては，オズマガジン増刊号が代表的で，比較的早くから世界のテーマパー

クを紹介する増刊号が出版され，世界のテーマパークの具体例が示されている。「るるぶ」・「ぴあ」といった，若者向きの旅行ガイドブックを出している出版社においても，遊園地・レジャーランドとあわせたガイドブックが毎年出版され，特に「ぴあ」は日本のテーマパーク内の詳細な施設紹介やアメリカのテーマパーク（1993年版）をよく紹介していた。地方のタウン誌も別冊でテーマパークを紹介しており，ポケットサイズのガイドブックでは，双葉社の『全国テーマパークめぐり』が充実した内容である。

- ・オズマガジン編集部（1991）：『OZmagazine　3月号増刊　世界のテーマパーク '91年版』，スターツ出版．
- ・オズマガジン編集部（1992）：『OZmagazine　1月号増刊　世界のテーマパーク '92年版』，スターツ出版．
- ・オズマガジン編集部（1994）：『OZmagazine　5/9号増刊　テーマパーク COLLECTION '94』，スターツ出版．
- ・るるぶ社（1992〜）：『まるごとテーマパーク＆レジャーランド　首都圏おもしろ遊びランド』，日本交通公社出版事業局．
- ・るるぶ社（1992〜）：『まるごとテーマパーク＆レジャーランド　関西おもしろ遊びランド』，日本交通公社出版事業局．
- ・タウン情報まつやま編集部（1992）：『タウン情報まつやま別冊　瀬戸内海・中四国・九州版　リゾート＆テーマパーク』，エスピーシー．
- ・小学館編集部（1993）：『全国アミューズメント・スポット・ガイド Virtual　Attraction』，小学館．
- ・ぴあ編集部（1993）：『ぴあ's遊園地1993　特集アメリカのテーマパーク＆遊園地』，ぴあ．
- ・ぴあ編集部（1994）：『ぴあ's遊園地1994　全国アミューズメント施設詳細ガイド』，ぴあ．
- ・ぴあ編集部（1995）：『ぴあ's遊園地1995　関東エリア・全国のテーマパークなど』，ぴあ．
- ・双葉社MOOK編集部（1994）：『双葉社ガイドブック　全国テーマパークめぐり』，双葉社．

4．テーマパークを特集した旅行雑誌・MOOK・建築町並み雑誌
＜文献11点＞

　旅行雑誌でも，テーマパーク時代初期に特集記事があり，個々のテーマパークの紹介記事も随時あった。"旅の万科事典"と称する『TABIDAS』にはテーマパークの項があり，同じくJTB発行の旅行雑誌「旅」，弘済出版社発行の旅行雑誌「旅の手帖」，旅行読売出版社発行の旅行雑誌「旅行読売」でもテーマパーク特集が組まれ，近畿日本ツーリスト出版部発行の「ジョイフル」においても，系列の志摩スペイン村の開業もあって，1990年代にテーマパーク特集が続いた。

・JTB出版事業局情報管理課（1991）：テーマパーク，
　『TABIDAS '92』，日本交通公社，418-421.
・旅の手帖編集部（1992）：テーマパークへ行こう。，「旅の手帖」，16
　（5）：84-89.
・旅行読売編集部（1992）：全国テーマパーク大集合，「旅行読売」，
　443：3-10，37-72.
・JTB出版事業局情報管理課（1992）：テーマパーク，『TABIDAS
　'93』，日本交通公社，376-379.
・JTB「旅」編集部（1993）：特集・テーマパーク探検，「旅」，67（5）：
　24-146.
・ジョイフル編集部（1993）：テーマパーク大図鑑，「ジョイフル」，20
　（8）：2-64.
・JTB出版事業局情報管理課（1993）：テーマパーク，『TABIDAS
　'94』，日本交通公社，330-332.
・ジョイフル編集部（1994）：テーマパークで海内旅行，「ジョイフル」，
　21（8）：10-64.
・旅の手帖編集部編（1996）：テーマパークが今，面白い！，「旅の手帖」，
　20（6）：186-194.
・旅行読売編集部編（1997）：全国テーマパーク大特集，「旅行読売」，
　522：112-129.

・建築フォーラム社（1998）：特集・テーマパーク，「まちなみ・建築フォーラム」，3：6-43.

5．テーマパーク（総論）を取り上げたレジャー産業・リゾート産業の業界誌とその記事 ＜文献26点＞

　綜合ユニコムの「月刊レジャー産業資料」はレジャー産業界にて最も注目すべき雑誌で，早い時期から毎年のようにテーマパーク特集が組まれ，レジャー産業界におけるテーマパークの重要性を示している。その時々の特集記事内容は，僅か1年の差でもテーマパークのおかれた状況の変化を物語っており，刻々と変わるテーマパーク情勢をよく反映している。特に地域との関わりに触れた記事内容もあって，観光地理学としても参考となる。個々のテーマパークも，新規開園時はもちろん，開園予定や建設中，そして開園後と，たびたび紙面に記事が掲載されており，後述する個々のテーマパーク文献にも含めた。長らく，総論的記事が途絶えたが，コロナ禍で復活した。

　日本経済新聞社系列の日経BP社からは，雑誌「日経リゾート」が隔週で発行されていた。後述するように，個々のテーマパークをよく取り上げているものの，意外に総論が少なく，リゾートブームの沈静期になってようやく総論的な記事が掲載された。リゾートブームの興隆とともに創刊され，その陰りとともに1993年（平成5年）10月18日の第119号を最後として休刊となった。内容だけでなく，創刊・休刊までもリゾートの流れを象徴する雑誌であった。

・園田榮治（1988）：テーマパークの現状と展望，「月刊レジャー産業資料」，252：61-65.
・井手信雄（1989）：リゾート開発の漸進　テーマパーク事業推進のポイント，「月刊レジャー産業資料」，263：75-84.
・月刊レジャー産業資料編集部（1989）：『テーマパーク・テーマリゾート企画・開発実務資料集』，綜合ユニコム．
・月刊レジャー産業資料編集部（1990）：特集・再考・テーマパーク構

想と外国村のあり方，「月刊レジャー産業資料」，271：63-107.

・月刊レジャー産業資料編集部（1990）：特集・白熱するテーマパーク開発―その成立条件を探る，「月刊レジャー産業資料」，282：63-125.

・月刊レジャー産業資料編集部（1991）：特集・テーマパーク徹底比較―その正否の軌跡を読む，「月刊レジャー産業資料」，296：67-105.

・月刊レジャー産業資料編集部（1992）：特集・運営段階に入ったテーマパークの経営課題，「月刊レジャー産業資料」，314：67-121.

・月刊レジャー産業資料編集部（1993）：特集・テーマパークの10年を振り返る，「月刊レジャー産業資料」，321：60-122.

・月刊レジャー産業資料編集部（1994）：特集・ボーダレス化するアミューズメントビジネス　アミューズメントセンター・アミューズメントパーク・テーマパーク，「月刊レジャー産業資料」，333：53-108.

・月刊レジャー産業資料編集部（1996）：テーマパーク事業再生の視点，「月刊レジャー産業資料」，363：45-95.

・月刊レジャー産業資料編集部（1997）：テーマパーク，「月刊レジャー産業資料」，375：61-104.

・月刊レジャー産業資料編集部（1998）：特集　大規模テーマパークの勝算，「月刊レジャー産業資料」，387：65-111.

・月刊レジャー産業資料編集部（1999）：21世紀のテーマパーク事業に求められるもの，「月刊レジャー産業資料［別冊］AM BUSINESS」，27：65-77.

・月刊レジャー産業資料編集部（2000）：テーマパーク新世紀，「月刊レジャー産業資料［別冊］AM BUSINESS」，31：45-62.

・月刊レジャー産業資料編集部（2004）：レジャーパーク再投資における［マネジメント］と［マーケティング］のストラテジー，「月刊レジャー産業資料」，453：44-47.

・宮本常雄（2004）：レジャーパークの収益分析と投資判断の実際，「月刊レジャー産業資料」，453：48-53.

・月刊レジャー産業資料編集部（2004）：レジャーパーク　魅力再生に向けての投資課題，「月刊レジャー産業資料」，453：54-58.

・月刊レジャー産業資料編集部（2008）："テーマパーク元年から四半世紀"「遊戯化」する生活空間とも競合する遊園地・テーマパーク，「月刊レジャー産業資料」，500：84-87.

・日経リゾート編集部（1991）：テーマパーク産業の現状　第1次企画・開発ブームの終えん，「日経リゾート」，53：67-72.

・日経リゾート編集部（1993）：主要リゾート企業の最新決算と今期の見通し　遊園地・テーマパーク　集客数落として減収，「日経リゾート」，117：22-25.

・日経リゾート編集部（1993）：特集　どうなるリゾート産業　テーマパーク　夢を追うビジネスからマーケティング重視へ　建設中のプロジェクトで，ほぼ一段落，「日経リゾート」，119：15-17.

・月刊レジャー産業資料編集部（2014）：特集　新たな客層開拓に挑む遊園地・テーマパーク，「月刊レジャー産業資料」，573：74-89.

・月刊レジャー産業資料編集部（2020）：遊園地・テーマパーク：好調な有力パークもコロナ禍で入場者数減に　今後は大型開発・リニューアル計画が控える（特集　レジャー＆サービス産業総覧2021），「月刊レジャー産業資料」，650：42-45.

・月刊レジャー産業資料編集部（2021）：テーマパーク：ＴＤＲのトップは不動も開業年以来の1000万人割れに（特集　主要レジャー施設　集客データ2021：数字で見るパンデミックの災禍），「月刊レジャー産業資料」，661：26-29.

・月刊レジャー産業資料編集部（2021）：新コンテンツとメンテナンスでコロナ収束後に備え、施設同士の"横のつながり"をパワーに：コロナ禍と対峙するテーマパーク・遊園地（特集　主要レジャー施設　集客データ2021：数字で見るパンデミックの災禍），「月刊レジャー産業資料」，661：50-53.

・月刊レジャー産業資料編集部（2021）：2020年の遊園地・テーマパーク経営企業は約半数が減収に　コロナ禍の長期化で21年は減収がさらに加速か（特集　主要レジャー施設　集客データ2021：数字で見るパンデミックの災禍），「月刊レジャー産業資料」，661：54-56.

6．テーマパークを特集した流行情報誌 ＜文献9点＞

　日経ホーム出版編集・日本経済新聞社発行の流行情報誌「日経トレンディ」において，テーマパーク記事が掲載されている。テーマパークもトレンドを代表するものであろう。「日経リゾート」の休刊により，この「日経トレンディ」で類似の企画記事がみられた。

　ＰＨＰ研究所発行の雑誌「ＴＨＥ21」も，時代のトレンドをよく特集している。

・日経トレンディ編集部（1990）：米国テーマパーク大陸，「日経トレンディ」，33：4-33.

・日経トレンディ編集部（1990）：日本テーマパーク列島，「日経トレンディ」，33：36-48.

・日経トレンディ編集部（1991）：米国流　キャラクター・ビジネス　ディズニーのライバルは現れるか，「日経トレンディ」，45：4-55.

・日経トレンディ編集部（1993）：再浮上するテーマパーク，「日経トレンディ」，71：4-17.

・日経トレンディ編集部（1994）：テーマパーク＆遊園地，「日経トレンディ」，84：6-54.

・中畑孝雄（1993）：最新テーマパークランキング　テーマパークを地域振興と結び付ける方法，「ＴＨＥ21」，10（8）：86-91.

・日経トレンディ編集部（2001）：ユニバーサル・スタジオ・ジャパン大旋風，「日経トレンディ」，181：80-87.

・日経トレンディ編集部（2001）：東京ディズニーシー VS ユニバーサル・スタジオ・ジャパン，「日経トレンディ」，187：83-93.

・日経おとなの OFF 編集部（2002）：誰も知らないおとなの遊園地，「日経おとなの OFF」，12：11-67.

7. テーマパークを含む観光学やレジャー産業論に関する単行本
＜文献 13 点＞

　観光学研究やレジャー産業論の単行本でも，テーマパーク論は必須項目として多数登場している。

- 溝尾良隆（1990）：『観光事業と経営　たのしみ列島の創造』，東洋経済新報社．
- 溝尾良隆（1994）：『観光を読む―地域振興への提言―』，古今書院．
- 足羽洋保編著（1994）：『新・観光学概論』，ミネルヴァ書房．
- 日本交通公社調査部編（1994）：『観光読本』，東洋経済新報社．
- 喜多野乃武次（1995）：『遊園地のマーケティング』，遊時創造．
- 山下晋司編（1996）：『観光人類学』，新曜社．
- 長谷政弘編著（1996）：『観光マーケティング―理論と実際―』，同文館．
- 余暇開発センター編（1996）：『業種別レジャー産業の経営動向』，同文館．
- 余暇開発センター編（1997）：『業種別レジャー産業の経営動向（1997年版）』，同文館．
- 岩崎・渡辺・森野編（1996）：『いこい―リゾート，テーマパーク』，ぎょうせい．
- アミューズメント総合研究所編（1997）：テーマパーク業界，『アミューズメント業界早わかりマップ』，こう書房，142-176.
- 瀬沼克彰（2003）：『余暇事業の戦後史　昭和二〇年から平成一五年まで』，学文社．
- 米浪信男（2004）：『観光・娯楽産業論』，ミネルヴァ書房．

8. リゾートに関する文献 ＜文献 29 点＞

　1987 年（昭和 62 年）にリゾート法（総合保養地整備法）の公布・施行後，リゾートによって地域開発・地域振興を進めようという流れ（いわゆるリゾートブーム）が出現し，そのリゾートの一環としてテーマパークが計画されることが多かった。したがって，テーマパークとリゾートは関係深く，

リゾートの文献紹介も必要となる。ただ，リゾートに関する文献は非常に多いので，単行本と，雑誌では「地域開発」と「月刊　地理」に掲載されたものを中心に厳選し，リゾート法の公布・施行後の10年間を，年代順に並べて提示した。

（1）1987～89年の文献 ＜文献11点＞

　地域開発研究で必読の雑誌が，財団法人日本地域開発センターの「地域開発」である。比較的短文が多いものの，地域開発の流れをよく捉えている。この「地域開発」で新しい流れが紹介され，単行本が出るパターンが続いた。この時期は，いわば草創期で，地域開発の切り札としてリゾートに大きな期待が寄せられた時期である。古今書院発行の「月刊　地理」でもリゾートの特集が組まれた。

- ・伊藤善市（1987）：特集・リゾートと地域開発　リゾートと地域振興，「地域開発」，276：1-6.
- ・長谷川芳郎（1987）：『リゾートの構図　世界に見るリゾートづくりの発想と手法』，綜合ユニコム．
- ・猪口修道（1988）：『リゾートビジネス』，ＴＢＳブリタニカ．
- ・日経産業新聞編（1989）：『リゾート　"夢開発" の現場』，日本経済新聞社．
- ・西野武彦（1989）：『"地方の時代は来るか" リゾート開発の読み方』，住宅新報社．
- ・佐藤　誠（1989）：『ドキュメント　リゾート』，日本評論社．
- ・中村かつろう（1989）：『リゾート革命　体験的地中海クラブ論』，勁草書房．
- ・伊藤達雄（1989）：リゾート時代の課題と展望，「月刊　地理」，古今書院，34（2）：13-18.
- ・溝尾良隆（1989）：余暇時代の幕開け　リゾート法に評価診断，「月刊　地理」，古今書院，34（2）：19-23.
- ・室谷正裕（1989）：リゾート法　制度の概要と現状，「月刊　地理」，古今書院，34（2）：24-34.

・今野修平（1989）：先進国のリゾートに学ぶ，「月刊　地理」，古今書院，
　　34（2）：35-40.

（2）1990・91 年の文献 ＜文献７点＞

　この時期は，具体的なリゾートが動き出しており，前期の文献が諸外国
のリゾート紹介が多いのに対して，日本型リゾートのモデル像を考える時
期となっている。また，実際の現場の問題点やリゾートの本質が問われる
時期でもあった。なかでも，『リゾート列島』がその代表である。

・つばた・しゅういち（1990）：特集・日本型リゾート　日本型リゾー
　　トを考える，「地域開発」，310：2-8.
・佐藤　誠（1990）：『リゾート列島』，岩波書店（岩波新書）.
・峰如之介（1990）：『リゾート宣言　自遊人からの余暇パラダイスのす
　　すめ』，日本コンサルタントグループ.
・山田紘祥（1990）：『日本型レジャービジネスの条件　90 年代のレ
　　ジャー、リゾートはこう変わる』，ダイヤモンド社.
・土肥健夫（1991）：『リゾート再生と地域振興』，学芸出版社.
・一条真也（1991）：『リゾートの思想　幸福の空間を求めて』，河出書
　　房新社.
・大谷　毅（1991）：『リゾートビジネスの構図　岐路に立つ企画現場』，
　　第一法規.

（3）1992・93 年の文献 ＜文献９点＞

　この時期は，早くもリゾートブームに陰りが見え，個々の問題点が噴出
する一方で，経済学や法学の立場からの学問研究としてレジャーやリゾー
トを捉える流れが現れるなど，長期的視野に立った調査研究の必要性が主
張される時期である。また，第三セクターは国鉄ローカル線の転換で注目
された手法だが，テーマパークにおいても運営で第三セクター方式を採用
するものが多くあって，第三セクター研究からもリゾートやテーマパーク
が注目された。そして，前述したように，「日経リゾート」が休刊となり，
1994 年以降において，少なくとも日本におけるリゾート開発を推進する

ような，リゾートの単行本がほとんど出版されていない．

- ・溝尾良隆（1992）：わが国におけるリゾートの課題と展望，「地域開発」，335：2-7.
- ・宇田川日出雄（1992）：特集　崩壊する「ゆとり大国」の夢　破綻したリゾート，「週刊東洋経済」，5059：8-14.
- ・和田充夫（1992）：『レジービジネスの経営診断「遊」空間のマーケティング』，日本経済新聞社．
- ・前田　豪（1992）：『観光・リゾート計画論　日本型観光・リゾートを目指して』，綜合ユニコム．
- ・リゾート開発研究会（1992）：『日本型リゾートの開発戦略　本格的リゾート開発が日本経済をリードする』，産能大学出版部．
- ・多摩大学総合研究所・大和ハウス工業生活研究所編（1993）：『多摩大学ビジネス叢書　レジャー産業を考える』，実教出版．
- ・佐藤克廣（1993）：北海道におけるリゾート開発と第三セクター　（株）星の降る里芦別を中心に，『「第三セクター」の研究』，中央法規，239-259.
- ・近畿弁護士会連合会公害対策・環境保全委員会編（1993）：『ストップ・ザ・リゾート開発　法的戦略が地域を創る』，リサイクル文化社．
- ・日経リゾート編集部（1993）：インタビュー　ハウステンボス社長神近義邦氏　日本のリゾート産業の将来　10年のモノサシでは前途洋々，「日経リゾート」，119：44-47.

（4）1996年の文献 ＜文献２点＞

　下記の文献は，全国のリゾート開発事例を多数収録・網羅して丹念に検証してあり，リゾート問題の基本的文献である．

- ・リゾート・ゴルフ場問題全国連絡会編（1996）：『検証・リゾート開発［東日本編］』，緑風出版．
- ・リゾート・ゴルフ場問題全国連絡会編（1998）：『検証・リゾート開発［西日本編］』，緑風出版．

Ⅲ．テーマパークと観光動向 ＜文献61点＞

1．テーマパークと遊園地 ＜文献2点＞

（1）テーマパークの選定 ＜文献2点＞

　テーマパークを，遊園地の一種とする見方がある。確かに，テーマパークには遊園地的要素があり，また在来の一般的な遊園地がテーマパークの影響を受けて独自のテーマを打ち出そうとする面もあって，両者が接近する傾向にある。そこで第一に検討することは，「在来型遊園地」との区別である。本書では，当初より極めて明確なテーマが設定されたテーマパークとして開設されたもののみを「テーマパーク」と限定，多くの在来型遊園地は，レディメイドの遊具を多く配列，在来の一般的な類似ハード施設中心の都心及び郊外私鉄沿線立地型の遊園地を除くこととする。その点で遊園地とテーマパークは区分される。但し，一部だが在来の施設（植物園・牧場）を利用しつつも大幅にリニューアルすることによってテーマパークに移行したものは含めている。次いで第二に検討することは，ハード中心のゲームセンター・温泉ヘルスセンター・民家村・観光牧場・サファリパーク・動物園・水族館・大プール等のスポーツ施設を中心とするものについてである。これらの施設を検討すると，規模からみて比較的小さいこと・施設の作りがしっかりしていないこと・テーマの独自性が乏しいこと・ソフト面の充実が不十分であることなどの点を含む総合的な観点から，一部を除いて「テーマパーク」というには不十分と判断し，以下のテーマパークに含めていない。

　下記の拙稿で，民家村等の集落博物館・資料館（一部，フードテーマパーク等を含む），交通関係の資料館・博物館を紹介している。
- ・奥野一生（1997）：東京方面の集落関係の博物館・資料館，「大阪教育大学地理学会会報」，大阪教育大学地理学会，33：9-35.
- ・奥野一生（1998）：交通研究のための資料文献と図書館・資料館・博物館，「大阪教育大学地理学会会報」，大阪教育大学地理学会，35：40-57.

（2）テーマパークと遊園地の比較検討

　遊園地とテーマパークを，多面的に比較検討すると，次のように指摘できる。立地は，遊園地は都市郊外立地が多いのに対して，テーマパークは新規振興地型の立地もある。集客範囲は，遊園地は集客範囲が狭いのに対して，テーマパークの集客範囲は広い。滞在日数は，遊園地はほとんど日帰りに対して，テーマパークは宿泊客が比較的多い。集客ピークは，遊園地は休日に集中するのに対して，テーマパークはやや分散する。団体客は，遊園地は学校遠足中心に対して，テーマパークは修学旅行やパック旅行客が多い。客層は，遊園地は若者子供中心に対して，テーマパークは比較的幅広い客層である。リピーターは，遊園地はリピーター客が多いのに対して，テーマパークは少し高まりつつある状況である。規模は，遊園地の規模（敷地等）に比べて，テーマパークは比較的広い。施設は，遊園地が，共通性があるのに対して，テーマパークは独自性が強い。コンセプトは，遊園地は，比較的ハード面重視に対して，テーマパークはソフト面も比較的重視している。料金は，遊園地の入場料に比べて，テーマパークの方が比較的高い。

２．高級遊園地の出現 ＜文献 19 点＞

（1）高級遊園地出現の背景

　テーマパークではなく，「遊園地」とされるが，「奈良ドリームランド」と「横浜ドリームランド」だけは，模倣はあるものの，他の遊園地と異なるスタイルを打ち出した「テーマパーク型遊園地」「テーマパーク風遊園地」（勿論，この言い方はテーマパーク成立後の分類呼称となるが）として，日本のテーマパークを語るうえで，言及すべき施設である。両者は 1960 年代前半（昭和 30 年代後半）に開園するが，当時の日本の社会情勢が密接に関わっていると考えられる。すなわち，この時期は日本の高度経済成長期の前半であり，「高級遊園地」という呼称で呼ばれたように，娯楽でも高級感が求められる時代となったことである。特に，ベビーブーム世代が青年期に入って，単なる遊園地では飽き足らなくなった時期である。そ

の一方で，海外渡航の自由化は 1964 年（昭和 39 年），外貨制限の緩和は
1970 年（昭和 45 年），白黒テレビの全国への普及は東京オリンピック開催
の 1964 年（昭和 39 年），カラーテレビの全国への普及は日本万国博覧会開
催の 1970 年（昭和 45 年），海外旅行はまだ高嶺の花の時代，外国の風景も
ようやくテレビで見られるかなという時代である。日本国内で，外国の風
景や遊園地が疑似体験できることは，極めて画期的なことであった。

　勿論，今日の本格的テーマパークのレベルからすれば，格段の差があ
り，テーマパークとは位置付けられない水準ではある。そしてこの両者は，
開園当初こそ「テーマパーク風」の指向が見られたものの，テーマパーク
にとって重要な交通の不便性が解消されず，集客のために短期間で急速に
「在来型遊園地」指向に変化していった。他の「在来型遊園地」で電鉄系
の場合は駅前立地が多く，立地条件の悪い「在来型遊園地」の集客困難性
は歴然としていた。そして本格的テーマパークの出現により，規模や内容，
交通の便でその地域のトップクラスである施設を除いて，「在来型遊園地」
は大打撃を受け，閉園と追い込まれた。「在来型遊園地」では同様の道を
歩むことになったわけである。両施設については，後記の表 1 及び図 1 も
参照されたい。

（2）奈良ドリームランド ＜文献 12 点＞

　奈良ドリームランドは，1961 年（昭和 36 年）7 月 1 日に，千土地興行（の
ちに日本ドリーム観光となる）によって奈良市法蓮佐保山町の丘陵に開園し
た。「和製ディズニーランド」と称されたごとく，一見して，1955 年（昭
和 30 年）7 月 17 日にアメリカ合衆国カリフォルニア州アナハイム市（ロ
サンゼルス郊外）にて開園したディズニーランドから影響を受けたと考え
られる施設構成である。実際，千土地興行の松尾國三氏（昭和の興行師と
称される）はアメリカ視察旅行でディズニーランドを体験している。「メイ
ンストリート」「未来の国」「幻想の国」「冒険の国」「過去の国」から構
成，東西のメインストリートには軌間 762 mm の馬車鉄道が走り，外周築
堤上を遊園地鉄道としては珍しい軌間 1067 mm の国鉄（現・JR）在来線
と同じ軌間を採用した外周線路上を「1 号機関車」と「弁慶号」牽引の外

周列車が走行した。いずれの機関車・客車も本格的鉄道車輌メーカーの帝国車輌（のち東急車輌を経て総合車両製作所等へ）製ディーゼル機関車と客車である。後述する東京ディズニーリゾートの各種鉄道はすべて軌間の狭い軽便鉄道で，奈良ドリームランドの方が軌間からすればより本格的な鉄道である。距離も奈良ドリームランドの外周鉄道は1,840 mで，東京ディズニーランドのウェスタンリバー鉄道の1,600 mより長く，施設内遊覧鉄道では最長クラス（モノレールを除き，片道距離では最長）である。さらに言えば，施設内の遊覧鉄道で，軌間1067 mmを採用しているのは，実際の鉄道車輌を保存する目的で設置された三笠鉄道村（1987年7月12日廃止のＪＲ幌内線の線路を再利用して同年9月4日に開設，ＳＬの運転距離は450 m）・博物館明治村（後述の蒸気鉄道と京都市電）や，札幌交通機械製の入換用ディーゼル機関車改造車輌を使用するためにこの軌間を採用した札幌市百合が原公園のリリートレイン（1986年のさっぽろ花と緑の博覧会で開設）・テイネオリンピアの弁慶号（1993年入換用ディーゼル機関車改造・登場）・後述する国際花と緑の博覧会のＳＬ鉄道ＳＬ義経ドリームエキスプレスのみである。保存鉄道や入換用機関車改造使用鉄道ではなく，新製車輌使用により，この軌間を採用したのは唯一で，距離の長さもあわせて，日本の遊覧鉄道の歴史に残る本格的な鉄道であった。中央のお城もアメリカのディズニーランドそっくりで，見ようによっては，東京ディズニーランド以上にアメリカのディズニーランドに似ているともいわれる。「未来の国」では，当時としては試験的な存在であった東芝製跨座式モノレール「スペースライナー」が走り，張りぼてではあるが雪山にボブスレーのアトラクション，雪山を貫いてロープウェイ「スカイウェイ」のアトラクションもあった。潜航しないものの，窓から水中を覗くという「潜水艦」のアトラクション，「幻想の国」では，「海賊船」や亀型ボートでの竜宮城めぐりのアトラクション，「冒険の国」では，「ジャングル巡航船」，「過去の国」では，時代村風の建物に，帆船での宮島等の日本名所めぐりなどのアトラクションがあった。外周鉄道・馬車鉄道・モノレール・ロープウェイといった鉄道や船等の乗り物アトラクションが充実しており，特にモノレールは，1957年（昭和32年）12月17日に開通した上野動物園の懸垂式モノレール単線延長331 m

地形図　奈良ドリームランド①
2万分の1地形図「奈良」明治41年測図0.8倍に縮小

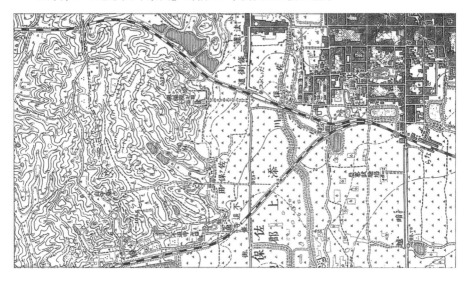

地形図　奈良ドリームランド②
2万5千分の1地形図「奈良」昭和42年改測

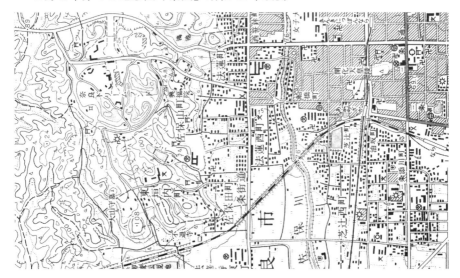

地形図　奈良ドリームランド③
２万５千分の１地形図「奈良」平成元年修正

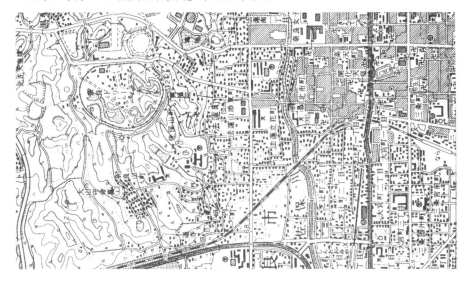

地形図　奈良ドリームランド④
２万５千分の１地形図「奈良」平成18年更新

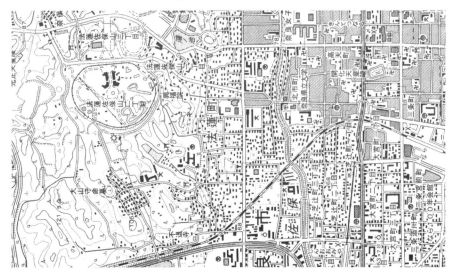

についで開設された本邦2番目で，跨座式や周回路線としては最初，距離も840mと上野を上まわった。但し，翌年の1962年（昭和37年）3月21日に名古屋鉄道犬山モノレール距離1,200mが開通して下まわった。

このように，アメリカ合衆国のディズニーランドをモデルとしつつも，日本風の要素もあり，「高級遊園地」と称され，当時としては画期的で規模も大きかったが，「テーマパーク」とするには，「模倣性」と「施設の劣化性」から，「テーマパーク風遊園地」あるいは「テーマパーク型遊園地」にとどまる存在であった。やはり問題は交通の便で，最寄りの駅である近鉄奈良駅から徒歩で行くには遠く，休日にはバスが渋滞，小さい子供をつれた家族客の中には，結局，行くのをあきらめる人々も出現した。ちなみに，奈良ドリームランド正門に至る道路の付け根となる南北の道路は，1898年（明治31年）4月19日に開通・1907年（明治40年）8月21日に廃止となった関西鉄道大仏線の路線跡である。開園当初期の近鉄線は奈良駅の手前で路面を走行する併用軌道であり，運行本数や輸送力においても問題があった。運行車輌が奈良駅まで大型化されたのは1964年（昭和39年）10月1日，奈良駅が地下化されて路面走行部分がなくなったのは1969年（昭和44年）12月9日，大阪方が難波駅まで乗り入れたのは1970年（昭和45年）3月15日で，開園の10年後であった。さらには，難波駅〜奈良駅間の所要時間は短縮されず，その後の運転本数の増加によって，むしろ長時間化する傾向にあった。大阪方面手前には駅前立地の「あやめ池遊園地」が当時あり，是非ともという客以外，一般的な「在来型遊園地」でよい客はそちらに流れてしまった。魅力であるべき施設の劣化に対しては大きな更新をされず，いくつかのアトラクションを廃止して，「プール」「アイススケート」「木製ジェットコースター」が作られ，急速に「在来遊園地」化していった。晩年には，新たなアトラクションが導入されず，2003年（平成15年）にはモノレールの運行が休止されるなど，休止・放置されたままのアトラクションも出現，メインストリートの売店も多くは閉鎖，店の前には一般的な飲み物のショーケースがおかれる状況であった。1993年（平成5年）にダイエー系列のドリームパークの経営となり，2001年（平成13年）にユニバーサル・スタジオ・ジャパンの開園の影響を受けたとさ

れ，入園者数が大きく減少，2005 年（平成 17 年）11 月に不動産会社の「テンラッシュ」に移譲，しかし移譲後 1 年も経過せずに，2006 年（平成 18 年）8 月 31 日に閉園となった。2014 年（平成 26 年）に税金の滞納により奈良市に差し押さえされ，競売に，2015 年（平成 27 年）に大阪の不動産会社ＳＫハウジングが最低見積額の 7 億 3000 万円で応札・落札した。2016 年（平成 28 年）10 月から遊具の撤去を開始，2019 年（令和元年）にはほぼ撤去を修了，更地となった。ジャングルクルーズの水路と木々はそのまま残り，メインストリートや外周鉄道は，若干，面影を残している。

「地形図　奈良ドリームランド①　2 万分の 1 地形図「奈良」明治 41 年測図 0.8 倍に縮小」は，関西鉄道大仏線が三つ池の連なる斜め上に描かれている。「地形図　奈良ドリームランド②　2 万 5 千分の 1 地形図「奈良」昭和 42 年改測」は，初めての改測図であるとともに，奈良ドリームランドが描かれた最初の図である。しかし，運行されていた外周鉄道とスカイウェイは描かれていない。外周鉄道が描かれたのは昭和 58 年第 2 回改測の図からである。関西鉄道大仏線跡が広い道路となり，そこから奈良ドリームランドへの広い通りが描かれている。近鉄奈良線油坂駅～奈良駅間は路面走行である。「地形図　奈良ドリームランド③　2 万 5 千分の 1 地形図「奈良」平成元年修正」は，外周鉄道が描かれているものの，スカイウェイは描かれていない。スカイウェイが描かれたのは平成 6 年修正の図からである。「地形図　奈良ドリームランド④　2 万 5 千分の 1 地形図「奈良」平成 18 年更新」は，閉園後で「奈良ドリームランド」の記載はなくなったものの，運行されていない外周鉄道とスカイウェイも描かれ，建物の輪郭も明確となっている。

・松本　陽（1988）：モノレールの現状と将来，「鉄道ピクトリアル　特集　モノレール」，鉄道図書刊行会，504：13-17.

・松本成男（1988）：開発から発展へ　わが国モノレール 30 年の歩み，「鉄道ピクトリアル　特集　モノレール」，鉄道図書刊行会，504：18-24.

・せんろ商會（2003）：奈良ドリームランド，『知られざる鉄道Ⅱ』，ＪＴＢ，118-119.

・佐藤信之（2004）:『モノレールと新交通システム』, グランプリ出版, 248p.

・那部亜弓（2008）: 奈良ドリームランド廃墟,「ワンダーＪＡＰＡＮ」, 三才ブックス, 8：52-55.

・Ｄ．ＨＩＲＯ（2008）: 奈良ドリームランド,『幻想遊園地』, メディアボーイ, 92-101.

・ワンダーＪＡＰＡＮ編集部（2010）: 奈良ドリームランド,『ワンダーＪＡＰＡＮ日本の不思議な《異空間》500』, 三才ブックス, 117.

・内田忠賢（2012）: 高度経済成長期における「娯楽の殿堂」と「昭和の怪物」たち　奈良ドリームランド・船橋ヘルスセンターをめぐって,「地域と環境」, 8・9：208-216.

・週刊新潮編集部（2013）: 特集　ディズニーランド30周年でこっちは夢の後になった「奈良ドリームランド」,「週刊新潮」, 58（32）：58-61.

・小川　功（2015）: 遊園地における虚構性の研究：観光社会学から見た奈良ドリームランドの「本物」「ニセモノ」論,「彦根論叢」, 404：64-78.

・佐々木　隆（2018）: 奈良ドリームランド,『日本懐かし遊園地大全』, 辰巳出版, 44-45.

・青木竹二郎（2019）:『ＤＲＥＡＭＬＡＮＤ　ＮＡＲＡ　ＪＡＰＡＮ 2015-2016』, ＰＨＯＴＯ　ＣＡＭＰ.

（3）横浜ドリームランド ＜文献7点＞

　横浜ドリームランドは, 1964年（昭和39年）8月1日に, 日本ドリーム観光によって横浜市戸塚区俣野町の洪積台地の丘陵に開園, 奈良ドリームランドに次いで約3年後の開園であった。奈良ドリームランドがアメリカのディズニーランドに類似した構成であったのに対して, 横浜ドリームランドはヨーロピアンテイストを基本としていた。正面ゲートはバッキンガム宮殿を模したとされ, 不動の衛兵が立ち, ドリームランドのトレードマークキャラクターもそれをモデルとした「ドリちゃん」であった。もっとも, その正面ゲートは, パリの凱旋門を横に連ねたとも, ローマの水道

橋のようにもみえる。正面ゲートを入ると，広大な「宮廷庭園」（ベルサイユ宮殿を模した？）と称する花畑が広がり，周囲にはヨーロッパの町並みを模した建物が立ち並び，ダブルデッカーの遊覧バスが走った。テーマパーク風に言えば「ヨーロッパ村」というところであろうか。もちろん，奈良ドリームランドと同様の外周列車・スカイウェイ，「冒険の国」では「潜水艦」やジャングル巡航船のアトラクションがあった。「子供の国」では「海賊船」やお伽列車のアトラクション・世界の町並みのミニチュア，「スポーツランド」では観覧車「ワンダーホイール」やスプラッシュマウンテンを思わせる「ボブスレー」，砂漠地帯を模してラクダに乗れたり，月世界探検の映像体感アトラクションもあった。開園翌年の 1965 年（昭和 40 年）には隣接地に「ホテルエンパイア」（多層塔型ホテル，当時においては日本一の高層建築物）を開設，和洋折衷型の超高級ホテルで，今日のテーマパークに見られるホテル併設形式の先駆けであった。さらに翌年の 1966 年（昭和 41 年）5 月 2 日には国鉄（現・ＪＲ東日本）大船駅と横浜ドリームランド間を結ぶ東芝製モノレールが子会社のドリーム交通により開通したが，僅か 1 年 5 ヶ月後の 1967 年（昭和 42 年）9 月 24 日には運行休止に追い込まれた。さらに同年には大噴水を取り壊して「レインボープール」（冬季はアイススケート場）となった。テーマパークで言えば，「テーマパーク 2 〜 3 年目のジンクス」の 3 年目に入り，ジンクス乗り切りの場面を迎える時であった。モノレールの休止によりアクセスは自動車交通のみに戻り，交通渋滞の発生などで交通の不便性が解消されなかったために，近くまで来ながら引き返す人々も出現，入園者数は伸び悩み，やがて莫大な初期投資の資金回収が困難となって資金繰りが悪化，開園して僅か 6 年後の 1970 年（昭和 45 年）には敷地の東側約 4 分の 1 を売却，高層団地「ドリームハイツ」が建設された。1972 年（昭和 47 年）にはパチンコ施設を開設，1974 年（昭和 49 年）には「ドリーム銀座」商店街が開設された。1979 年（昭和 54 年）には日本初の宙返り型ジェットコースターを導入，1980 年（昭和 55 年）には「宮廷庭園」が姿を消す。やはり，高額の投資を回収するためには多くの集客が必要で，交通の便を中心とした立地条件の重要性が指摘できる。1983 年（昭和 58 年）の東京ディズニーランド開園の影響を受けた

地形図　横浜ドリームランド①
２万５千分の１地形図「藤沢」昭和29年資料修正・「戸塚」昭和26年資料修正

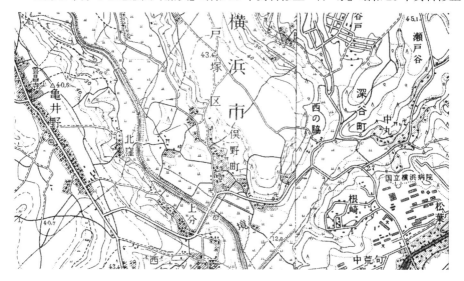

地形図　横浜ドリームランド②
２万５千分の１地形図「藤沢」昭和41年改測・「戸塚」昭和41年改測

地形図　横浜ドリームランド③
２万５千分の１地形図「藤沢」平成 13 年修正・「戸塚」平成 7 年部分修正

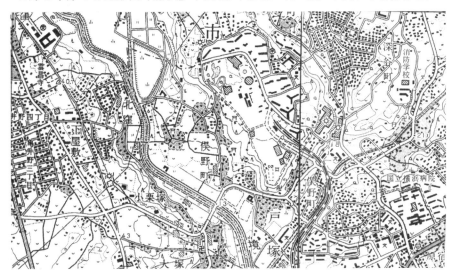

地形図　横浜ドリームランド④
２万５千分の１地形図「藤沢」平成 18 年更新

とされて入園者が大きく減少，この東京ディズニーランドは後述するように交通の不便性を解消，明暗は明白で横浜ドリームランドは1988年（平成63年）にダイエー傘下となった。ついで，1993年（平成5年）に新交通システムによる駅前立地のアクセスを確保した八景島シーパラダイスの開園によってさらに入園者が減少，1995年（平成7年）には休業中の「ホテルエンパイア」が廃業，ダイエーの経営不振により，2002年（平成14年）2月17日に閉園となった。奈良ドリームランドは45年の歴史であったが，横浜ドリームランドは37年の歴史であった。跡地は，一旦は中古車オークション会社に売却されたが，遊戯施設地域は横浜市が買い取って，俣野公園野球場を含む俣野公園と新墓園メモリアルグリーン（公園型墓地）となった。「ホテルエンパイア」や「横浜ドリームスポーツプラザ」となっていた文化公園地域は，福岡市の学校法人が購入，2006年（平成18年）に横浜薬科大学が開学，「ホテルエンパイア」の建物は大学の図書館棟として再利用されている。

「地形図　横浜ドリームランド①　2万5千分の1地形図「藤沢」昭和29年資料修正・「戸塚」昭和26年資料修正」は，大正10年測図の最初の図から初めての修正図で，開園前の状況を示している。「地形図　横浜ドリームランド②　2万5千分の1地形図「藤沢」昭和41年改測・「戸塚」昭和41年改測」は，初めての改測図であるとともに，横浜ドリームランドが描かれた最初の図で大船駅からのモノレールも表記されている。高塔記号表示の「ホテルエンパイア」，長方形の点線表示された「宮廷庭園」やジャングル巡航船の水路等も描かれている。「地形図　横浜ドリームランド③　2万5千分の1地形図「藤沢」平成13年修正・「戸塚」平成13年部分修正」は，敷地縮小後の晩年の姿で，モノレールは休止中の記号表記となり，売却された敷地に団地が表示されている。「地形図2万5千分の1地形図「藤沢」平成18年更新」は閉園後で，跡地は横浜薬科大学と野球場や墓地記号の俣野公園となっている。

・北大路健（1978）：古跡と夢ひらく遊園，『日本の山河　天と地の旅　神奈川』，国書刊行会，24-25.
・松本　陽（1988）：モノレールの現状と将来，「鉄道ピクトリアル　特

集　モノレール」，鉄道図書刊行会，504：13-17.
・松本成男（1988）：開発から発展へ　わが国モノレール 30 年の歩み，
　　「鉄道ピクトリアル　特集　モノレール」，鉄道図書刊行会，504：
　　18-24.
・大野雅弘（1995）：ドリーム交通，『鉄道廃線跡を歩く』，ＪＴＢ，74.
・佐藤信之（2004）：『モノレールと新交通システム』，グランプリ出版，
　　248p.
・日本観光雑学研究倶楽部（2005）：横浜ドリームランド，『セピア色の
　　遊園地』，創成社，1-19.
・佐々木隆（2018）：横浜ドリームランド，『日本懐かし遊園地大全』，
　　辰巳出版，14-17.

３．国際博覧会の開催 ＜文献 33 点＞

（１）テーマパークと国際博覧会の共通点

　テーマパークは独自のテーマを持ち，オーダーメイドの施設を配置したものという側面がある。テーマ（1970 年に開催された日本万国博覧会では「人類の進歩と調和」）とオーダーメイドの施設（パビリオン）という側面は，期間限定の博覧会と共通している。そして博覧会自体もディズニーランド等のテーマパークの影響をうけて施設が建設されている。後述するハウステンボスでは，博覧会で好評のパビリオンを追加アトラクションとして導入している。そこで，日本で開催された博覧会の内，戦後開催された国際博覧会についても，言及する必要がある。

　戦後，日本で開催された国際博覧会としては５つの博覧会があり，各博覧会会場は地形図に描かれた。５つのうち３つの博覧会会場は，内陸部の洪積台地の丘陵上で開催されている。これは，大都市近郊ながら，広大な土地が確保しやすいことで，古くから水田として利用されていた沖積平野部では広大な敷地の確保は困難ということがある。また，地盤がしっかりしており，沖積低地のように地盤改良が必要でないことも理由として大きい。さらに，丘陵上であることから，雰囲気を損なう借景となる山々や建

物が園内から見えにくいこと，もしくは見えないようにできるという利点もある。同様の理由から，前述した奈良ドリームランド・横浜ドリームランドも丘陵上に開設され，それ以外の在来型遊園地・郊外型遊園地も丘陵上が多い。勿論，テーマパークにおいても，山の斜面を含めて丘陵状の土地に開設された例が少なからずある。しかし，丘陵部は都心に近接しているとはかぎらず，旧来の鉄道も在来集落が多く，勾配が緩やかな沖積低地を通過していることが多い。したがって，丘陵上立地はアクセス面で問題があったりする。期間限定の博覧会ならば，交通アクセスの不便性も短期間ですむが，長期的・恒久施設となれば，アクセス手段が非常に重要である。横浜ディズニーランドも，モノレールの運行が休止されたのは，丘陵上に登るために車輌出力の増加が要求され，それがひいてはレール部に過剰な負担となったことによる。後述するように，テーマパーク（大都市内型）では都心に近い埋立地に立地動向が変化していることに，注目したい。国際博覧会については，後記の表1及び図1（本書66, 67頁）も参照されたい。

（2）日本万国博覧会 ＜文献9点＞

　日本万国博覧会は，1970年（昭和45年）3月14日から9月13日まで，大阪府吹田市の洪積台地の丘陵である千里丘陵で開催された。日本最初の国際博覧会で，「人類の進歩と調和」をテーマとし，77ヵ国と4つの国際機関が参加した。総入場者数は6,422万人と万博史上最多で，1964年（昭和39年）の東京オリンピック以来の国家的大行事であった。観客を輸送するために，開催前から走っていた阪急千里線に臨時駅の万国博西口駅を開設（閉会後は廃止，後に場所が異なる「山田駅」が開業），また大阪市営地下鉄御堂筋線江坂駅からは北大阪急行電鉄が1970年（昭和45年）2月24日に万国博中央駅までの路線を開設した（同年9月14日に千里中央駅〜万国博中央駅間は廃止，千里阪急ホテル南側にあった千里中央駅は現在地に移転した）。会場内では，会場外周を単線周回型距離4,300 mの地方鉄道法に基づくモノレールが走行，スカイウェイも運行された。閉会後，ほとんどのパビリオンは撤去されたが，太陽の塔，鉄鋼館が残っている。エキスポタワーは1990年（平成2年）閉鎖・2002年（平成14年）〜2003年（平成15年）にか

けて撤去，万国博美術館は1977年（昭和52年）に国立国際美術館として再開されたが，万国博ホールとともに2004年（平成16年）に閉鎖・解体された。跡地の多くは公園となり，国立民族学博物館が1977年（昭和52年）11月15日に開館，駐車場であった場所は，競技場等のスポーツ施設，大阪大学吹田キャンパスに隣接した北西部分は大学用地として拡張利用されている。遊園地ゾーンのエキスポランドは遊園地として1972年（昭和47年）3月15日に再開，但し，営業不振で2007年（平成19年）12月10日から休園，2009年（平成21年）2月に閉園となった。国立民族学博物館があるため，修学旅行で京都・奈良方面の歴史学習と組み合わせてのコース設定もあり，エキスポランドも組み込まれたこともあったが，ユニバーサル・スタジオ・ジャパン開園後は，このコース設定が大きく減少した。このエキスポランドには，後述する国際科学技術博覧会で使用された大観覧車と小型モノレールが博覧会閉会後に移設された。エキスポランドの跡地は，2015年（平成27年）11月19日に，水族館・シネマコンプレックスを併設するＥＸＰＯＣＩＴＹが三井不動産によって開業した。

「地形図　日本万国博覧会①　2万5千分の1地形図「吹田」昭和42年改測」は，大正12年に最初の版が測図，その後の修正や資料修正を経て，最初の改測図である。日本万国博覧会開催前の図で，予定地に山田上団地があり，その後の会場建設のために立ち退きとなった。千里丘陵は洪積台地の地形で，多くの開析谷が刻まれている。大阪市内から距離的に近いものの，交通の便が悪く，住宅地化が進まなかった。昭和30年代に入って，ようやく本格的な大規模ニュータウンである「千里ニュータウン」の開発が開始となった。しかし，日本万国博覧会予定地となったところは千里ニュータウンの計画に組み込まれず，広大な丘陵地がほとんど開発されなかった。鉄道交通が整備されれば，交通至便の広大な土地であったわけである。「地形図　日本万国博覧会②　2万5千分の1地形図「吹田」昭和44年修正」では，日本万国博覧会会場（万博協会本部・日本政府館・国内展示館・外国展示館・外周モノレール・スカイウェイ等）と北大阪急行電鉄中央口駅・阪急電鉄万国博西口駅等が描かれている。東西に走る開析谷部分は，道路と鉄道用地に利用されている。「地形図　日本万国博覧会③　2万5千分の1

地形図　日本万国博覧会①
2万5千分の1地形図「吹田」昭和42年改測

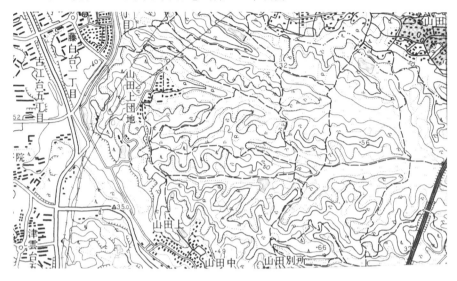

地形図　日本万国博覧会②
2万5千分の1地形図「吹田」昭和44年修正

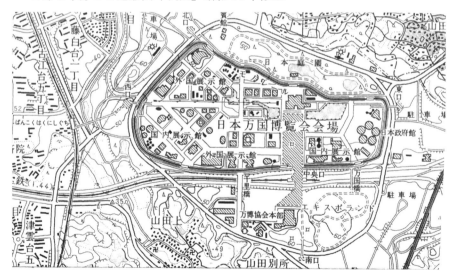

地形図　日本万国博覧会③
2万5千分の1地形図「吹田」昭和50年修正

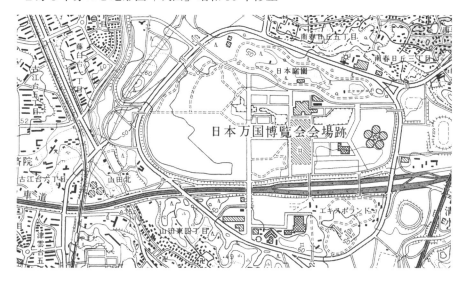

地形図　日本万国博覧会④
2万5千分の1地形図「吹田」平成10年部分修正

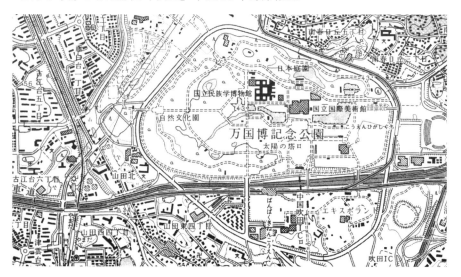

地形図「吹田」昭和50年修正」では，万博協会本部・日本政府館・美術館・鉄鋼館・万博ホール・太陽の広場の大屋根の一部等は残されているが，展示館の多くが撤去されて日本万国博覧会会場跡と表示され，駐車場であったところに大学の建物や競技場が設置されている。「地形図　日本万国博覧会④　2万5千分の1地形図「吹田」平成10年部分修正」では，太陽の広場の大屋根はすべて撤去され，国立国際美術館と国立博物館（国立民族学博物館）が開館，自然園として整備された万国博記念公園と表示されている。また，南西方向の一角は住宅展示場となっている。1990年（平成2年）6月1日に大阪高速鉄道大阪モノレール線千里中央駅〜南茨木駅間が開通，1998年（平成10年）10月1日に万博記念公園駅〜阪大病院前駅間が開通した。この後の変化は，前述のエキスポタワー・国立国際美術館・万博ホールの閉鎖・撤去以外，大学やスポーツ施設の建物増加，住宅展示場の建物の立替による表記変化などである。

・日立製作所交通事業部（1969）：万博モノレールについて，「鉄道ファン」，交友社，101：80-81.

・田部健一（1970）：万国博と場内輸送，「鉄道ピクトリアル新年特大号　特集　万国博輸送」，鉄道図書刊行会，233：4-7.

・谷彦光夫（1970）：国鉄の万国博輸送対策について，「鉄道ピクトリアル新年特大号　特集　万国博輸送」，鉄道図書刊行会，233：8-10.

・近畿日本鉄道株式会社（1970）：万博に対処する近鉄，「鉄道ピクトリアル新年特大号　特集　万国博輸送」，鉄道図書刊行会，233：19-21.

・大阪市交通局高速鉄道建設本部（1970）：第1号線江坂―新大阪間建設と輸送，「鉄道ピクトリアル新年特大号　特集　万国博輸送」，鉄道図書刊行会，233：25-27.

・小森光昭（1970）：北大阪急行電鉄の誕生，「鉄道ピクトリアル新年特大号　特集　万国博輸送」，鉄道図書刊行会，233：28-31.

・京阪神急行電鉄株式会社（1970）：京阪神急行電鉄の万博対策，「鉄道ピクトリアル新年特大号　特集　万国博輸送」，鉄道図書刊行会，233：32-33.

・松永直幸（2005）：博覧会と鉄道，「鉄道ピクトリアル　特集　鉄道と

博覧会輸送」，鉄道図書刊行会，762：10-19.

・山田　亮（2005）：ＥＸＰＯ‘７０と万博輸送，「鉄道ピクトリアル
　　　特集　鉄道と博覧会輸送」，鉄道図書刊行会，762：50-55.

（3）沖縄海洋博覧会 ＜文献 11 点＞

　沖縄海洋博覧会は，1975 年（昭和 50 年）7 月 20 日から 1976 年（昭和 51 年）
1 月 18 日まで，沖縄県国頭郡本部町の臨海部で開催された。日本万国博
覧会についで開催された国際博覧会で，「海　その望ましい未来」をテー
マとし，36 ヵ国と 3 つの国際機関が参加した。会場内では新交通システ
ムが試行された。総入場者数は 349 万人で目標の 400 万人に届かず，沖縄
本土復帰後僅か数年の時期で，本土からの交通の不便性や関心の低さが現
れた。復帰から海洋博までに 15 隻を新造した本土〜沖縄航路 5 社中，琉
球海運・照国郵船・有村産業は会社更生法を申請，関西汽船は沖縄航路廃
止，一方，期間限定の松山・長崎・宮崎・大分の航空路線は後に定期化さ
れた。開催期間中，那覇からは，所要時間 2 時間半の会場への直通バス以
外に，所要時間 1 時間 45 分のフェリーと所要時間 40 分のホーバークラフ
ト，水中翼船が就航，対岸の伊江島に航空路線も開設された。フェリーは，
琉球海運の新造フェリー「だいやもんど・おきなわ」で，1975 年（昭和 50
年）3 月 29 日尾道造船竣工，最高速力 27.3 ノット，航海速力 25.3 ノット
と，沖縄航路では最速を誇った。鹿児島〜那覇航路に就航後，1982 年（昭
和 57 年）新日本海フェリーに売却，クルーズ客船「ニューゆうとぴあ」と
なった。ホーバークラフトは，同じく琉球海運の運航で，1975 年（昭和
50 年）5 月 26 日三井造船千葉造船所竣工のＭＶ－ＰＰ１５型「しぐなす
１号」，他に「しぐなす 2 号」「しぐなす 3 号」を含めて 3 隻が就航，船客
定員 155 名と大型で，最高速力 65 ノット，航海速力 50 ノットは，今日の
超高速船の中心であるジェットフォイルの航海速力 45 ノットを上まわる
高速である。海洋博終了後は，1978 年（昭和 53 年）4 月から日本海観光フェ
リーが七尾（能登）〜小木（佐渡）間に就航させたが，1980 年（昭和 55 年）
に係船，1982 年（昭和 57 年）3 月に解体された。水中翼船は有村産業の
運航で，1975 年（昭和 50 年）6 月 30 日日立造船神奈川工場竣工のＰＴ－

地形図　沖縄海洋博覧会①
２万５千分の１地形図「仲宗根」昭和48年測量

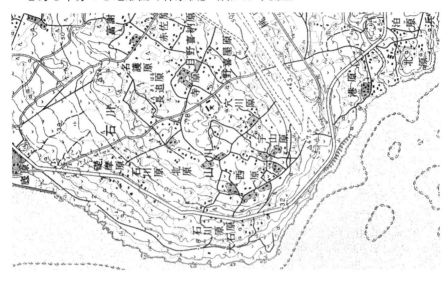

地形図　沖縄海洋博覧会②
２万５千分の１地形図「仲宗根」昭和50年修正

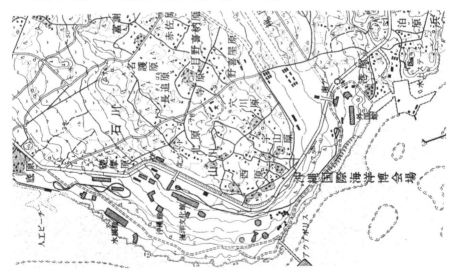

地形図　沖縄海洋博覧会③
２万５千分の１地形図「仲宗根」昭和 57 年修正

地形図　沖縄海洋博覧会④
２万５千分の１地形図「仲宗根」平成 16 年更新

５０型「かりゆし１号」，他に「かりゆし２号」を含めて２隻が就航，船客定員123名，最高速力38ノット，航海速力35ノットと，いずれも同時就航のホーバークラフトを下まわった。海洋博終了後は，1976年（昭和51年）３月に石崎汽船に売却，「春星」となって広島（宇品）～松山航路に就航，1994年（平成６年）４月25日に同航路使用船が水中翼船から双胴型高速船に全面転換されることとなり，同年４月24日を最後に引退した。航空路は，1975年（昭和50年）７月20日から翌年１月18日の沖縄海洋博覧会期間中に南西航空が那覇～伊江島線をＹＳ－１１機使用１日１便で運航，全日本空輸も鹿児島～奄美～那覇線ＹＳ－１１機使用１日１便の那覇行を伊江島寄航，11月からは土・日の週２便のみ鹿児島行も伊江島寄航を開始，以上により，対岸の伊江島に航空路線も開設された。沖縄海洋博覧会終了後は，1976年（昭和51年）７月24日に南西航空により，週２便（土・日）のＤＨＣ－６機使用で再開されたが，1977年（昭和52年）１月30日で運航終了，定期便の運航はなくなり，現在では，不定期便が就航している。閉会後の1976年（昭和51年）８月に国営沖縄海洋博記念公園が開園，その後に国営沖縄記念公園と改称された。人工島「アクアポリス」（但し，船舶として登録）も建設・設置・展示されていたが，2000年（平成12年）10月に売却処分・解体のために中国の上海へ曳航された。2002年（平成14年）11月１日に「沖縄美ら海水族館」の新館が開館，世界最大級の水槽が大人気である。

　「地形図　沖縄海洋博覧会①　２万５千分の１地形図「仲宗根」昭和48年測量」は，２万５千分の１地形図「仲宗根」の最初の図で，開催前の状況を示している。「地形図　沖縄海洋博覧会②　２万５千分の１地形図「仲宗根」昭和50年修正」は，最初の修正図で，アクアポリス・水族館・海洋文化館や南北のゲートを結ぶ新交通システム等，開催中の様子が描かれている。「地形図　沖縄海洋博覧会③　２万５千分の１地形図「仲宗根」昭和57年修正」は，閉会後で，博覧会の施設を活用した沖縄海洋博記念公園となっている。「地形図　沖縄海洋博覧会④　２万５千分の１地形図「仲宗根」平成16年更新」では，アクアポリスはなくなったものの，沖縄美ら海水族館新館の大きな建物が描かれている。

・赤尾利雄＜日立造船神奈川工場船舶設計課長＞（1973）：水中翼船の歴史，「世界の艦船　特集　水中翼船とホーバークラフト」，海人社，195：64-71.

・世界の艦船編集部（1973）：三井造船のホーバークラフトについて，「世界の艦船　特集　水中翼船とホーバークラフト」，海人社，195：90-93.

・柳原良平（1975）：沖縄への旅は船で！，『船の雑誌6．特集・沖縄の海と船』，至誠堂，37-47.

・北大路健（1977）："海洋博"の花咲きしところ，『日本の山河　天と地の旅　沖縄』，国書刊行会，44-47.

・笠原　仁（1983）：沖縄航路の10年をふり返って，「世界の艦船」，海人社，321：134-137.

・山田迪生（1983）：沖縄航路の客船10年史，「世界の艦船」，海人社，321：138-141.

・池田良穂（1985）：沖縄航路略史，「船と港」，船と港編集室，25：2-13.

・井上芳之（1991）：沖縄航路の女王　クイーンコーラル，「船と港」，船と港編集室，49：18-20.

・野間恒・山田迪生（1993）：「だいやもんどおきなわ」，『世界の艦船別冊　日本の客船　2　1946-1993』，海人社，76.

・野間恒・山田迪生（1993）：「しぐなす1号」，『世界の艦船別冊　日本の客船　2　1946-1993』，海人社，168.

・野間恒・山田迪生（1993）：「かりゆし1号」，『世界の艦船別冊　日本の客船　2　1946-1993』，海人社，168.

（4）国際科学技術博覧会（通称，科学万博・つくば科学博）
＜文献1点＞

　国際科学技術博覧会（通称,科学万博・つくば科学博）は,1985年（昭和60年）3月17日から9月16日まで，茨城県筑波郡谷田部町（現・つくば市御幸が丘）の洪積台地の丘陵で開催された。1981年（昭和56年）4月22日に「国際博覧会に関する条約」に基づく特別博覧会として開催が決定した。「人間・居住・環境と科学技術」をテーマとし，48ヵ国と37の国際機関が参

地形図　国際科学技術博覧会①
２万５千分の１地形図「谷田部」昭和 56 年修正

地形図　国際科学技術博覧会②
２万５千分の１地形図「谷田部」昭和 59 年部分修正

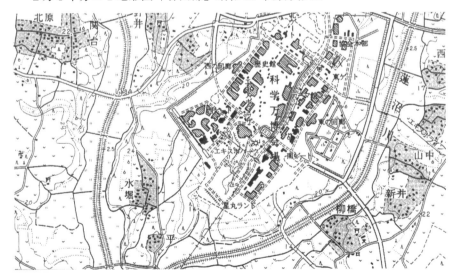

地形図　国際科学技術博覧会③
２万５千分の１地形図「谷田部」昭和 62 年修正

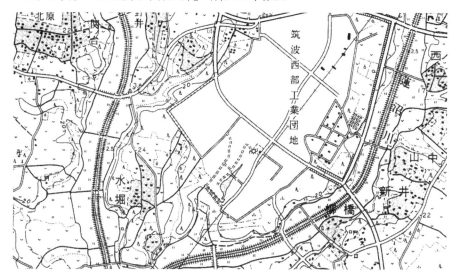

地形図　国際科学技術博覧会④
２万５千分の１地形図「谷田部」平成 19 年更新

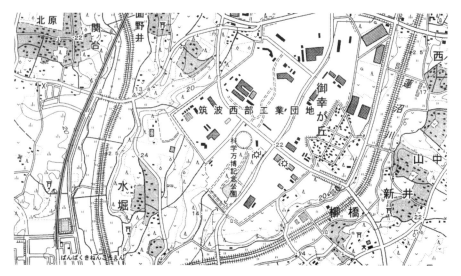

加した。総入場者数は2,033万人で後述する国際花と緑の博覧会を下まわった。東京から遠く，また鉄道アクセスのない場所での開催が大きな原因であった。観客輸送の中心は，常磐線に臨時駅の万博中央駅が開設されて，会場まで連接バスを使用した専用バス輸送であった。万博中央駅は万博終了後に廃止されたが，1998年（平成10年）3月14日にひたち野うしく駅が開業した。他の博覧会会場が閉会後に公園化されることが多いのに対して，一部は公園化されたが，多くは工場用地として再利用されることになった。2005年（平成17年）8月24日，首都圏新都市鉄道つくばエクスプレス線秋葉原駅〜つくば駅間が開通（快速所要時間45分），万博記念公園駅も開設され，現在では交通の利便性が格段に向上した。

　「地形図　国際科学技術博覧会①　2万5千分の1地形図「谷田部」昭和56年修正」は，開催前の図で，東谷田川と蓮沼川にはさまれた台地状の土地は畑・果樹園・針葉樹林の土地利用であり，その場所が会場予定地であった。「地形図　国際科学技術博覧会②　2万5千分の1地形図「谷田部」昭和59年部分修正」は，開催中で「科学万博会場」と記され，各パビリオンと新設道路が描かれている。会場内に軌道系交通が3つ描かれているが，鉄道記号はHSST磁気浮上式鉄道のリニアモーターカーでこの当時は直線区間のみであった。索道記号はスカイライドと称されたロープウェイで，博覧会後は東武動物公園に移され，2003年（平成15年）まで運行された。両端がループ線のエンドレス記号で描かれているのはビスタライナーと称された小型モノレールで，博覧会後は前述のようにエキスポランドへ移された。「地形図　国際科学技術博覧会③　2万5千分の1地形図「谷田部」昭和62年修正」は，閉会後で，会場であったところは更地となり，「筑波西部工業団地」と表記されている。「地形図　国際科学技術博覧会④　2万5千分の1地形図「谷田部」平成19年更新」では，「筑波西部工業団地」に進出した工場建物群が描かれるとともに，エキスポパークであったところが科学万博記念公園となり，川を渡った西側につくばエクスプレスの万博記念公園駅が開設された。

・猪口　信（2005）：つくば科学博輸送の頃，「鉄道ピクトリアル　特集鉄道と博覧会輸送」，鉄道図書刊行会，762：56-61.

（5）国際花と緑の博覧会（通称，花の万博）＜文献７点＞

　国際花と緑の博覧会（通称，花の万博）は，1990年（平成2年）4月1日から9月30日まで，大阪市鶴見区と守口市にまたがる鶴見緑地で開催された。博覧会国際事務局認定の国際博覧会で，「花と緑と人間生活のかかわりをとらえ21世紀へ向けて潤いのある豊かな社会の創造をめざす」をテーマとし，83ヵ国と55の国際機関，212企業・団体が参加した。総入場者数は2,313万人で，特別博覧会史上最高を記録した。バブル期で最大規模の行事となった。会場への交通機関として，1990年（平成2年）3月20日に大阪市営地下鉄鶴見緑地線京橋駅〜鶴見緑地駅間が開業した。1972年（昭和47年）4月1日開設の鶴見緑地は，もともと低湿地で宅地化から取り残された場所に，地下鉄建設により掘り出された土で人工の山を造成した場所を緑地としたものである。「山のエリア」内の「風車の駅」と「山の駅」を結んだＳＬ鉄道のＳＬ義経ドリームエキスプレスの駅舎は本格的なものであったため，「風車の駅」は移築されてＪＲ小浜線若狭本郷駅舎として再利用されているとともに，その駅前に極めて精密なレプリカである「義経号」がレールの上に展示されている。「山の駅」も移築されて福知山線柏原駅舎として再利用されている。

　「地形図　国際花と緑の博覧会①　2万5千分の1地形図「大阪東北部」昭和45年修正」は，鶴見緑地が造成される前で，大阪市内（一部は守口市）でありながら水田地帯が残った海抜1mほどの土地であった。「地形図　国際花と緑の博覧会②　2万5千分の1地形図「大阪東北部」昭和60年修正」では，鶴見緑地が造成され，標高点では41mが表記されている。池が設置され，水路向かいには乗馬苑も開設されて公園整備が進んだ状態である。「地形図　国際花と緑の博覧会③　2万5千分の1地形図「大阪東北部」平成元年部分修正」は，開催中の図で，南北の水路は暗渠化され，南側の道路は迂回路となり，会場敷地の拡大が図られている。地下鉄鶴見緑地線が鶴見緑地駅まで開通するとともに，会場内に軌道系交通（但し，一つは水路）が4つ描かれている。北東に描かれているのは「山のエリア」内の「風車の駅」と「山の駅」を結んだＳＬ鉄道のＳＬ義経ドリームエキスプレス，北西に描かれているのは「山の駅」と「街の駅」を

地形図　国際花と緑の博覧会①
２万５千分の１地形図「大阪東北部」昭和45年修正

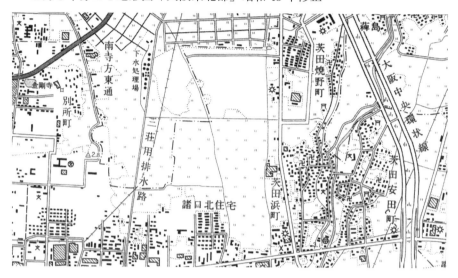

地形図　国際花と緑の博覧会②
２万５千分の１地形図「大阪東北部」昭和60年修正

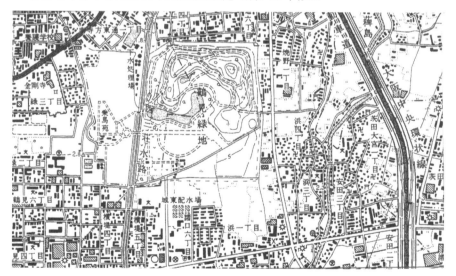

地形図　国際花と緑の博覧会③
２万５千分の１地形図「大阪東北部」平成元年部分修正

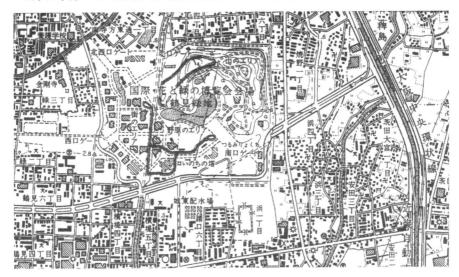

地形図　国際花と緑の博覧会④
２万５千分の１地形図「大阪東北部」平成９年部分修正

結んだ磁石利用の交通システムＣＴＭパノラマライナー，南西に描かれているのは「街の駅」と「中央ゲート駅」を結んだウォーターライドで，3船体連結の大型ボート，中央に描かれている索道は「山の駅」と「祭りの大通り駅」を結んだロープウェイである。「地形図　国際花と緑の博覧会④　2万5千分の1地形図「大阪東北部」平成9年部分修正」は，閉会後で，花博記念公園鶴見緑地として再整備され，南側の道路の迂回は元に戻されている。また，地下鉄は長堀鶴見緑地線と名称変更，鶴見緑地から先は門真南駅まで延長されている。博覧会の建物は，「いのちの塔」や「咲くやこの花館」等が残されている。

- るるぶ編集部（1990）：『るるぶ情報版228　花の万博の旅』，日本交通公社出版事業局．
- 電通小学館（1990）：『国際花と緑の博覧会　公式ガイドブック』，国際花と緑の博覧会協会．
- 花と緑の博覧会ＥＸＰＯ'90出版事務局（1990）：『国際花と緑の博覧会　記録写真集』，開隆堂．
- 電通凸版印刷共同企業体（1991）：『国際花と緑の博覧会　公式記録』，国際花と緑の博覧会協会．
- 電通凸版印刷共同企業体（1991）：『国際花と緑の博覧会　写真集』，国際花と緑の博覧会協会．
- 電通凸版印刷共同企業体（1991）：『国際花と緑の博覧会　花と緑』，国際花と緑の博覧会協会．
- 大阪市（1991）：『国際花と緑の博覧会と大阪市』，大阪市．

（6）2005年日本国際博覧会（略称，愛知万博，愛・地球博）
＜文献5点＞

　2005年日本国際博覧会（略称は，愛知万博，愛・地球博）は，2005年（平成17年）3月25日から9月25日まで，愛知県愛知郡長久手町・豊田市と瀬戸市の丘陵上に位置する2会場で開催された。21世紀最初の国際博覧会，国内では1970年（昭和45年）の日本万国博覧会以来の総合的な博覧会で，「自然の叡智」をテーマとし，121ヵ国と4つの国際機関が参加した。総

入場者数は2,205万人で，前述の国際花と緑の博覧会にはおよばず，リピーターも多かったため，その分を勘案するとさらに数字は少なくなった。会場が2箇所となったため，両会場を結ぶ無料のゴンドラが運行された。会場への交通機関として，開幕前の2005年（平成17年）3月6日に名古屋市営地下鉄東山線終点の藤が丘駅から豊田市の愛知環状鉄道万博八草駅まで，リニアモーターカーの愛知高速交通東部丘陵線が開通，万博会場駅が開業した。但し，編成が3両で，多客時には輸送力不足であった。リニアモーターカー乗車目当ての来訪客もあり，混雑で乗れないのは不評であった。そのため，来場には，地下鉄・リニモ線経由ではなく，ＪＲ名古屋駅からＪＲ中央線・愛知環状鉄道線経由万博八草駅（現・八草駅）行の直通列車「エキスポシャトル」利用が勧められた。愛知高速交通東部丘陵線は，万博閉幕後も存続，従来から東部丘陵では名古屋商科大学が名古屋市内から移転して日進キャンパスを設置するなど，開発が進行していたが，リニモの開通で開発が加速，特に，愛知県立大学・愛知県立芸術大学・愛知学院大学・愛知工業大学など，多くの大学が沿線に立地，登下校時には学生で賑わう路線となり，ダイヤ改正によって運転間隔が短縮された。

　ちなみに，会場内の自動車交通は，専用路自動運転バス・燃料電池バス・電気自動車等，多彩であった。このような近未来型展示が多かったため，日本の比較文化風土，相対的バランス風土もあって，アニメ映画「となりのトトロ」に登場した「サツキとメイの家」が大人気であった。その昭和30年代の雰囲気と同様のノスタルジックな鉄道が運行されたならば，大人気であったと推察されるのだが。花博のＳＬ鉄道ではなくても（博物館明治村にあるので），憧れの特急や懐かしの軽便鉄道等，勿論，ストラクチャーとして町並みの再現があれば，最適であった。

　博覧会終了後は，愛・地球博記念公園となり，「サツキとメイの家」や大観覧車は残された。2022年（令和4年）11月1日に，ジブリパークが開業，「青春の丘」「ジブリの大倉庫」「どんどこ森」から構成され，2023年（令和5年）秋に全面開業となった。

　「地形図　2005年日本国際博覧会①　2万5千分の1地形図「瀬戸」平成13年修正・「平針」平成13年修正」は，1970年（昭和45年）11月1日

地形図　2005 年日本国際博覧会①
2 万 5 千分の 1 地形図「瀬戸」平成 13 年修正・「平針」平成 13 年修正

地形図　2005 年日本国際博覧会②
２万５千分の１地形図「瀬戸」平成 17 年更新・「平針」平成 17 年更新

に明治百年を記念して開設された県営愛知青少年公園が，描かれている。博覧会開始のために2002年（平成14年）3月31日に閉園となった。「地形図　2005年日本国際博覧会②　2万5千分の1地形図「瀬戸」平成17年更新」は，開催中の長久手会場で，会場内の軌道系交通は索道記号のロープウェイゴンドラのみであった。過去の国際博覧会が複数の軌道系交通を配置したのとは対照的であった。

・澤田浩次郎（2005）：愛知高速交通東部丘陵線"Ｌｉｎｉｍｏ"の概要，「鉄道ピクトリアル　特集　鉄道と博覧会輸送」，鉄道図書刊行会，762：28-32.

・鉄道ピクトリアル編集部（2005）：「愛・地球博」開幕，「鉄道ピクトリアル　特集　鉄道と博覧会輸送」，鉄道図書刊行会，762：40-41.

・電通（2006）：『2005年日本国際博覧会　公式記録』，2005年日本国際博覧会協会．

・電通（2006）：『2005年日本国際博覧会　写真集』，2005年日本国際博覧会協会．

・愛知県国際博覧会推進局（2006）：『2005年日本国際博覧会　愛知県記録誌』，愛知県国際博覧会推進局．

4．日本における人工施設観光の動向

（1）観光資源・観光施設の類型化

　観光資源を類型化すると，自然・歴史・文化・産業・人工施設に大きく区分できる。人工施設の代表がテーマパークであるが，前述した高級遊園地・国際博覧会以外に，観光動向において注目すべき人工施設として，野外動物園であるサファリパーク，絶叫マシン遊園地，野外植物園であるフラワーパーク，ＬＥＤやプロジェクションマッピングなどの技術の進歩によるイルミネーションパーク，アウトドアスポーツパーク，レトロ遊園地がある。これらの施設は，テーマパークの出現によって，その影響を受けつつ，さまざまに「進化」「深化」したと指摘できる。

　前述したように，在来型遊園地が最も大きな影響を受けた。そこで，そ

の対応としていくつかの方向性が見いだされた。それには，一様化と多様化があり，特色の維持強化，場合によっては，当初の施設からの大規模な変化がある。また，多様化では，幅広い年齢層向けの施設導入がある。

1960年代の高級遊園地，1970～2005年の国際博覧会について言及したが，この項目では，1970年代以降の人工施設観光について，動向を検討したい。

表1及び図1は，高級遊園地・国際博覧会と，下記で取り上げた絶叫マシン遊園地・レトロ遊園地・フラワーパーク・イルミネーションパーク・アウトドアスポーツパーク等を示したものである。事業主体が民営の場合，圧倒的に関東圏・近畿圏の郊外を中心に分布する。

（2）1970～80年代の動向

1970～80年代に，全国に野外動物園であるサファリパークが多く開園した。宮崎サファリパークは1975年（昭和50年）開園，九州自然動物公園アフリカンサファリは1976年（昭和51年）開園，秋吉台サファリランドは1977年（昭和52年）開園，東北サファリパークは1978年（昭和53年）開園，群馬サファリパークは1979年（昭和54年）開園，那須サファリパークは1980年（昭和55年）開園，富士サファリパークは1980年（昭和55年）開園，姫路セントラルパークは1984年（昭和59年）開園である。

アドベンチャーワールドも，1978年（昭和53年）に南紀白浜ワールドサファリとして開園，1979年（昭和54年）に従来の動物園・水族館に加えて遊園地を導入，1983年（昭和58年）にアドベンチャーワールドに改名，1988年（昭和63年）に中国成都動物園よりジャイアントパンダ2頭を導入，以後，パンダが特に人気となっており，2020年（令和2年）には飼育頭数で7頭目となる楓浜が誕生，新型コロナ禍においても，人気となった。天王寺から特急「くろしお」で約2時間と日帰りでは限界近くということが，パンダ強化路線の要因ともなっている。

（3）1990年代の動向

1990年代，絶叫マシンの強化による，絶叫マシン遊園地が有名となった。

第1表：高級遊園地・国際博覧会・絶叫マシン遊園地・レトロ遊園地・
フラワーパーク・イルミネーションパーク・アウトドアスポーツパーク等

地図中の位置	都道府県市町	名称・開園開催改名改装年
1	奈良県奈良市	奈良ドリームランド(1961年)
2	神奈川県藤沢市	横浜ドリームランド(1964年)
3	大阪府吹田市	日本万国博覧会(1970年) エキスポランド(1972年)
4	沖縄県本部町	沖縄海洋博覧会(1975年)
5	茨城県つくば市	国際科学技術博覧会(つくば博)(1985年)
6	大阪府大阪市	国際花と緑の博覧会(花博)(1990年) 日本国際博覧会(2025年 開催予定)
7	愛知県長久手市	日本国際博覧会(愛・地球博)(2005年)
8	山梨県富士吉田市	富士急ハイランド(1964年)
9	三重県桑名市	ナガシマスパーランド(1966年) なばなの里(1998年)
10	栃木県那須町	那須ハイランドパーク(1969年) 那須高原りんどう湖ファミリー牧場(1965年)
11	和歌山県白浜町	アドベンチャーワールド(1983年改名)
12	東京都あきる野市	東京サマーランド(1986年リニューアル)
13	神奈川県横浜市	八景島シーパラダイス(1993年)
14	東京都台東区	浅草花やしき(1947年再開)
15	大阪府枚方市	ひらかたパーク(1910年)
16	埼玉県所沢市	西武園ゆうえんち(2021年リニューアル)
17	栃木県足利市	あしかがフラワーパーク(1997年)
18	鳥取県南部町	とっとり花回廊(1999年)
19	千葉県袖ケ浦市	東京ドイツ村(2001年)
20	神奈川県相模原市	さがみ湖リゾートプレジャーフォレスト(2008年)
21	兵庫県三木市	ネスタリゾート神戸(2016年第一期)

第1図：高級遊園地・国際博覧会・絶叫マシン遊園地・レトロ遊園地・
フラワーパーク・イルミネーションパーク・アウトドアスポーツパーク等

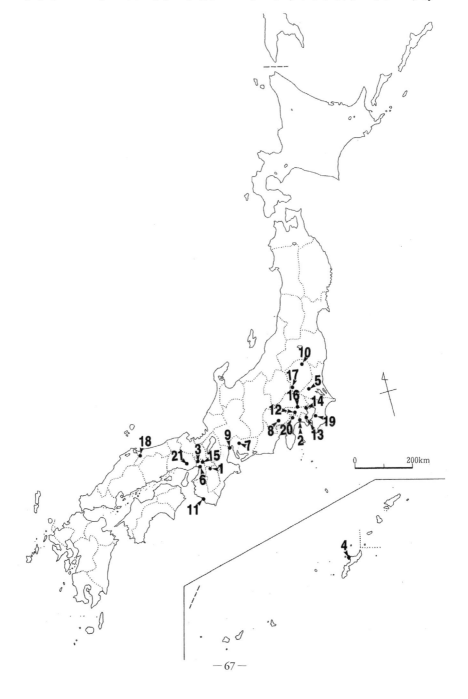

代表例は，「東の富士急ハイランド，西のナガシマスパーランド」と称される2施設で，両社は天然温泉のホテルを併設しているのも特色で，宿泊型観光も可能となっている。他に那須ハイランドパーク・東京サマーランド・八景島シーパラダイスなどがある。

　富士急ハイランド（山梨県富士吉田市）は，1964年（昭和39年）開園の富士急ラマパークを1966年（昭和41年）に改称したもので，特に1999年（平成11年）登場の「ＦＵＪＩＹＡＭＡ」以来，ギネス級の絶叫マシンの導入で知られる。その一方で，ファミリー層向けの施設，アニメ・ゲームとのコラボなど，模範的な展開を行っている。新宿から直通特急「富士回遊」で約2時間と日帰りでは限界近くということが，絶叫マシン強化の要因ともなっている。ただ，直通特急「富士回遊」が停車するのが富士急ハイランド駅であり鉄道駅前立地（駅改札前が入場ゲートという対面位置）であることは，乗り換えや徒歩の無駄がなく，好条件となっている。

　ナガシマスパーランド（三重県桑名市）は，1964年（昭和39年）にグランスパー長島温泉が開業後，1966年（昭和41年）に開園したもので，1980年頃より絶叫マシンの導入が盛んとなり，1994年（平成6年）に木製コースター「ホワイトサイクロン」，2000年（平成12年）にスチールドラゴン2000，2019年（平成31年）にハイブリッドコースター白鯨（ホワイトサイクロンをリニューアル）などが有名である。その一方，ファミリー向けの「キッズタウン」「ジャンボ海水プール」，アニメとのコラボで「名古屋アンパンマンこどもミュージアム＆パーク」を2010年（平成22年）に開設している。東海地方を代表する遊園地であるが，東京大都市圏・大阪大都市圏と比べて，名古屋大都市圏の後背地人口が相対的に少なく，また，三重県に位置することも絶叫マシン強化の要因ともなっている。

　那須ハイランドパーク（栃木県那須町）は，1969年（昭和44年）開園，北関東最大級の遊園地であり，コースター系アトラクションは7種と，関東最多である。那須高原りんどう湖ファミリー牧場（栃木県那須町）は，1965年（昭和40年）開園，2020年（令和2年）に那須ハイランドパークと同じ経営となり，入場割引を実施，施設名称どおり，ファミリー向け部門を担うこととなっている。富士急ハイランドとナガシマスパーランドが，

同じ園内に絶叫マシンとファミリー向け施設を有するのに対して，那須ハ
イランドパークと那須高原りんどう湖ファミリー牧場がセットになること
によって，同様の効果を期待したともいえる。東京から鉄道・バスで約2
時間と日帰りでは限界近くということが，連携強化の要因ともなっている。
東京サマーランド（東京都あきる野市）は1986年（昭和61年）リニューアル，
八景島シーパラダイス（神奈川県横浜市）は1993年（平成5年）開園，遊園
地だけでなく水族館も併設，横浜シーサイドラインのアクセスが整備され
た。以上のように，1980～90年代に，テーマパークの出現によって，絶
叫系マシンの導入とファミリー向け施設強化などの方向転換や新規開園を
する施設が現れるなど，影響を受けたことが見て取れる。

（4）2000 年代の動向

　2000年代は，電鉄系遊園地の閉園が相次いだ時期である。ほとんどは
駅前立地で，アクセスは良好であった。小田急電鉄の向ケ丘遊園が2002
年（平成14年）閉園，阪神電鉄の甲子園阪神パークが2003年（平成15年）
閉園，阪急電鉄の宝塚ファミリーランドが2003年（平成15年）閉園，近
畿日本鉄道の近鉄あやめ池遊園地が2004年（平成16年）閉園，さらに，
南海電鉄のみさき公園が2020年（令和2年）閉園と，関西の遊園地の閉園
が多く，関西で残るはひらかたパークと生駒山上遊園地のみとなった。

　しかし，時代は令和となって「昭和レトロブーム」が到来，浅草はな
やしきは1947年（昭和22年）再開，京阪電鉄の電鉄系遊園地であるひら
かたパークは1910年（明治43年）開園の現存する日本最古の遊園地で，
両者は「東の浅草はなやしき，西のひらかたパーク」として知られる「老
舗遊園地」，浅草花やしき・ひらかたパークともに「昭和レトロ」感も魅
力となっている。そこで，西武園ゆうえんちは，1985年（昭和60年）に
一旦リニューアルしたが，2021年（令和3年）に「昭和レトロ」風へと再
度リニューアルを行った。テーマパークの影響を受けて一旦リニューアル，
「昭和レトロ」へと再度リニューアルと，遊園地の対応例としては典型例
といえる。

　また，2000年代は，フラワーパークのイルミネーションパーク化が進

行した時期でもある。その要因としては，都心から遠方という立地条件と共に，郊外という立地条件が，「光害」の影響が少なく，大規模なイルミネーションを可能にしているともいえる。不利と思われる条件が，有利ともいえるわけである。後述するテーマパークにおいても，特にハウステンボスやラグーナテンボスが，「花の王国」「光の王国」と，フラワーパーク・イルミネーションパークの要素も兼ね備える方向を強化している。

　広大な野外植物園であるフラワーパークとしては，「東のあしかがフラワーパーク，西のなばなの里」がある。あしかがフラワーパークは1997年（平成9年）開園，なばなの里は1998年（平成10年）開園である。あしかがフラワーパークでは2001年（平成13年）にイルミネーションイベントを初めて開催，なばなの里では2004年度（平成16年度）に100万球のイルミネーションが人気となり，その影響を受けて2001年（平成13年）開園の東京ドイツ村は，広大な敷地に花畑が広がるフラワーパークの側面を持っていたが，2006年度（平成18年度）から大規模なイルミネーションを実施，これらのフラワーパークは，冬季の「花」の減少と寒さによる来訪者減少が課題であったが，冬季来客減少対策として有効となり，現在ではむしろ冬季のイルミネーションで有名となって，年々規模を拡大させ，イルミネーションパークともいえる状況である。

　さがみ湖リゾートプレジャーフォレストは，1972年（昭和47年）開園の相模湖ピクニックランドを，2007年（平成19年）に富士急グループが取得，2008年（平成20年）にさがみ湖リゾートプレジャーフォレストと改名，富士急ハイランドと共に絶叫マシンの導入もあったが，アスレチックを中心としたアウトドアスポーツ施設を増強，2011年（平成23年）には野外バーベキュー場を開設，ファミリー向け部門を担うこととなっている。2009年（平成21年）にイルミネーションイベントである「さがみ湖イルミリオン」を初めて開催，関東ではあしかがフラワーパーク・東京ドイツ村・さがみ湖リゾートプレジャーフォレストが，大規模なイルミネーションパークとして知られている。

　これらの施設は東京から2時間前後を要し，日帰りでは限界近くということがあり，なばなの里は前述したナガシマスパーランドと立地条件は

同様で，施設内容強化の要因ともなっている。特に，2018 年（平成 30 年）
4 月 1 日，ＪＲ両毛線にあしかがフラワーパーク駅が開業と鉄道駅前立地
を確保したことは，集客力を示すものでもあり，勿論，好立地条件となっ
ている。西日本では，とっとり花回廊が 1999 年（平成 11 年）開園で，日
本最大級のフラワーパークであり，冬季イルミネーションも行われている。

（5）2010 年代の動向

　2010 年代は，関東のさがみ湖リゾートプレジャーフォレストで示した
ように，アウトドアスポーツを中心とした野外施設が拡充された時期であ
る。2015 年（平成 27 年）に手軽にキャンプが楽しめるグランピングがブーム
となり，ソロキャンプなど，キャンプブームが到来した。関西では，ネ
スタリゾート神戸が，2015 年（平成 27 年）に営業終了したグリーンピア
三木の跡地に，2016 年（平成 28 年）に第一期が開園，2017 年（平成 29 年）
に第二期が増設された。多くのアウトドア・アクティビティとともに，グ
ランピングや天然温泉もある。山陽自動車道三木東インターチェンジから
近く，自動車利用の場合は比較的便利である。

（6）2020 年代の動向

　2020 年度以降は，全国的に新型コロナ禍で，観光施設が大きな打撃を受
けた。その中で注目されたのが，室内での密を避けることができる，アウ
トドアスポーツを中心とした野外施設で，関東では前述のさがみ湖リゾー
トプレジャーフォレスト，関西ではネスタリゾート神戸がそれに相当する。
自家用車中心の施設では，鉄道・バスの公共交通機関が相対的に不便であ
ることとなるが，車内での家族以外との密を避けることができる自家用車
は，新型コロナ禍では，相対的に有利な交通手段となった。比較的雨天が
多い日本の気候では，野外を中心とした施設の不利性が指摘されることが
あるが，50 年前から，野外を中心とした施設充実の動向があったことの指
摘が新型コロナ禍の観光を語るとき，重要となっている。以前からの動向
があってこそ，新型コロナ禍に観光が対応できたと指摘できるのである。
　1970 ～ 80 年代のサファリパーク，1990 年代を中心とした絶叫マシン遊

園地，2000年代を中心としたフラワーパークのイルミネーションパーク化，2010年代を中心としたアウトドアスポーツパーク，これらの野外を中心とした施設が，鉄道・高速道路の利便性が高い関東圏・近畿圏の郊外を中心に分布し，その充実が，2020年度からの新型コロナ禍で，比較的ではあるが，観光施設の中で健闘することとなっている。大都市圏とその郊外立地，一様化と多様化，野外施設同士の相互関係，テーマパークとの相互作用，平時と新型コロナ禍といった有事，このように観光動向全体を包括的な視点で検討することが肝要となる。

5．日本における外国の町並み・景観・建物 ＜文献3点＞

（1）従来あった外国の町並み・景観・建物

　日本における外国の町並み・景観・建物としては，横浜・神戸・長崎等の中華街，神戸等の異人館，キリスト教会やイスラームモスクがよく知られている。奈良ドリームランドや横浜ドリームランドの高級遊園地でも，外国風の町並み・建物が見られた。後述する長崎オランダ村（1983年開園）や志摩スペイン村（1994年開園）などは，「外国村テーマパーク」として，より本格的な町並み・建物が建てられた。規模やアトラクションの有無から，「外国村テーマパーク」とは位置付けられないが，歴史的建造物・宗教的建造物・高級遊園地・テーマパーク以外に，様々な外国の町並み・景観・建物が，1980年代を端緒に，1990年代以降に多く出現している。この動向も，テーマパークと関連して触れておくべきである。表2及び図2は，日本における外国の町並み・景観・建物を示したものである。関東圏・近畿圏を中心に，太平洋ベルト地帯に多く分布する。日本海側の積雪地帯には少なく，集客もあるが，建物の維持・管理において，負担も考慮されていると考えられる。

（2）1980年代に登場した事例

1）北海道で登場した背景

　1980年代に，北海道で二つの事例が登場した。その背景を，北海道，

特に札幌市とその郊外の状況から考察してみる。1972年（昭和47年）に札幌オリンピックが開催され，従来から行われていた札幌雪まつりが北海道外でも大きく報道され，知名度が高まった。1974年（昭和49年）に羽田〜千歳線に日本航空がボーイング７４７ＳＲ（ジャンボジェット機），全日本空輸がロッキードＬ－１０１１を投入，ワイドボディー機で輸送力が増強され，1980年（昭和55年）には千歳線に千歳空港駅（現・南千歳駅）が開業，鉄道アクセスが開設された。このように北海道への航空交通が充実したことにより，衰退した鉱業（石炭採掘）から観光業へと基幹産業の転換が指摘され，「炭鉱から観光へ」とのキャッチフレーズが誕生した。札幌市の人口は，1970年の国勢調査人口で100万人を突破，1980年の国勢調査人口で140万人を突破，この10年間の人口増加率は約40％と，驚異的な数値となった。このような状況から，課題となったのが，霊園と住宅地の必要性であった。以下の2施設は，そのような状況を反映するとともに，その需要をすべて満たしたわけではないが，特色ある施設として，外国風の景観・建物として登場することとなった。

２）真駒内滝野霊園

1981年（昭和56年），北海道札幌市南区滝野の地に，札幌市内最大級の広さを有する霊園である，真駒内滝野霊園が開園した。歴史が浅く，従来からの先祖伝来の墓地を持たない移住した新たな住民が多い状況から，将来的に霊園墓地不足は明らかな状況となった。具体的には，2020年代に入って，いわゆる団塊の世代が70歳代となっているわけである。

この霊園は，規模の大きさのみならず，正門を入ってすぐに「イースター島のモアイ像」が実に33体並んでいる。勿論，大きさは，イースター島とほぼ同じである。内陸に設置のため，海を背にはしていないが，森を背にして，数において日本国内最多ということとなる。また，入ってすぐの区画には，イギリスのストーンヘンジが設置され，さらに日本の頭大仏があるなど，霊園ながら，外国風の景観がみられる。墓石も，内地の墓地に多い形態である土台状に縦長ではなく，ゆったりとした区分地に横長の墓石や，平置きで円形に配置された墓石が配置され，その結果，内地の霊園とは景観が大きく異なっている。したがって，墓石群と親和性のある

第２表：日本における外国の町並み・景観・建物《奥野一生による》

地図中の位置	都道府県市町村	名称
1	北海道当別町	スウェーデンヒルズ
2	北海道札幌市	白い恋人パーク 真駒内滝野霊園
3	山形県戸沢町	道の駅　モモカミの里「高麗館」
4	福島県天栄村	Ｂｒｉｔｉｓｈ　Ｈｉｌｌｓ
5	栃木県那須町	モンゴリアンヴィレッジテングル アジアンオールドバザール
6	群馬県高山村	ロックハート城
7	群馬県渋川市	法水寺
8	埼玉県入間市	ジョンソンタウン
9	埼玉県坂戸市	道教のお宮「聖天宮」
10	千葉県成田市	ワットパクナム日本別院本堂
11	千葉県船橋市	船橋アンデルセン公園
12	東京都目黒区	ラヴィータ自由が丘
13	東京都港区	高輪プリンセスガルテン 汐留イタリア街
14	山梨県富士河口湖町	河口湖　音楽と森の美術館
15	山梨県北杜市	リゾナーレ八ヶ岳
16	静岡県伊東市	アジアンオールドバザール
17	静岡県浜松市	浜松ぬくもりの森
18	三重県志摩市	志摩ベイサイドテラス 志摩地中海村
19	滋賀県日野町	滋賀農業公園ブルーメの丘
20	京都府亀岡市	英国村（ドゥリムトン村）
21	和歌山県和歌山市	ポルトヨーロッパ
22	和歌山県白浜町	ホテル川久
23	兵庫県神戸市	道の駅　神戸フルーツフラワーパーク大沢
24	兵庫県姫路市	太陽公園白鳥城ノイシュバンシュタイン城
25	香川県小豆島町	小豆島オリーブ公園
26	高知県土佐市	ホテルサントリーニ
27	佐賀県有田市	有田ポーセリンパーク
28	大分県由布市	由布院フローラルヴィレッジ
29	宮崎県日南市	サンメッセ日南
30	沖縄県宮古島市	うえのドイツ文化村マルクスブルグ城

第2図：日本における外国の町並み・景観・建物《奥野一生による》

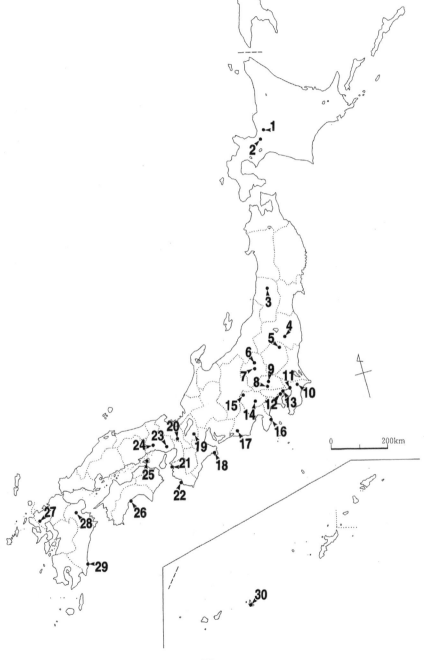

「石のモニュメント」の「モアイ像」や「ストーンヘンジ」は，北海道らしい霊園の姿ともいえる。このような景観が，最初に，北海道で，霊園として登場したのは興味深い。

　3）スウェーデンヒルズ

　1984年（昭和59年），北海道石狩郡当別町の地に，スウェーデンハウス（北欧型住宅）のスウェーデンヒルズの分譲が開始された。1985年（昭和60年）に最初の住民が入居，1987年（昭和62年）まで住民は1世帯のみであったが，1990年（平成2年）にスウェーデン国王が来訪，一気に知名度が上がり，2017年（平成29年）に住民は782人となった。札幌郊外の住宅地としては，1980年（昭和55年）に複線電化が行われた千歳線沿線の北広島市が代表例であるが，札沼線沿線の当別町も郊外住宅地化が進行した地域である。1974年（昭和49年）以降に大学が開設され，札沼線の輸送力が増強，1991年（平成3年）に学研都市線の愛称が付けられ，2012年（平成24年）に電化された。当別町の人口は，1965年（昭和40年）国勢調査人口では19,400人と一旦ピークを迎えて以後減少，1990年（平成2年）には15,825人といったん減少した。以後，住宅地化が進行，2000年（平成12年）国勢調査人口が20,778人まで増加，その後は再度減少に転じている。スウェーデンの町並みが広がる景観は，北海道らしい住宅地として，興味深い。

（3）1990年代に登場した事例

　都市内再開発タイプとして，1990年（平成2年）にイタリアのヴェネツィアの町並みを模したラヴィータ自由が丘，1991年（平成3年）に中世ドイツのローテンブルクの町並みを彷彿させる高輪プリンセスガルテンが開設された。会員制宿泊施設（当時）タイプとして，1991年（平成3年）にヨーロッパの宮殿を彷彿させるホテル川久，1992年（平成4年）にイタリア建築家によるリゾナーレ八ヶ岳（旧・リゾナーレ小渕沢），1992年（平成4年）にスペイン風の志摩ベイサイドテラス（旧・プライムリゾート賢島），1993年（平成5年）にスペインのアンダルシア地方及びカスティーリャ地方とイタリアのサルデーニャ島の町並みを再現した志摩地中海村（会員制別荘としての開業年）の4施設が開設された。志摩の2施設は，英虞湾のリア

ス式海岸の景観がスペインのリアス地方の海岸に似ていることが立地した要因となっている。これらの1990年代当初期は，1980年代末のバブル期に計画着工された施設の開業により登場したといえる。

　海外との交流を契機とした施設タイプとして，1992年（平成4年）に姉妹島のギリシャ・ミロス島から贈られた小豆島オリーブ公園ギリシャ風車，1996年（平成8年）にライン川沿いの古城マルクスブルグ城を模したうえのドイツ文化村マルクスブルグ城，1996年（平成8年）にデンマークのオーデンセ市との姉妹都市提携による風車がある船橋アンデルセン公園（従来の公園を新装開園），1997年（平成9年）に韓国との国際交流から誕生した韓国風の道の駅とざわモモカミの里「高麗館」の4施設が開設された。

　テーマパークの影響を受けるなどの観光施設の魅力向上タイプとして，1993年（平成5年）にドイツのドレスデン市にあるツヴィンガー宮殿を再現した有田ポーセリンパーク，1993年（平成5年）にオランダの国立美術館を模した道の駅神戸フルーツ・フラワーパーク大沢，1993年（平成5年）にイギリスから移築した大理石村ロックハート城，1994年（平成6年）に地中海をイメージしたポルトヨーロッパ，1995年（昭和60年）に英国風のチェダーハウスがある工場を兼ねた白い恋人パーク（旧・チョコレートファクトリー），1995年（平成7年）にイースター島の7体のモアイ像を復刻したサンメッセ日南，1997年（平成9年）に中世ドイツをイメージした滋賀農業公園ブルーメの丘，1999年（平成11年）に中世ヨーロッパの貴族の館をイメージした河口湖音楽と森の美術館（旧・河口湖オルゴールの森）の8施設が開設された。

　宿泊もできる施設タイプとしては，1994年（平成6年）にイギリス語学研修のブリティッシュヒルズ，1999年（平成11年）にモンゴルのゲルが設置されているモンゴリアンヴィレッジテンゲルの2施設があり，神戸フルーツ・フラワーパーク大沢とポルトヨーロッパはホテルを併設，会員制宿泊施設（当時）の4施設と合わせると，8施設となる。

　宗教施設タイプとしては，1995年（平成7年）に道教のお宮・聖天宮が開設された。

（4）ロックハート城

　ロックハート城は，1829 年（文政 12 年）に英国で建設され，1987 年（昭和 62 年）に俳優の津川雅彦が私費で購入，1988 年（昭和 63 年）に解体されて，日本の十勝港に陸揚げされた。北海道広尾郡広尾町の町営牧場に運び込まれたが，城を活用したレジャーランド計画が中止となった。1992 年（平成 4 年）に群馬県沼田市の株式会社サンポウが買い取り，群馬県吾妻郡高山村に運び込まれ，1993 年（平成 5 年）に復元が完了した。城以外に，大理石村では中世ヨーロッパの町並みが再現され，英国風庭園も併設，多くのドラマのロケ地として活用されている。

（5）ブリティッシュヒルズ ＜文献 1 点＞

　ブリティッシュヒルズは，1994 年（平成 6 年）7 月に，神田外国語大学を経営する学校法人佐野学園が，福島県岩瀬郡天栄村に開設した。英語や英国文化を学ぶ目的で，高原の森の中にイギリスの町並みが極めて正確に再現されて，いわゆる「クオリティ」が高い。語学研修・文化教室以外に，リゾート施設として，宿泊・レストラン・売店のみの利用も可能である。

　マナーハウスは，領主の館を再現した建物で，受付も兼ねており，建物内ツアーもある。ドラマ「花より男子」で使用された。ゲストハウスは，12 ～ 18 世紀のイギリスの民家を再現，扉・調度品・バスに至るまで，手が込んでいる。バラックは，中世の城を再現，団体にも使用される。レストランは，英国の学校食堂様式で，ハリー・ポッターの世界を彷彿させる。

　・月刊レジャー産業資料編集部（2010）：英語研修と異文化体験というブリティッシュヒルズの提案，「月刊レジャー産業資料」，520：64-69.

（6）2000 年代以降に登場した事例

　観光施設の魅力向上タイプとしては，2001 年（平成 13 年）に中世ヨーロッパの村を彷彿させる浜松ぬくもりの森，2004 年（平成 16 年）にバリ島・ベトナム・ネパール・インドの村を再現したアジアンオールドバザール，2012 年（平成 24 年）にイギリスのコッツウォルズ地方の村を再現した

由布院フローラルヴィレッジの3施設が開設された。

　宿泊ができる施設タイプとしては，2005年（平成17年）にギリシャの
サントリーニ島をイメージしたヴィラ・サントリーニ，2010年（平成22
年）にイギリスのコッツウォルズ地方の村を再現した英国村（旧・ドゥリム
トン村）の2施設が開設され，由布院フローラルヴィレッジ（女性限定）も
宿泊可能で，3施設となる。

　都市内再開発や従来施設の再活用タイプとしては，2007年（平成19年）
に汐留イタリア街，2009年（平成21年）にジョンソンタウン（改名）の2
施設が登場した。

　宗教施設タイプとしては，2005年（平成17年）にタイの仏教寺院のワッ
トパクナム日本別院本堂，2018年（平成30年）に臺灣仏教寺院の法水寺の
2施設が開設された。福祉施設の施設活用タイプとしては，2009年（平成
21年）にドイツのノイシュバンシュタイン城を模した太陽公園白鳥城があ
り，規模が比較的大きい。

（7）ジョンソンタウン ＜文献1点＞

　1945年（昭和20年）に陸軍士官学校が進駐軍に接収されて米軍ジョンソ
ン基地（現・航空自衛隊入間基地）となり，1954年（昭和29年）に磯野商会
所有地に，米軍ハウス24棟が建設された。1978年（昭和53年）に米軍の
撤退により，米軍ハウスも空屋となった。2003年（平成15年）から米軍ハ
ウスはリノベーションされ，米軍ハウス風の建物となった。2009年（平成
21年）にジョンソンタウンと改称，79棟・約130世帯・210名程の住宅地
となった。米軍ハウス以外に，現代的低層新築住宅が混在，カフェ・レス
トラン，雑貨店など，約50店舗が営業している。1950年代のアメリカ風
の町並みとして，来訪者に人気がある。

　・矢部直人（2015）：米軍基地のイメージを活かした住宅地：米軍ハウス
　　が残る埼玉県入間市のジョンソンタウン，「月刊　地理」，古今書院，
　　60（5）：76-81.

（8）新たに登場した外国の町並み・景観・建物の意義と活用

＜文献１点＞

１）類型化と意義

　以上のように，1980年代以降に登場した外国の町並み・景観・建物である34の施設事例を取り上げた。それらを類型化すると，分布地方では，関東11，近畿8，中部・九州沖縄各4，北海道3，東北・四国各2と，関東・近畿が多くを占め，大都市圏からの観光客の集客を反映。また，外国の地域区分では，欧風が多くて24，特に英風が6，独風が6，南欧風が8，アジア風が7で，観光客の人気も反映している。宿泊を中心とした施設も含めて11施設で宿泊が可能である。観光施設となっているものが当然多く，浜松ぬくもりの森や英国村（旧・ドゥリムトン村）は建設業者から出発，レストランから施設を拡大した。ラヴィータ自由が丘・高輪プリンセスガルテン・汐留イタリア街・ジョンソンタウンは，関東での都市の再開発・再活用例であり，その背景としては，注目度が高く，集客力に期待することが考えられる。那須や河口湖，志摩，由布院や日南といった観光地に立地する一方，ロックハート城やブリティッシュヒルズは山中に立地，周囲から隔絶されて雰囲気を損なう借景が入らず，建物も「本物」として注目される。道教のお宮・聖天宮とワットパクナム日本別院本堂・臺灣仏教寺院の法水寺は，純粋な宗教施設であり，厳格に設計・施工されている。タイ寺院のワットパクナムは千葉県成田市にあり，神奈川県愛川町にはベトナム・カンボジア・ラオスの寺院があって，東南アジア方面からの在日の人々が多いことを反映している。

２）観光の動向と活用

　アニメツーリズムの地と同様，これらの外国の町並み・景観・建物は精巧に再現された「絵になる風景」で，2004年（平成16年）に始まった世界最大のSNSであるFacebookに代表されるように，SNS・インスタ映え・拡散も，施設発展と集客増に大きく関係している。外国村テーマパークは，1999年（平成11年）に登別中国庭園天華園，2004年（平成16年）に新潟ロシア村，2005年（平成17年）に柏崎トルコ文化村，2006年（平成18年）にウェスタン村，2007年（平成19年）にグリュック王国，2008

年（平成20年）に倉敷チボリ公園と，休閉園が相次いだ。その直後に，Ｓ
ＮＳブームが到来，時期を逸した側面がある。これらの施設は，当然なが
ら，日本国内にいながら海外で撮影したような映像作成が可能で，ドラマ
のロケ地にもよくなっている。また，高麗館はその地元が韓国から嫁いだ
人が多いとの背景など，海外との交流があり，立地要因を考察するのも興
味深い。

　観光的には，国内はもとより，海外からの観光客の来訪も多く，特に，
アジア系の人々が日本に来ただけで欧風施設にて欧州に行った雰囲気に接
することができると人気で，インバウンドツーリズムにも，大きく貢献し
ている。テーマパークと異なって，入場料無料（アトラクションは有料）の
施設もあって，立ち寄り先として人気がある。すなわち，ツアー業者に
とっては，経費をかけずに立ち寄り先を増やすことができてパンフレット
に記載でき，ツアー客にとっては写真を撮って行ったということが表現で
き，施設側にとっては賑わいを演出でき，立ち寄り客の一部でも有料アト
ラクションや飲食・お土産購入につながれば収益となる。アクセスが不便
な施設にとって，まずは来訪してもらわなければ始まらないという，根本
的な必要性がある。このことが，ハウステンボスやムーミンバレーパーク
のメッツァといったように，テーマパークでも「無料ゾーン」を設置する
きっかけともなり，富士急ハイランドも実質無料のシステムを採用してい
る。

　2020年度以降は新型コロナ禍で，インバウンドツーリズムが急減，海
外からの来訪者も急減した。しかし，同時に日本からも海外旅行に行きに
くい状況となり，これらの施設は日本国内にいて海外旅行気分を楽しめる
と，人気のスポットとなっている。そこで，旅行社の中には，「まるで海
外のような日本の風景」といったツアーを企画しているところもある。ド
ラマ・映画作成現場でも，海外ロケが難しくなり，日本国内にいて海外
シーンの撮影にこれらの施設は最適で，撮影によく利用されている。この
ことをきっかけにこれらの施設が知られるようになり，来訪者がさらに増
加するという，好循環となっている。まさに，発想の転換と早い対応が求
められる典型例となった。まさしく，「ピンチはチャンス」である。前述

したように，テーマパークの「外国村」で閉園となった施設がある。立地条件から，テーマパークとしての再開は極めて困難であるが，施設が残存している場合，再活用の道が模索されるであろう。

　地理学・地域学からは，外国の町並み・景観・建物を，地域振興研究やツーリズム研究で取り上げるとともに，地理学・地域学に対する関心を高め，学校での教材にこれらを登場させて児童生徒の興味関心につなげるという意義も考えられる。訪問制限や配慮が必要な施設もあるが，教育関係者が実際に訪れて，地理学・地域学といった学問とどう関連づけ，教育にどう活用するか，今後も検討が期待される。

・奥野一生（2019）：日本における外国風町並み・景観の展開と活用，「日本地理教育学会　発表要旨集」，69：29.

Ⅳ．テーマパークの立地と展開 ＜文献62点＞

１．テーマパークの分布と内容の特色

　本書で取り上げたテーマパークを，第３表・第３図及び第４表・第４図に示した。そこから，地域的にも内容的にも，様々なテーマパークが開設されていることを概観できる。

（１）テーマパークの分布

　第３図・第４図から分布を考察すると，地域的には，北海道・関東・九州地方が比較的多く，全体に太平洋ベルト地帯の人口密集地域に多く分布する。また，札幌・東京・名古屋・大阪・福岡の５大都市から最大200km以内にほとんどが含まれる。絶対距離200kmは，時間距離では約２時間（鉄道の特急列車利用・自動車で高速道路利用）に相当し，経済距離では１万円（鉄道の特急列車利用・自動車で高速道路利用，往復）に相当する。第一義的な集客範囲として，これらの距離が分布限界として考えられる。北海道・東北・北陸・山陰の積雪地帯のうち，北海道には複数分布するものの，他の地域は少ない。北海道の３箇所が閉園（カナディアンワールドは市営公園化され，施設が残っているものの，テーマパークとしては閉園とした），北陸の３箇所も閉園，積雪地域では半減した北海道のみとなった。これは積雪時期に来訪者数が激減すると共に，除雪等の建物管理維持に費用がかかるという，不利な条件も理由である。その状況にあって，北海道での立地・分布は日本で有数の観光地であることによるが，最北端のカナディアンワールドと最東端のグリュック王国は集客の困難性を分布図から推察でき，両パークともテーマパークとしては閉園した。登別・日光鬼怒川・犬山・伊勢志摩・長崎では，近接して複数のテーマパークが存在する。それらは内容に相違があり，競合する面もあるが，次に示す内容の異種相乗効果によって共存状態にもある。

第3表：日本のテーマパーク《奥野一生による》

地図中の位置	都道府県市区町	名称
1	北海道芦別市	カナディアンワールド
2	北海道札幌市	野外博物館北海道開拓の村
3	北海道登別市	登別伊達時代村 登別マリンパークニクス
4	岩手県奥州市	えさし　藤原の郷
5	栃木県日光市	日光江戸村 東武ワールドスクウェア
6	埼玉県飯能市	ムーミンバレーパーク
7	千葉県浦安市	ＴＤＬ東京ディズニーランド ＴＤＳ東京ディズニーシー
8	東京都多摩市	サンリオ・ピューロランド
9	静岡県伊豆市	修善寺虹の郷
10	愛知県蒲郡市	ラグーナテンボス
11	愛知県犬山市	博物館明治村 野外博物館リトルワールド
12	愛知県名古屋市	レゴランド
13	三重県伊勢市	伊勢・安土桃山城下町
14	三重県志摩市	志摩スペイン村
15	京都府京都市	東映太秦映画村
16	大阪市此花区	ユニバーサル・スタジオ・ジャパン
17	香川県丸亀市	レオマワールド
18	大分県日出町	サンリオ・ハーモニーランド
19	佐賀県嬉野町	肥前夢街道
20	長崎県佐世保市	ＨＴＢハウステンボス

注：2022年（令和4年）現在，休業・休園・閉園テーマパークは除いた。
　　カナディアンワールドは，現在，市営公園。

第3図：日本のテーマパーク《奥野一生による》

第4表：休園閉園テーマパーク《奥野一生による》

地図中 の位置	都道県市	名称・テーマパーク立地型 開園年・休業休園閉園年
1	北海道帯広市	グリュック王国・新規振興地型 1989年開園・2003年休園・2007年閉園
2	北海道登別市	登別中国庭園天華園・観光温泉地型 1992年開園・1999年閉園
3	栃木県日光市	ウェスタン村・観光温泉地型 1973年開園・2006年休業
4	東京都あきる野市	東京セサミプレイス・大都市郊外型 1990年開園・2006年閉園
5	新潟県阿賀野市	新潟ロシア村・新規振興地型 1993年開園・2003年休業・2004年閉園
6	新潟県柏崎市	柏崎トルコ文化村・新規振興地型 1996年開園・2004年閉鎖・2005年閉園
7	石川県加賀市	加賀百万石時代村・観光温泉地型 1996年開園・2006年閉園
8	岡山県倉敷市	倉敷チボリ公園・有名観光地型 1997年開園・2008年閉園
9	福岡県北九州市	スペースワールド・大都市内型 1990年開園・2017年閉園
10	長崎県西海市	長崎オランダ村・有名観光地型 1983年開園・2001年閉園 2016年再開・2021年休園

注：休園閉園は，2022年(令和4年)現在。

第4図：休園閉園テーマパーク《奥野一生による》

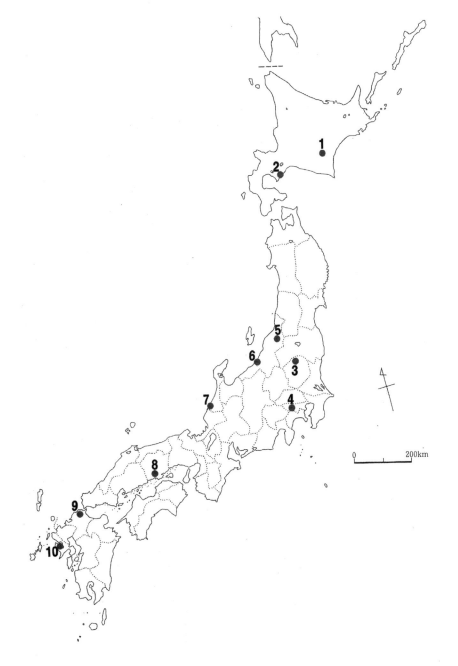

（2）テーマパークの内容

第3表・第4表から内容を考察すると，外国・歴史・ファンタジーに大別される。

外国村には，ウェスタン村，リトルワールド，長崎オランダ村，グリュック王国，修善寺虹の郷，登別マリンパークニクス，カナディアンワールド，レオマワールド，ハウステンボス，登別中国庭園天華園，東武ワールドスクウェア，新潟ロシア村，志摩スペイン村，柏崎トルコ文化村，倉敷チボリ公園，ラグナシアなどがあり，テーマパーク全体の約半数を占める。しかし，ウェスタン村，長崎オランダ村，グリュック王国，カナディアンワールド（テーマパークとしては閉園），登別中国庭園天華園，新潟ロシア村，柏崎トルコ文化村，倉敷チボリ公園など，休閉園となったテーマパークは，全体の約4分の1，外国村では約半数を占める。

歴史村（日本）には，明治村，東映太秦映画村，北海道開拓の村，日光江戸村，肥前夢街道，登別伊達時代村，伊勢戦国時代村，えさし藤原の郷，加賀百万石時代村などがあり，テーマパーク全体の約4分の1を占め，加賀百万石時代村は閉園となった。

外国村では欧米が多く，歴史村では江戸と明治時代が多い。これは，その地域と時代が好まれるという来訪者の嗜好，ひいては集客対策からきている。それは，勿論，学校教育においてそれらの地域と時代の学習が比較的多く，関心が高まるという影響も考えられる。欧州が好まれるという傾向をよく反映しているのはリトルワールドで，ドイツやイタリアの建物を増設している。もっとも，レトロ遊園地の話題で前述した，近年では昭和，特に昭和30年代がブームである。1994年（平成6年）に開設された「新横浜ラーメン博物館」で代表される「フードテーマパーク」では，この昭和30年代の町並みをモチーフにすることが多い。

ファンタジーをテーマとする場合では，文化学習の参考になるという見方もできる。すなわち，ディズニーランドはアメリカ文化をそのまま日本に持ち込んだ施設であり，サンリオの施設は日本文化を反映している。それは，代表的なキャラクターの元となった動物である「ネズミ」と「かえる」の違いからも理解できる。但し，ディズニーキャラクターには多種

多様な動物をモチーフとしたキャラクターがあり，サンリオでも「ねこ」をモチーフとした「キティ」が大人気であるものの，「たぬき」「たこ」等をモチーフとした和風のキャラクターが数多くある。ムーミンバレーパークは，北欧フィンランドの文化が反映されており，いずれもテーマの原点となった作品に触れていると，より一層，理解と感動が深まる。

2．テーマパーク開設の影響

　東京ディズニーランドの位置する，千葉県東葛飾地区観光入込客数の千葉県総観光入込客数に占める比率は，ディズニーランド開園前年の 1982 年（昭和 57 年）においては 20 ％を占めるに過ぎなかったが，開園年の 1983 年（昭和 58 年）には 28 ％を占めて千葉県第 1 位の観光地となり，開園 5 年後の 1987 年（昭和 62 年）には 31 ％を占めた。以後，千葉県総観光入込客の約 3 分の 1 を占める地区となり，近年は千葉県の他の観光施設の増加による全体の観光入込客数増加により，相対的に比率は低下したが，それでも東京ディズニーリゾート単独で千葉県観光入込客の 2 割を占めている。

　伊勢戦国時代村・志摩スペイン村の位置する三重県伊勢志摩国立公園の観光客数は，1973 年（昭和 48 年）から 1992 年（平成 4 年）の 20 年間においては 1,248 〜 1,444 万人と圧倒的な三重県第 1 位の観光地で，三重県総観光客数の約 30 ％であった。伊勢戦国時代村が開園した 1993 年（平成 5 年）には 1,508 万人と初めて 1,500 万人を超え，志摩スペイン村が開園した 1994 年（平成 6 年）には 1,954 万人を記録し，三重県の観光客数の 40 ％を占める地区にまで拡大した。しかし，それをピークにその後は減少し，1999 年（平成 11 年）には 1,081 万人にまで減少，三重県内における比率も 24 ％にまで減少した。2005 年（平成 17 年）は 870 万人とピーク時の半分以下に減少したが三重県全体が減少しているため，比率でみれば 28 ％に上昇している。

　ハウステンボスの位置する長崎県佐世保市の観光客数は，開園前年の 1991 年（平成 3 年）においては長崎市の 501 万人に対して佐世保市は 309

万人であったが，開園年の 1992 年（平成 4 年）には佐世保市が 582 万人と長崎市の 570 万人を上まわって長崎県第 1 位の観光地となり，長崎市は 1995 年（平成 7 年）まで観光客数が年々減少しているのに対して，佐世保市は 1996 年（平成 8 年）まで年々増加した。その後，両市は増加と減少の両側面が出現するものの，佐世保市が上まわる状態は継続（2003・2004 年のみ下まわり，2005 年は上まわった），以後，長崎県総観光客数の約 4 分の 1 を占める地区となっている。1995 年（平成 7 年）の宿泊客数では，延べ数では長崎市より少ないものの，宿泊客実数では長崎市 115 万人に対して佐世保市 134 万人であった。2000 年（平成 12 年）においては，長崎市 75 万人と大きく落ち込んでいるのに対して佐世保市 177 万人で，これは佐世保市，特にハウステンボス内及び周辺での宿泊施設開設による収容力の増加が影響しており，宿泊客数でも長崎県第 1 位の観光地となった。2005 年（平成 17 年）においては，長崎市 60 万人に対して佐世保市 121 万人で両者とも減少しているが，その差は倍以上という状態は継続している。地域経済波及効果も大きく，人口増減では，長崎市が 1.3％減（1990－95 年）・3.5％減（1995－2000 年）に対して，佐世保市は 0.1％増（1990－95 年）・1.7％減（1995－2000 年）である。佐世保市は造船工業都市として従来知られていたが，周辺地域を含めた観光地化と長崎県北部中心都市としての機能が増し，第 3 次産業人口比率も長崎市 75％（1990 年）・76％（1995 年）に対して佐世保市 72％（1990 年）・74％（1995 年）と県庁所在地並の高率を示している。

　グリュック王国の位置する帯広市の観光入込客数は，開園前年の 1988 年（昭和 63 年）においては 160 万人であったのが，開園翌年の 1990 年（平成 2 年）には 230 万人に急増した。ただ，1992 年（平成 4 年）に 243 万人を記録したものの，その後は減少して，2000 年（平成 12 年）には 204 万人となった。

　肥前夢街道の位置する佐賀県嬉野町（現・嬉野市）の観光客数は，開園前年の 1989 年（平成元年）においては 166 万人であったのが，開園年の 1990 年（平成 2 年）には 215 万人を記録した。しかし，それをピークにその後は減少し，1995 年（平成 7 年）には 183 万人，2000 年（平成 12 年）には 157 万人と開園前年をも下まわる数値にまで減少，その後も減少傾向

は継続，2005年（平成17年）は140万人であった。佐賀県では，佐賀市・唐津市・鹿島市・浜玉町・伊万里市・有田町に次ぐ観光客数であるが，これらの4市2町は神社参拝や祭り見物，陶器祭りといった日帰り客が相当数を含まれる。嬉野町の宿泊客数は，1995年（平成7年）では112万人・2000年（平成12年）では85万人・2005年（平成17年）では63万人と減少傾向ではあるものの，第2位以下を大きく引き離して佐賀県第1位であり，佐賀県総宿泊客数の約3割を占めている。

　サンリオ・ハーモニーランドの位置する大分県日出町の観光客数は，開園前年の1990年（平成2年）においては28万人であったが，開園年の1991年（平成3年）には120万人に急増し，別府や湯布院といった有名観光都市が多い大分県で，十指に入る観光地となった。その後は90万人前後で推移している。宿泊客の多くは隣接する別府市に宿泊を兼ねて訪れると思われ，開園前年の1990年（平成2年）の別府市の観光客数が1,216万人であったのに対して，開園年の1991年（平成3年）は1,249万人と過去最高値に増加した。ただ，この年が別府市観光客のピークでその後減少しており，隣接する湯布院町（現・由布市）が堅調に観光客数を増加させているとは対照的である。別府市に時代村設置構想が一時期あったが，日田市に変更となった。もっとも，その構想は中断したままである。

　日光江戸村・東武ワールドスクウェアの位置する栃木県藤原町（現・日光市）の観光客数も両テーマパークの開園後は増加，日光鬼怒川地区は栃木県第1位の観光地である。

　以上のように，テーマパーク開設は，バブル経済の影響もあったが，日本の観光動向に変革をもたらしたといえる。

3．テーマパークと修学旅行動向

　テーマパークと遊園地を比較検討すると，テーマパークの方が，遊園地と比べて，集客範囲が広く，集客階層に幅があり，滞在時間が長く，滞在費用が多い。テーマパークの開園によって従来は宿泊観光地でなかったところが宿泊観光地になり得る可能性があることと，地域に与える影響が

大きいことを示唆しているのである。すなわち，従来型の観光地は「第1や第2の観光資源」である自然的観光資源・歴史的観光資源によって成り立っており，それに集客力から「第3の観光資源」である大都市それ自体が観光資源となっている大都市も観光地的側面も同時にもつことがある。しかしながら，大都市ではない地方で，さしたる優れた自然景観や歴史景観をもたないような地域においては，「第4の観光資源」としてのテーマパーク開園による宿泊観光地化で地域活性化を目指すことになる。

　修学旅行においては，歴史学習の観点から，「第1の修学旅行先」として京都・奈良が定番の修学旅行先である。また，近年は自然学習の観点からと航空機利用の増加から，「第2の修学旅行先」として北海道・沖縄の人気も高まってきている。その一方で歴史や自然学習よりも，ファッションやショッピングといった生徒の興味関心から大都市を修学旅行先に選定する事も多く，「第3の修学旅行先」として大都市観光も人気が高い。そして，テーマパークの開園によって，「第4の修学旅行先」として，テーマパークがコースに選定されることも増加しているのである。テーマパークは外国や歴史をテーマとしているものが多く，外国学習や歴史学習の場としての意味ももっている。テーマパークは，実物大展示が「村」規模となった，いわゆる博物館的な機能も果たしていることによる。実際に明治村やリトルワールド，北海道開拓の村は博物館でもあり，「〜村」と称するのが多いのも，規模的にかつての「村（ムラ）」程度であることと，ある種のものがいくつか集まっている状態を「〜村」と呼称することに由来すると考えられる。

　そこから，これらを組み合わせるパターンとして，東京大都市観光と東京ディズニーリゾート，南東北及び信州スキー学習と東京ディズニーリゾート，広島平和学習と倉敷チボリ公園，長崎平和学習とハウステンボス，北海道自然学習（冬季はスキー学習）とテーマパーク（但し，現在は旭山動物園が人気），京都奈良歴史学習とユニバーサル・スタジオ・ジャパン（開園前は国立民族学博物館とエキスポランド等）といった修学旅行コースがテーマパーク開園後の定番コースとして設定されており，特に修学旅行シーズンの秋季で平日にあっては，テーマパークにおける修学旅行生の占める比率

は高い。そこから，旧著を発行した2003年には，「時代村」の各パークにおいて修学旅行の体験学習アトラクション「社会科学問所」も開設されている。宿泊施設においても，平日等の閑散期に，一度に大量の宿泊客を確保できる修学旅行の魅力は大きく，テーマパークが近くにあるかどうかが，宿泊施設の重要な立地条件となった。勿論，修学旅行外の一般客についても同様である。もっとも，テーマパーク隣接ホテルは立地条件の有利性もあって比較的高額となるため，乗り換えなく一本の路線で到達できる路線の沿線駅前ホテルも，テーマパーク観光客には人気がある。テーマパークへの交通利便性も，ホテルの重要なアピールポイント，集客要因となっている。

　以上のように，テーマパークは宿泊をともなう観光に大きな影響を与えており，学校教育においても，重要な修学旅行先となっていることが指摘できる。

4．テーマパーク以外の躍進した宿泊観光地 ＜文献2点＞

　観光地の動向を見ると，大都市や歴史的有名観光地の地位は不動であるものの，宿泊観光地では，温泉観光地の二極化，テーマパーク観光地と沖縄観光地の躍進が指摘できる。そこから観光動向として，言及すべきは，ホテルを併設するテーマパークであるとともに，沖縄離島を中心とした離島も注目すべき宿泊観光地である。この点は，各種の調査等においても，テーマパークとともに，離島が躍進した2大人気宿泊観光地であることを，旅行社の店頭パンフレット等で確認できる。筆者は，宿泊観光地であるテーマパークのみならず離島にも注目をしており，高速交通の発達による離島観光の発展について，下記の拙著で詳細に紹介している。また，テーマパークと離島は，全く異なる観光地と認識されるかもしれないが，観光の視点からは共通点を有し，観光地としての基本的条件を備えている。筆者は，この点についてすでに発表しており，詳細は下記の拙稿を参照されたい。テーマパークのみならず，離島観光の進展も，筆者は予測していたところであり，この両者を専門として長期におよぶ研究を継続しているの

は，極めて稀有な存在と言えるであろう。

・奥野一生（2003）：『日本の離島と高速船交通』，竹林館．

・奥野一生（2004）：多彩な視点からの観光研究，『地域と多様な観光』，
奈良県立大学／「第3回地域創造に関する全国ネットワーク研究交
流会」実行委員会，1-4．

5．テーマパークの開園時期区分と立地型 ＜文献10点＞

（1）テーマパークの起源　ユネスコ村 ＜文献10点＞

　日本における「テーマパークの起源」として注目すべき施設に，埼玉
県所沢市の「ユネスコ村」がある。1951年（昭和26年）7月2日に日本が
ユネスコへの加盟を認められ，それを記念して，同年9月15日に「ユネ
スコこども博覧会」が豊島園と西武園で開催された。西武園会場では第二
会場としてユネスコ加盟60ヵ国の特色ある民家（但し，縮小版）が建てられ，
博覧会終了後も「ユネスコ村」としてこの施設は存続することになり，特
にオランダの風車が人気であった。1963年（昭和38年）9月10日には人
気のオランダの風車が，羽根の大きさが2倍に大型化された。1964年（昭
和39年）6月30日には長崎県諫早市の諫早公園眼鏡橋（重要文化財）の模
型が，設置された。1965年（昭和40年）9月25日には「オーストラリア展」，
1966年（昭和41年）3月20日には「シルクロード展」，1967年（昭和42
年）9月24日には「スイス展」と，毎年のように外国をテーマとした催
し物が開催された。1970年（昭和45年）3月21日には「ニュージーラン
ド展」が開催され，1971年（昭和46年）3月には前年に開催された日本万
国博覧会のマレーシア館を村内に移築した。このように「ユネスコ村」は，
40年にわたって外国の生活を紹介する施設として知られていたが，老朽
化が進行，1990年（平成2年）11月4日に閉園となった。跡地では，1993
年（平成5年）12月22日にユネスコ村大恐竜探検館，1994年（平成6年）
2月27日にユネスコ村アミューズメントパーク，同年3月19日にユネス
コ村メリーゴーランド，1995年（平成7年）3月16日にユネスコ村UFO，
1996年（平成8年）ユネスコ村大恐竜探検館3Dディノシアターと，次々

とアミューズメント施設が開設された。名称は「ユネスコ村」とつけられたが場所を意味する程度であり，施設内容変更により別施設がオープンしたものである。しかし，2006年（平成18年）9月30日でユネスコ村大恐竜探検館は休止，2005年（平成17年）6月4日に開園したユネスコ村自然散策園「ゆり園」は継続されている。

　なお，ユネスコ村への鉄道アクセスとして，博覧会開催前年の1950年（昭和25年）8月1日に，西武遊園地の遊戯鉄道（軌間762mm軽便鉄道で蓄電池式機関車使用）として多摩湖ホテル前駅（現・西武遊園地駅）〜上堰堤駅間が開通していた「オトギ電車」が，ユネスコ村開園翌日の1951年（昭和26年）9月16日に上堰堤駅からユネスコ村駅まで延長された。また，同年10月7日には西武鉄道狭山線西所沢駅〜狭山湖駅（ユネスコ村駅に近接）も再開（戦時中に不要不急路線として休止・ガソリンカーで再開），同線は1952年（昭和27年）3月21日に再電化された。「オトギ電車」は1952年（昭和27年）7月15日に遊戯鉄道から地方鉄道法による地方鉄道となって西武鉄道山口線となり，1972年（昭和47年）6月3日に頸城鉄道（1976年全廃）で使用していた蒸気機関車が，1973年（昭和48年）7月5日に井笠鉄道（1976年全廃）で使用していた蒸気機関車と木造客車が，1977年（昭和52年）9月23日に台湾の製糖会社で使用していた蒸気機関車が，それぞれ以前の蒸気機関車と交代で運転開始となった。しかし，1984年（昭和59年）5月13日に西武鉄道山口線は休止となり，1985年（昭和60年）4月25日に新交通システムを採用して西武球場前駅〜西武遊園地駅間が営業を再開した。旧山口線で休止まで使用された蒸気機関車や客車は，北海道の丸瀬布いこいの森に移送・保管されている。「オトギ電車」は，大井川鉄道を経て，浜松市内の教会に移された。

　「地形図　ユネスコ村①　2万5千分の1地形図「所沢」昭和23年資料修正」は，戦後初の図で，ユネスコ村開設前の状況を示している。西武鉄道狭山線は戦時中の1944年（昭和19年）2月28日に不要不急線として休止され，路線跡が等高線を横切って描かれている。「地形図　ユネスコ村②　2万5千分の1地形図「所沢」昭和27年資料修正」では，1951年（昭和26年）に開設された「ユネスコ村」が描かれており，1951年（昭

地形図　ユネスコ村①
２万５千分の１地形図「所沢」昭和23年資料修正

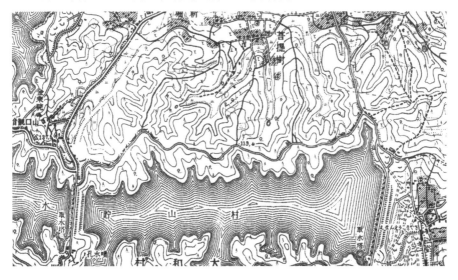

地形図　ユネスコ村②
２万５千分の１地形図「所沢」昭和27年資料修正

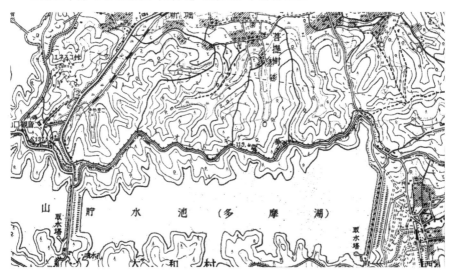

地形図　ユネスコ村③
２万５千分の１地形図「所沢」昭和 51 年第２回改測

地形図　ユネスコ村④
２万５千分の１地形図「所沢」平成 17 年更新

和 26 年）10 月 7 日に再開された西武鉄道狭山線とユネスコ村まで開通した西武鉄道山口線（オトギ電車）も描かれている。「地形図　ユネスコ村③　2 万 5 千分の 1 地形図「所沢」昭和 51 年第 2 回改測」では，改測により「ユネスコ村」の建物がよく描かれており，狭山湖駅南側に 1959 年（昭和 34 年）12 月 22 日開設の狭山スキー場（1963 年にはオールシーズン滑降可能となる）が，駅東側に 1963 年（昭和 38 年）4 月 1 日開設の西武園野球場が描かれている。「地形図　ユネスコ村④　2 万 5 千分の 1 地形図「所沢」平成 17 年更新」は，「ユネスコ村」閉園後で，「ユネスコ村」は地名として残り，前述の「ユネスコ村」を冠した人型施設の建物が描かれ，西武鉄道山口線は路線が移動して新交通システムとなった。西武鉄道狭山線の狭山湖駅は 1978 年（昭和 53 年）11 月 30 日に路線が短縮されて移設，1979 年（昭和 54 年）3 月 25 日に西武球場前駅に改称，1979 年（昭和 54 年）4 月 8 日に開設の西武球場は 1999 年（平成 11 年）3 月 19 日開設の西武ドームとなった。

・西武ユネスコ協会（1956）：『ユネスコ村写真集』，西武ユネスコ協会.

・大沼一雄（1986）：東京の水がめに築かれた西武王国，『続日本列島地図の旅』，東洋書店（東洋選書），304-315.

・白川　淳（1997）：西武鉄道山口線，『鉄道廃線跡を歩くⅢ』，ＪＴＢ，76-77.

・山田京一（1999）：西武鉄道山口線，『消えた軽便鉄道を歩く』，新人物往来社，50-51.

・岡本憲之（1999）：西武鉄道山口線，『全国軽便鉄道』，ＪＴＢ，88-89

・今尾恵介（2000）：西武の複雑路線網，『地形図でたどる鉄道史　東日本編』，ＪＴＢ，108-113.

・小松　丘（2002）：西武鉄道の「廃」をさぐる，「鉄道ピクトリアル臨時増刊号　特集　西武鉄道」，鉄道図書刊行会，716：147-159.

・青木栄一・三宅俊彦（2004）：西武鉄道山口線，『軽便鉄道』，大正出版，113-114.

・寺田裕一（2008）：西武鉄道山口線，『私鉄の廃線跡を歩くⅡ』，ＪＴＢ，113 + 115.

・佐々木　隆（2018）：ユネスコ村，『日本懐かし遊園地大全』，辰巳出版，32-33.

（2）テーマパークの前段階期

　「テーマパークの起源」としたユネスコ村は 1951 年（昭和 26 年）の開園，「テーマパークの元祖」とした明治村は 1965 年（昭和 40 年）の開園，「テーマパークの老舗」とした東映太秦映画村は 1975 年（昭和 50 年）の開園である。ただ，当時はテーマパークという感覚はなく，明治村は大規模野外展示博物館として位置付けられていた。東映太秦映画村も，撮影所見学施設からスタートした。後述する，ウェスタン村は観光牧場からの業種転換で，北海道開拓の村・リトルワールドも野外博物館から発展したものである。

　前述したように，「テーマパーク風遊園地」「テーマパーク型遊園地」とした奈良ドリームランドは 1961 年（昭和 36 年）の開園，横浜ドリームランドは 1964 年（昭和 39 年）の開園，日本初の国際博覧会である日本万国博覧会が開催されたのは 1970 年（昭和 45 年）である。1983 年（昭和 58 年）の「テーマパーク元年」からすれば，この時期は，テーマパークの前段階期と位置付けられる。

（3）テーマパークの第 1 期

　1983 年（昭和 58 年）に東京ディズニーランドと長崎オランダ村が，1986 年（昭和 61 年）に日光江戸村が開園，これらが純粋なテーマパークの最初と位置付けられ，前述したように 1983 年（昭和 58 年）は「テーマパーク元年」と称される。この 3 施設がテーマパーク業界研究では必修事例であり，東京ディズニーランドの高橋政知氏，長崎オランダ村の神近義邦氏，日光江戸村の野口勇氏は，テーマパーク事業の強力な推進者として著名である。明治村は名古屋鉄道の出資で，土川元夫氏（名古屋鉄道元会長）が強力な推進者であった。1983 年（昭和 58 年）開園のリトルワールドも名古屋鉄道の出資であり，同じく同年開園の博物館北海道開拓の村は，「北海道の明治村」と称され，北海道開拓百周年を記念して北海道が設置したものである。また，この当時のテーマパークは，立地型も都市型（大都市内型・大都市郊外型）や観光地型（観光温泉地型・有名観光地型）で，既存の観光様式を基礎としていた。この時期が，テーマパークの第 1 期と位置付けられる。

（4）テーマパークの第2期

　1987年（昭和62年）に制定された総合保養地域整備法（リゾート法）に基づき，第3セクター方式によるテーマパークを含めたリゾート開発が各地で進められ，1989年（平成元年）からのテーマパーク開設ブームが始まった。その結果，1989年（平成元年）にはグリュック王国，1990年（平成2年）にはカナディアンワールド・登別マリパークニクス・サンリオピューロランド・東京セサミプレイス・修善寺虹の郷・スペースワールド・肥前夢街道，1990年（平成3年）にはレオマワールド・サンリオハーモニーランドと，計10施設が開園，テーマパークは倍以上となり，「平成テーマパークブーム」となった。立地型も従来と異なる新規振興地型が登場し，地方型（観光温泉地型・有名観光地型・新規振興地型）のテーマパークが特に増加，地域では関東地方以外に北海道と九州が増加した。土地利用においても，肥前夢街道の茶畑跡地，レオマワールドの国有林解除地，カナディアンワールドの露天掘り炭鉱跡地，スペースワールドの製鉄所跡地といった場所にテーマパークが開設されており，第1次産業や第2次産業の衰退と，第3次産業である観光関連事業に対する期待を示している。特にスペースワールドは，高等学校地理の教科書に産業構造の転換例として紹介されている。テーマパークによる地域開発の側面が明瞭となった。この時期が，テーマパークの第2期と位置付けられる。

（5）テーマパークの第3期

　1992年（平成4年）にはハウステンボス・登別中国庭園天華園・登別伊達時代村，1993年（平成5年）には伊勢戦国時代村・新潟ロシア村・東武ワールドスクウェア・えさし藤原の郷，1994年（平成6年）には志摩スペイン村パルケエスパーニャ，1996年（平成8年）に加賀百万石時代村・柏崎トルコ文化村が開園，1997年（平成9年）には倉敷チボリ公園が開園した。ハウステンボスは長崎オランダ村の拡大発展型であり，登別伊達時代村・伊勢戦国時代村・加賀百万石時代村は日光江戸村に次ぐ全国時代村構想の施設で，えさし藤原の郷も時代村で，時代村が一気に4施設開園，長く続いた「昭和」が，新たな「平成」と，時代の変化を強く感じさせる流

れが反映されたとも感じ取れる。

東武ワールドスクウェア・志摩スペイン村パルケエスパーニャが開園，前述の明治村とあわせて，日本の3大私鉄資本によるテーマパークが開園したことになる。近畿日本鉄道・名古屋鉄道・東武鉄道は営業距離が長い三大私鉄で，比較的観光輸送の比率が高い鉄道であるところから，利用客増大策も兼ねてテーマパーク事業を展開した。この時期に開園の施設の立地型は，すべて地方型（観光温泉地型・有名観光地型・新規振興地型）である。もっとも，1997年（平成9年）にカナディアンワールドが閉鎖，1999年（平成11年）には天華園が閉園と，早くも北海道のテーマパークで閉鎖・閉園が発生した。既存の施設は第2段階へと発展し，鉄道資本が本格進出するという時期で，テーマパークの第3期と位置付けられる。

（6）テーマパークの第4期

2001年（平成13年）にはユニバーサル・スタジオ・ジャパンと東京ディズニーシーが開園した。ユニバーサル・スタジオ・ジャパンは工場跡地であり，引き続き第2次産業の衰退と，第3次産業である観光関連事業に対する期待が込められている。2002年（平成14年）には名古屋の大都市郊外型であるラグナシアが開園した。東京ディズニーシーを除き，ディズニーの一人勝ちである関東から，成長を期待した東海・関西での開園が特色であろう。この時期に開設の施設の立地型は，多くの集客が見込める大都市型の大都市内型と大都市郊外型で，集客に不安のある地方型の観光温泉地型・有名観光地型・新規振興地型はなくなった。前の第3期がすべて地方型（観光温泉地型・有名観光地型・新規振興地型）であったことから，その転換は大きい。開設ペースは確実に落ち，以後の本格的なテーマパーク開設は不確定要素が多い状況となった。

2000年（平成12年）にはレオマワールドが休園，2001年（平成13年）には長崎オランダ村ウィレムスタッド（旧・長崎オランダ村）が閉鎖，2003年（平成15年）にはグリュック王国とロシアンビレッジ（旧・新潟ロシア村）が休園となるなど，立地条件の悪いテーマパークや新規振興地型を中心に淘汰も進行した。2000年（平成12年）6月28日にハウステンボスの社長

が交代，2001年（平成13年）1月23日に登別マリンパークニクスの経営権が加森観光に移され民営化，同年4月に倉敷チボリ公園の社長が交代（但し，岡山市長選挙立候補により辞任・当選）している。

2003年（平成15年）9月にハウステンボスの支援企業として野村プリンシパル・ファイナンス（野村證券系投資企業）が決定，2004年（平成16年）4月にニューレオマワールドが開園（旧・レオマワールドのリニュアール）したものの，同年に柏崎トルコ文化村が閉園して新規振興地型はニューレオマワールドのみとなり，2005年（平成17年）には長崎オランダ村ウィレムスタッド（旧・長崎オランダ村）跡地に開設された飲食施設も約半年で閉鎖，2005年（平成18年）4月に日光江戸村・登別伊達時代村・伊勢安土桃山文化村・加賀百万石時代村の各村は分割分離独立，独立法人で独立採算を進めることになったが，2006年（平成18年）2月に加賀百万石時代村が閉園，同年12月には東京セサミプレイスも閉園，同じく同年12月にもウェスタン村が休園となった。比較的有利とされる東京の大都市郊外型で閉園が発生した。

「西のハウステンボス，西のレオマワールド」が新体制となる一方，同系列で集客に不利なテーマパーク，複数立地で競合に不利なテーマパークが淘汰された。強力なパークが開園する一方で，短期間で閉鎖・閉園・休園・経営交代などの二極分解が出現する大転換の時期で，テーマパークの第4期と位置付けられる。

（7）テーマパークの第5期

2010年（平成22年）4月にハウステンボスの経営再建をHISが担うこととなり，澤田秀雄氏が社長に就任した。また，同年にユニバーサル・スタジオ・ジャパンに森岡毅氏が入社，てこ入れ改革を行うこととなった。さらに，同年にニューレオマワールドは，大江戸温泉物語に引き継がれた。2014年（平成26年）にサンリオピューロランドが，小牧亜矢氏を迎えて，改革が行われた。同年8月にHISがラグナシアを引き継ぎ，ラグーナテンボスに名称を変更した。2016年（平成28年）に伊勢・安土桃山文化村は共生バンクグループに買収された。

2017年（平成29年）4月に名古屋の大都市内型のレゴランド・ジャパ

ンが開園，2019 年（平成 31 年）に東京の大都市郊外型のムーミンバレーパークが開園，一方，2017 年（平成 29 年）12 月末に大都市内型のスペースワールドが閉園となった。2019 年（令和元年）に修善寺虹の郷の指定管理がシダックス大新東ヒューマンサービスとなった。ユニバーサル・スタジオ・ジャパンでは，2014 年（平成 26 年）にウィザーディング・ワールド・オブ・ハリー・ポッターを開設，2021 年（令和 3 年）にスーパー・ニンテンドー・ワールドを開設した。

　以上のように，経営・運営の変更，人材導入，久しぶりだが，大都市型（大都市内型・大都市郊外型）のみの新規開設，大型アトラクションの設置，大都市内型で閉園等があった時期であり，テーマパークの第 5 期と位置付けられる。

6．テーマパークの立地条件と集客動向

(1) テーマパークの開設年月日と立地型・アクセス

　第 5 表は，第 3 表・第 4 表のテーマパークを，開園年月日順に立地型と交通について示したものである。

　開設年では，前述したように 1990 年代前半が多く，約半数を占める。リゾートブームとバブル経済の影響を見ることができる。開設月では，4月が 15 施設，3 月の 5 施設を加えると 20 施設で，約 3 分の 2 を占める。やはり，年度の始まりが春という「日本の習慣」が反映されているとともに，多くの集客が見込まれる 4・5 月の「ゴールデンウィーク」が考慮されている。7 月も 7 施設あり，やはり多くの集客が見込まれる「夏休み」が考慮されている。その一方で，9・10・11 月の秋を中心とした季節も 5 施設あり，特に東京ディズニーシーは 9 月 4 日で，むしろ混雑期を避けての開園で，スムーズな運営を重視しているともいえる。

　立地型では，大都市型（大都市内型・大都市郊外型）が 13 施設，内訳は大都市内型が 6 施設，大都市郊外型が 7 施設，前述したように 2000 年代以降の開設はすべて大都市型，地方型（観光温泉地型・有名観光地型・新規振興地型）が 21 施設，内訳は観光温泉地型が 10 施設，有名観光地型が 6 施設，

第5表：開設年月日順と立地条件から見た日本のテーマパーク《奥野一生による》

開設年	開設月日	名称	立地型	アクセス
1965 年	3 月 18 日	博物館　明治村	大都市郊外型	鉄道駅＋バス
1973 年	10 月 13 日	ウェスタン村	観光温泉地型	鉄道駅徒歩圏
1975 年	11 月 1 日	東映太秦映画村	大都市内型	鉄道駅徒歩圏
1983 年	3 月 18 日	野外博物館　リトルワールド	大都市郊外型	鉄道駅＋バス
〃	4 月 12 日	東京ディズニーランド	大都市内型	鉄道駅前
〃	4 月 16 日	北海道開拓の村	大都市郊外型	鉄道駅＋バス
〃	7 月 22 日	長崎オランダ村	有名観光地型	鉄道駅＋バス
1986 年	4 月 23 日	日光江戸村	観光温泉地型	鉄道駅徒歩圏
1989 年	7 月 1 日	グリュック王国	新規振興地型	鉄道駅＋バス
1990 年	1 月 2 日	肥前夢街道	観光温泉地型	鉄道駅徒歩圏
〃	4 月 1 日	修善寺　虹の郷	観光温泉地型	鉄道駅＋バス
〃	4 月 22 日	スペースワールド	大都市内型	鉄道駅前
〃	7 月 20 日	登別マリンパークニクス	観光温泉地型	鉄道駅前
〃	7 月 29 日	カナディアンワールド	新規振興地型	鉄道駅＋バス
〃	10 月 10 日	東京セサミプレイス	大都市郊外型	鉄道駅＋バス
〃	12 月 7 日	サンリオ・ピューロランド	大都市郊外型	鉄道駅前
1991 年	4 月 20 日	レオマワールド	新規振興地型	鉄道駅＋バス
〃	4 月 26 日	サンリオ・ハーモニーランド	観光温泉地型	鉄道駅＋バス
1992 年	3 月 25 日	ハウステンボス	有名観光地型	鉄道駅前
〃	4 月 23 日	登別中国庭園　天華園	観光温泉地型	鉄道駅＋バス
〃	4 月 23 日	登別伊達時代村	観光温泉地型	鉄道駅＋バス
1993 年	4 月 23 日	東武ワールドスクウェア	観光温泉地型	鉄道駅前
〃	4 月 27 日	伊勢戦国時代村	有名観光地型	鉄道駅徒歩圏
〃	7 月 4 日	えさし藤原の郷	有名観光地型	鉄道駅＋バス
〃	9 月 1 日	新潟ロシア村	新規振興地型	鉄道駅＋バス
1994 年	4 月 22 日	志摩スペイン村	有名観光地型	鉄道駅＋バス
1996 年	4 月 22 日	加賀百万石時代村	観光温泉地型	鉄道駅＋バス
〃	7 月 27 日	柏崎トルコ文化村	新規振興地型	鉄道駅＋バス
1997 年	7 月 18 日	倉敷チボリ公園	有名観光地型	鉄道駅前
2001 年	3 月 31 日	ユニバーサル・スタジオ・ジャパン	大都市内型	鉄道駅前
〃	9 月 4 日	東京ディズニーシー	大都市内型	鉄道駅前
2002 年	4 月 25 日	ラグナシア(ラグーナテンボス)	大都市郊外型	鉄道駅徒歩圏
2017 年	4 月 1 日	レゴランド・ジャパン	大都市内型	鉄道駅前
2019 年	3 月 16 日	ムーミンバレーパーク	大都市郊外型	鉄道駅＋バス

注：アクセスは，休閉園施設は開園時，他は 2022 年現在の状況である。

新規振興地型が５施設で，大都市型より地方型が多いが，大都市型で２施設，地方型で８施設が休閉園となっており，その差は縮小している。また，観光温泉地型で，鬼怒川温泉におけるウェスタン村・日光江戸村・東武ワールドスクウェアの３施設，登別温泉での登別マリンパークニクス・登別中国庭園天華園・登別伊達時代村の３施設，有名観光地型で，伊勢戦国時代村・志摩スペイン村の２施設と，近接して立地しているのもこの立地型の特徴である。

　アクセスでは，鉄道駅前が10施設，鉄道徒歩圏が６施設，鉄道駅＋バスが18施設で，鉄道駅＋バスが半分以上を占めたものの，内７施設が休閉園，鉄道駅前の２施設，鉄道徒歩圏の１施設と比べて多く，アクセスも影響している。大都市内型はすべて鉄道駅前と鉄道徒歩圏，大都市郊外型は鉄道駅前と鉄道徒歩圏が２施設に対して鉄道＋バスが５施設と，やはり鉄道＋バスが増加する。観光温泉地型は鉄道駅前と鉄道徒歩圏が５施設，鉄道駅＋バスが５施設，有名観光地型は鉄道駅前と鉄道徒歩圏が３施設，鉄道駅＋バスが３施設と，いずれも同数なのは興味深い。新規振興地型は，すべて鉄道＋バスとなり，アクセスの差異を示している。

（2）大都市内型テーマパークの立地条件

　大都市型テーマパークの内，大都市内型である東京ディズニーリゾート，ユニバーサル・スタジオ・ジャパン，スペースワールド，レゴランド・ジャパン，東映太秦映画村は，すべて鉄道駅前と鉄道徒歩圏であるとともに，いずれも最寄り駅が大都心駅から20分前後で，東映太秦映画村が駅から徒歩である以外は駅前立地であるため，所要時間の大半は乗車時間となり，良好なアクセスとなる。

　特に，東京ディズニーリゾートが継続して好調な集客を示すのは，従来の電鉄系遊園地が鉄道駅前立地であるように，都心との鉄道アクセス交通が改善されたことが有利な立地条件となった。また，臨海地ということも有利な立地条件である。すなわち，臨海地が大都市内にもかかわらず広大な敷地が確保しやすいこととともに，テーマパークの雰囲気を損なう借景となる山々や建物が園内から見えにくいこと，もしくは見えないようにで

きることも重要であるからである。この都心駅から所要時間 15 ～ 16 分の駅前立地と臨海地の立地条件から，大阪市此花区桜島にユニバーサル・スタジオ・ジャパンが建設されることになった。レゴランドも，名古屋駅から所要時間 24 分の駅前立地と臨海立地である。それに対して，スペースワールドは小倉駅から所要時間 14 分の駅前立地と同様の立地条件となったが，閉園に至った。東映太秦映画村は内陸盆地立地，入場口の追加と京都駅から 16 分の新駅開設によってアクセスが改善されたものの，残念ながら追加された入場口が閉鎖され，以前のアクセスに後退することとなった。

　臨海地のみならず，東京ディズニーリゾート，ユニバーサル・スタジオ・ジャパン，レゴランドのいずれも，河川の河口部であることも重要となっている。例えば，東京ディズニーリゾートは，東京都と千葉県の境界，江戸川（旧）河口にある。この地は，河川の河口であるとともに，長年，河川で運ばれてきた土砂が沖に堆積，遠浅であるために埋め立てしやすく，広大な平坦地が確保可能となるわけである。河川の河口は，比較的山が遠く，また山が見えにくい地であり，山が見えにくければ，テーマパークに必要な条件の，借景が入らないこととなる。実は，テーマパークと共に，空港の立地条件も共通点がある。すなわち，羽田空港は，東京都と神奈川県の境界，多摩川河口にあり，この地は，河川の河口であるとともに，長年，河川で運ばれてきた土砂が沖に堆積，遠浅であるために埋め立てしやすく，空港の拡張に必要な広大な平坦地が確保可能となる。河川の河口は，比較的山が遠く，山が遠ければ，空港に必要な条件の，気流が安定していることとなるのである。

　このように，東京ディズニーリゾートと羽田空港は，東京湾にそそぐ，多摩川・江戸川（旧）の二大河川河口に位置することに着目する必要がある。二大河川河口に二大施設，まさしくここしかない最高の自然環境にあり，現代でも，自然の重要性を理解することの必要性を実感できる場所である。勿論，東京の中心に近い，アクセスが良好であることも好立地となっている。奇しくもというか，「翼」という文字を分解しますと，「羽田と共に」となり，古くから使用されている地名ですが，名前からも「最適」を示している。

（3）大都市郊外型テーマパークの立地条件

　大都市型テーマパークの内，大都市郊外型は，鉄道駅前と鉄道徒歩圏がサンリオピューロランドとラグーナテンボスの２施設，鉄道＋バスが明治村・リトルワールド・北海道開拓の村・東京セサミプレイス・ムーミンバレーパークの５施設である。いずれも最寄り駅が大都心駅から，明治村・リトルワールドが名鉄名古屋駅から犬山駅まで 25 〜 30 分，北海道開拓の村が札幌駅から森林公園駅まで 15 分前後，東京セサミプレイスが新宿駅から秋川駅まで 69 分，サンリオピューロランドが新宿駅から京王多摩センター駅まで 36 分，ラグーナテンボスが名古屋駅から三河大塚駅まで 49 分，ムーミンバレーパークが池袋駅から飯能駅まで 48 分であり，サンリオピューロランドが駅前立地，ラグーナテンボスが駅から徒歩，他は駅からバスで，計 30 分から１時間程度を要する。このうち，１時間以上という，最も条件が悪い東京セサミプレイスが閉園となった。なお，ムーミンバレーパークは，近くをＪＲ八高線と西武池袋線が通過している。いずれも，最寄り駅を設置し，動線を確保できれば，鉄道徒歩圏は可能であろう。

　戦前期から，大都市郊外に遊戯施設等が立地することはよくあった。すなわち，大都市内での環境の悪化と地価の高騰，用地確保等から，大都市郊外に遊園地が立地，特に私鉄が遊園地を立地させた事例は多数ある。現存する事例では，西武鉄道の狭山丘陵開発による西武園ゆうえんち，名古屋鉄道の犬山開発による日本モンキーパーク・明治村・リトルワールド，京阪電車のひらかたパークなどである。鉄道会社にとっては，遊園地収入と共に，鉄道収入も期待でき，特に通勤通学時間帯ではない日中や休日の正規運賃利用による収入に魅力があったわけである。

　また，野外博物館開設には，比較的広大な土地が必要であり，野外博物館の明治村，リトルワールド，北海道開拓の村が大都市郊外型テーマパークとなったのは，立地上必然であり，東京セサミプレイスも遊園地である東京サマーランドの隣接地である。

　サンリオピューロランドがニュータウン，ラグーナテンボスとムーミンバレーパークが地元の地域開発の側面も持っている。大都市内型テーマ

パークが埋立地等の臨海立地が多いのに対して，大都市郊外型テーマパークで埋立地等の臨海立地はラグーナテンボスのみで，他は内陸丘陵地立地となっている。この立地条件は，国際博覧会と共通している。しかし，期間限定の国際博覧会と異なって，テーマパークは長期間が前提であり，東京ディズニーランドが当初そうであったように，駅からバスの所要時間が長い場合は，リピーター確保等，集客の困難性を招くことがある。

（4）観光温泉地型・有名観光地型テーマパークの立地条件

地方型テーマパークの内，観光温泉地型・有名観光地型は，鉄道駅前と鉄道徒歩圏が登別マリンパークニクス，東武ワールドスクウェア，ウェスタン村，日光江戸村，伊勢戦国時代村，倉敷チボリ公園，肥前夢街道，ハウステンボスの8施設，鉄道駅＋バスが登別中国庭園天華園，登別伊達時代村，えさし藤原の郷，修善寺虹の郷，加賀百万石時代村，志摩スペイン村，サンリオ・ハーモニーランド，長崎オランダ村の8施設で，東武ワールドスクウェアが鉄道徒歩圏から鉄道駅前に，長崎オランダ村が鉄道＋バスだったのが，ハウステンボスは鉄道駅前となった。

登別マリンパークニクス・登別中国庭園天華園・登別伊達時代村が集積した登別温泉へは，札幌からJR特急列車で1時間10分程度，東武ワールドスクウェア・ウェスタン村・日光江戸村が集積した鬼怒川温泉へは，浅草から東武特急列車で2時間程度，えさし藤原の郷がある奥州市の水沢江刺駅へは，東京からJR新幹線で2時間20分程度，修善寺虹の郷がある修善寺温泉へは，東京からJR直通特急列車で2時間程度（三島まで新幹線利用で1時間30分程度），加賀百万石時代村がある加賀温泉へは，大阪からJR特急列車2時間10分程度，伊勢戦国時代村・志摩スペイン村がある伊勢志摩へは，大阪難波から近鉄特急列車で2時間程度，ハウステンボスへは，博多からJR特急列車で1時間50分程度と，特急列車乗車ではあるが，1～2時間程度となっている。

これらは，登別温泉・鬼怒川温泉・加賀温泉といった観光温泉地，伊勢志摩・長崎といった有名観光地ではあるものの，温泉地・観光地間の競争は激しく，継続した集客と，訪問先として選んでもらえるには，新たな観

光資源が欠かせないわけである。これらの観光地へ向かう鉄道会社にとっても，通勤通学の割引運賃と異なって，正規運賃に特急料金が加わる特急列車の収益は魅力となる。地元金融機関にとっても，収益が期待できると判断したテーマパークが融資先となった。以上の状況から，札幌・東京・大阪・福岡から特急列車で1～2時間の観光温泉地・有名観光地で，テーマパークが開設されることとなったわけである。しかし，登別温泉・鬼怒川温泉・加賀温泉ではそれぞれ一つずつ休閉園となり（加賀温泉では消滅），長崎も長崎オランダ村の休園でハウステンボスのみとなった。2000年以降は，この立地型を含めた地方型の新たな開園はなく，立地条件が極めて厳選される傾向にあると言える。その中で，肥前夢街道（現・元祖忍者村嬉野温泉肥前夢街道）は，2022年（令和4年）9月23日の西九州新幹線嬉野温泉駅開業により，鉄道駅徒歩圏立地となった。テーマパークで，新幹線駅の鉄道徒歩圏立地は初めてであり，その動向が注目されるところである。

（5）新規振興地型テーマパークの立地条件

　地方型テーマパークの内，新規振興地型は，すべて鉄道＋バスとなっている。北海道のグリュック王国とカナディアンワールド，新潟の新潟ロシア村と柏崎トルコ文化村，四国香川のレオマワールドで，レオマワールド以外は閉園（カナディアンワールドはテーマパークとしては閉園，市営公園に）となった。

　北海道十勝地方に位置するグリュック王国は，帯広空港からは近いものの，中心地の帯広へは札幌からJR特急列車で2時間40分程度，帯広からの広尾線は廃止となり，帯広からバスで40分程度を要する。帯広の郊外にはモール温泉で有名な十勝川温泉があるものの，十勝地方は農業地帯であり，釧路湿原や摩周湖・阿寒湖・屈斜路湖を背後に控える同じく道東の釧路に比べて観光地としての地位は相対的に低く，期待された側面があった。

　北海道空知地方に位置するカナディアンワールドは，芦別駅が最寄りで，根室本線ではあるものの，1981年（昭和56年）の石勝線開通により，滝川～新得間での定期優等列車の運転とともに，札幌との直通列車はなく

なった。空知地方はかつて炭鉱で栄えたがその後衰退，やはり期待された側面があった。

新潟県阿賀野市に位置する新潟ロシア村は，水原駅が最寄りで，羽越本線である。しかし，1982年（昭和57年）の上越新幹線開通により，羽越線優等列車が白新線経由へ移行，新津～新発田間の優等列車はなくなり，信越本線との分岐駅である新津駅自体も東京方面からの優等列車がなくなった。隣接する新発田市に，新潟県を代表する月岡温泉があるものの，観光資源に乏しく，期待される側面があった。

新潟県柏崎市に位置する柏崎トルコ文化村は，信越本線が目の前を通過しますが駅はなく，上越新幹線長岡乗換で信越本線にて北陸方面に向かっていた特急列車が停車した柏崎駅が，1997年（平成9年）の北越急行の開通で多くの特急列車が停車しなくっった。柏崎市自体，石油化学工業都市で，観光資源に乏しく，期待される側面があった。

これらのテーマパークは，前述の観光温泉地型・有名観光地型と同様，地元金融機関が融資先とすることによって，新規振興地ながら，テーマパークが開園したという経緯がある。

香川県丸亀市（開園当時は綾歌町）に位置するレオマワールドは，高松琴平電鉄琴平線岡田駅が最寄りであるものの，歩くのには距離があり，鉄道駅前・鉄道駅徒歩圏立地とはならなかった。近くには，金刀比羅宮で有名な琴平があるが，観光の動線には十分になっていない。琴平以外，香川県の観光地は瀬戸大橋や屋島など瀬戸内海の海岸部に多く，内陸部の讃岐山脈方面での観光開発が期待される側面があった。

新規振興地型は，従来，観光地ではない場所において，観光地化によって地域振興開発につながるとの期待があった。特に，観光は，総合産業・第六次産業とも称され，新たな食材提供先となる第一次産業，施設建設や補修によって需要が生まれる第二次産業，卸売小売業・運輸業・金融業・サービス業の雇用につながる第三次産業と，影響力は大きく広がることが期待されたわけである。

現状では，立地条件としては最も厳しいこととなるが，大規模テーマパークや本格的テーマパークとまで至らなくても，前述した人工施設で野

外を中心とした施設，外国の町並み・景観・建物で，小規模ながらも動向を見据えた本格的なつくりによって，地道な集客が求められるであろう。勿論，アクセスとして，鉄道整備や駅開設までいかなくても，直通・短縮道整備などの道路整備による，所要時間短縮が求められる。集客には「波動」があり，春の連休・盆・正月には，来訪者が急に殺到することがある。その時には，思わぬ渋滞や駐車場不足が発生する。通常は空いているのに，限られた「混雑」がＳＮＳで拡散されて来訪が避けられてしまう事態が発生，余裕をもった整備が必要となってくる。本稿でも示したように，狭義のテーマパークに縛られない，広義のテーマパークは勿論，幅広い観光施設と観光動向，アクセス交通にまで視野を広げて検討することが求められる。その際，外からの視点は欠かすことができない。再建で成功している事例は，真の専門家であるとともに，幅広い手腕を有する人々によってなされていることにも注目したい。

（6）テーマパークの展開と集客動向

1）テーマパークの成立初期

テーマパークは当初，従来の観光立地を基本に，強力な推進者の存在によって開設された。これは種々の事業の初期形態としてよく見られる現象である。そして初期利益，すなわち斬新性と希少性から多くの集客を成し遂げる施設もあった。そこで，第１次産業や第２次産業が衰退し，地域活性化を必要とする地方にあっては，第３次産業としての観光開発に期待を求め，特に非観光地や集客力衰退傾向の観光地にあっては，強力な集客力を持つテーマパークは魅力的であった。しかしながら，テーマパークそれ自体は人工的なものだが，その立地する地域との関連性を深く考慮しない開設では，当初多数の集客を示しても，やがて集客力が減少する。特に，コンサルタント任せの開設や，第三セクター方式の中には，主体性や長期の計画性がなく，当初より将来の不振が予想されるものがあった。不振から経営主体が交代となった施設もあれば，事業の引き受け手がなく閉園に至った施設もある。その明暗を分けた要因の一つに，規模と地域からの期待や協力があった。

2）テーマパークの経営変化

　ハウステンボスとレオマワールドは規模が大きく，地域からの期待が大きいことにより，地元企業による再建支援の体制が作られ，ハウステンボスはＨＩＳに，レオマワールドは大江戸温泉物語に引き継がれた。登別マリンパークニクスは，有名温泉地登別駅前に立地するという，立地条件が比較的よく，再建手腕で知られる加森観光が経営権を引き継ぎ，倉敷チボリ公園も，有名観光地倉敷駅前に立地するという，立地条件が比較的よく，やはり再建手腕で知られるサンヨープレジャーから社長が就任したが，閉園となり，アウトレットモールなどのショッピングセンターとなった。日光江戸村・登別伊達時代村・伊勢安土桃山文化村は，各村分離独立方式によって，いわば「規模の縮小」によって入場者減でも継続できる体制を考え，伊勢安土桃山文化村は経営者が代わり，名称も変更となった。但し，加賀百万石時代村は分離独立後に閉園，もっとも加賀温泉地域に位置することで温泉レジャー施設を運営する「大江戸温泉物語」が引き受けることになったが再度閉園となった。加賀百万石時代村同様，駅前立地ではなく，積雪地域に位置する柏崎トルコ文化村とカナディアンワールドはテーマパークとしての引き受け手はなく市営公園化，柏崎トルコ文化村はさらに隣接のホテルが施設活用することになった。その一方で，グリュック王国・ウェスタン村・新潟ロシア村・登別中国庭園天華園は規模が中途半端で地域との結びつきも弱く，やはり駅前立地ではなく，ウェスタン村以外は積雪地域で，閉園となった。登別中国庭園天華園跡は太陽光発電所となり，他は一部施設が残っているものの，現在のところ再開に至るような引き受け手が現れていない。

3）テーマパークの立地型と集客状況

　立地型と集客状況の関係を見ると，大都市型，特に大都市内型が安定した集客を示しており，売上高も上位を占める。地方型，特に新規振興型の落ち込みが著しく，本書で取り上げたテーマパークも新規振興地型で存続しているのはニューレオマワールドだけとなり，そのレオマワールドも一旦は休園を余儀なくされている。また，地方型でも東京・大阪・名古屋といった三大都市圏との直通鉄道アクセスがあれば集客力があり，大都市型

でも時間距離で遠い大都市郊外型は集客力が一段階は落ちる。さらに，有名観光地型や観光温泉地型の場合は，その観光地や温泉地自体の集客力も影響する。基本的には，駅前立地を確保できなかったり，積雪地域に位置したりする場合は，休園・閉園にいたる可能性が高いのである。

4）テーマパークの魅力づくりと集客

テーマパークの魅力づくりとしては，その規模が集客に深く関係する。すなわち，大規模施設であることが1日のテーマパーク回遊を不可能とし，宿泊客とリピーターを発生させる。単独では小規模であっても，複数のテーマパークが近接することによって，規模拡大と同様の効果が期待できる。大規模施設もしくは複数施設開園可能な立地場所が立地条件として重要となってくる。集客からみれば都市型が立地条件として恵まれていると考えられるが，大規模施設の必要性とその土地確保の容易性（面積及び費用）から地方型も考えられた。現在では，工場跡地等，大都市内や大都市郊外で以前よりは土地確保が比較的容易になっている。しかし，その面積と費用に見合った集客が実現できるかは，相当のノウハウを必要とする。

5）観光地域の魅力づくりと集客

観光地域の魅力づくりとしては，地域知名度向上と総合的産業としての観光産業の発達が重要である。大都市や既存の観光地に立地したテーマパークが順調な集客を示す理由は，テーマパークの立地する場所がすでに一定の知名度をもつことと，宿泊型観光であるところから，多くの宿泊施設があると共に，宿泊施設や飲食土産物の側面でテーマパークと連携した魅力的なサービス提供が可能であること，それらが相互に関連している。知名度はテーマパークが外国や歴史をテーマとしていることから，学校教育の影響が大きいことも指摘できる。宿泊施設や飲食土産物も知名度と学校教育の影響が大きいのである。すなわち，長崎でチーズが大量生産されているわけではないが，かつて，ハウステンボスではチーズの販売額が極めて大きい時期があった。長崎からオランダが，そしてオランダからチーズが連想されるわけである。しかしながら，高等学校で地理をまったく学習しない生徒が出現，小中学校も含めて地理の学習内容も，物産地理の大幅減少や外国地誌で一部の地域や国しか学ばないなどの状況があり，それ

が集客や飲食土産物販売に影響している。実は，観光地域において，観光対策として，学校教育の変化も知っておく必要があるのである。今後は，国内のみならず国際的な来客者が求める総合的なサービスを提供できる地域産業の発達，国内観光振興のための観光客増加につながる学校教育内容の再検討が必要であろう。

6）食による魅力づくりと集客

観光地域の魅力づくりで特に注目したいのは，食による魅力づくりである。テーマパークも，飲食のレベルを向上させ，テーマに沿った，あるいはアトラクションに合わせて，特色あるレストランも多く登場，食べ歩きも大きな魅力となっている。特に，持ち歩いて食べるスナック類などは，今日，インスタ映えが重視される。ポップコーンは，従来，映画館での代表的スナック菓子であったが，テーマパークにおいても，様々な味が提供され，容器もアトラクションやキャラクターにちなむもの，期間限定など，来園の楽しみともなっている。勿論，土産用のお菓子は，中身もさることながら，テーマパークにちなむ装飾など，工夫によってはヒット商品が生まれる可能性がある。反対に，テーマパークに合わせていない，地元の定番土産は，「便利」と売れる反面，テーマパークに合わないと見える可能性もある。レストランも，一般的メニューが「定番」と売れる反面，テーマパークに来てまで，ととらえられることもある。

近年，都市部での「フードテーマパーク」と称する施設の増加とともに，都市郊外や地方部での「農業テーマパーク」と称する農業公園の増加が注目されている。農業体験や農産物加工体験，農産加工品の製造直売や農産物購入，勿論，新鮮な農産物を利用した飲食を楽しむ施設で，自然や農業に触れる機会が少ないことや安価でおいしい飲食ができることが人気の秘密とされている。テーマパーク同様，日本人の欧米好みから，欧米風の施設となる傾向があり，最も多いのが，自称「ドイツ風」の施設である。かつては，年配層に欧米の料理といえばフランス料理が人気で，若年層ではイタリア料理が人気といえる。ドイツ料理といえば，ジャガイモが中心で，かつては必ずしも人気はなく，ビールを中心とした飲食店でのみ，ドイツを売り物にすることが中心であった。ところが数十年ほど前から前述

のような地理の学習状況があって，その結果として，ヨーロッパ各国の詳細な区別に必ずしも関心はなくなり，ドイツ料理に対するマイナスイメージが少なくとも若年層になくなることとなった。その一方で，牛乳消費の大幅減少によって，大都市近郊や地方の遊休化した牧場に，日本人の大工さんの建築による「ドイツ風」の建物を建て，ビールとワインとソーセージを提供することによって，一定の集客が見込めることから，「ドイツ風」の農業公園が増加したと考えられる。このことは，日本における外国の町並み・景観・建物でも指摘した。牧場は北海道というイメージをいだくが，立地論からすると，生乳の輸送の利便性と鮮度重視から，大都市からさほど時間がかからない地点に過去は立地しており，このことが，自家用自動車による来客の可能性のある牧場が，立地条件からも農業公園に転換できることとなったと指摘できる。また，近年，食の安全に関する関心の高まりから，工業製品を通じてドイツ製品の信頼が日本人には厚く，イメージ的にも「ドイツ風」は効果的とも指摘できるのである。このことにとどまらず，風評の影響やイメージ戦略は，観光産業や観光地の集客を左右すると指摘できる。

7）アクセスの改善と集客

　アクセスの改善としては，鉄道駅前・鉄道駅徒歩圏といった鉄道駅至近とする以外，鉄道交通と国際空港との連携，主要道路に沿うなど，観光客移動動線に位置することが必要となる。現在，遊園地の立地としては，郊外鉄道駅前立地と郊外道路沿線立地に大別される。自動車利用可能な若年層を中心とした遊園地にあっては郊外道路沿線立地による多数の集客とその維持が可能な場合もある。しかし，幅広い客層を対象としたテーマパークにあっては鉄道駅前立地が集客に有効である。特に，道路整備が不十分で来客のピーク時の混雑経験はリピーターの減少というテーマパークとしては致命的な問題となる。欧米のように滞在型個人型の観光形態にあっては航空機と自動車利用が一般的となるが，日本のように駆足型団体型の観光形態にあっては，鉄道の安定した大量輸送力は重要である。東京ディズニーランドと長崎オランダ村は当初自動車輸送であったが，東京ディズニーリゾート・ハウステンボスは鉄道駅前立地となった。ユニバーサル・

スタジオ・ジャパンとレゴランド・ジャパンは当初から駅前立地で，スペースワールドも駅前立地となった。前述したように再建に当たって，登別マリンパークニクスや倉敷チボリ公園は駅前立地という立地条件がカギとなっている。その他のテーマパークにあっても，良好な集客を示す施設は鉄道駅徒歩圏立地である。鉄道駅前・鉄道駅徒歩圏で，実際の来訪者がバスや自家用車利用となる場合であっても，駅に近いということが交通便利というイメージを与え，心理的にも集客に有利に作用するのである。

　また，九州のテーマパークが比較的好調な状況を示したことがあったのは，野外観光であるテーマパークにおいて重要である気候が温暖であることによって観光シーズンが長いこと，修学旅行の定番地域であることと共に，九州の空港の国際化が比較的早く，位置的にもアジアからの集客が期待でき，実際に増加していることによる。しかし，外国からの集客には，国際競争に勝てる魅力が必要で，国際情勢の変化による影響・リスクも考慮しなければならない。また，学校教育や修学旅行の傾向変化に対しても，その対策が必要である。

　さらに，最終目的地や第一番の目的地とはならない地方テーマパークの場合は，観光客が移動する動線の途中に位置することが必要である。既存の施設の場合は，動線となる道路のテーマパーク経由ルートの新設，新設施設の場合は動線を考慮した位置にテーマパークを設置することが重要である。動線上に位置し，無料ゾーンがあると，魅力にもよるが，立ち寄りが期待できるわけである。立地場所の不利性のみならず，動線からの僅かなずれが集客に致命的となる場合があるということを抑えておく必要がある。

7．日本のテーマパーク研究と類型化による系統的研究
＜文献50点＞

（1）研究の類型化

　研究においては，スケールを考えてテーマを設定する必要がある。スケールから研究を類型化すると，包括的研究・系統的研究・事例的研究に，3区分できる。日本のテーマパーク研究をそれに当てはめると，包括

的研究では，日本のテーマパークについて，すべての事例を取り上げ，特に，全体像を体系的に解明することとなる。系統的研究では，例えば「映画のテーマパーク研究」「外国村テーマパーク」「歴史村テーマパーク」などのテーマ設定で，特定の系統的内容の事例をすべて取り上げ，特に，系統的かつ体系的に解明することとなる。事例的研究では，「ディズニーランドの研究」「ユニバーサル・スタジオ・ジャパンの研究」「長崎オランダ村・ハウステンボスの研究」などで，特定のテーマパーク事例を取り上げて，特に，その事例の詳細を解明することとなる。この場合，よくあるのが，本題では包括的・系統的テーマとしながら，「○○を事例として」と副題で明示されることがある。特定の事例のみを取り上げるならば，本来は，本題として提示すべきであろう。

　残念ながら，テーマパーク研究を含む，研究の多くが事例的研究にとどまっている。その要因としては，次の３点が指摘できる。まず，自然科学的研究の発想，すなわち，自然法則を解明する自然科学的研究では，一部の事例研究によって自然法則を解明できるとの思考である。その場合，多様な自然法則や，場合によっては突然変異等の解明は，別の多くの事例研究が必要となるのは当然であろう。ついで，「○○における○○」という，事例研究こそが「研究」であるという指導を受けた「研究者」が，「研究とはこういうものだ」「詳細な事例研究こそが研究」という思考（よく指摘されるのが「重箱の隅をつつく研究」）である。さらに，「若手研究者」の年季の入った研究が不足していること，これが，最も大きな要因といえる。

　事例的研究にとどまらず，包括的研究に至るためには，まずは系統的研究のステップを踏む必要があり，それが，特に研究者を目指す大学院博士課程前期課程（修士課程）で指導されるべきで，それを乗り越えた修士論文を作成できてこそ，大学院博士課程後期課程へ進むべきであろう。その際，どのように系統的内容区分を行って類型化するか，特に，系統的地域学の視点が必須となる。

　以上から，論文レベルを類型化すると，包括的研究が博士論文レベル，系統的研究が修士論文レベル，事例的研究が学部論文レベル，一応ではあるが，目安となる。

（2）各研究の諸課題・諸問題 ＜文献４点＞

　包括的研究の諸課題・諸問題としては，すべての事例，すべての文献研究と，すべてのフィールドワークが必要となり，過去の事例や，テーマパークの場合など，休園・閉園等で訪問できない場合が生じることである。また，文献研究の課題点・問題点として，過去の研究文献・歴史的文献の記述の正誤検証も必要である。情報の問題点としてよく指摘されるのが，多くの「フェイク」である。テーマパークのような現代的テーマでは，その問題が生じる可能性は相対的に低いのだが（完無ではない），歴史的研究では，史料に「創作」や「空想」も多く，極端な場合，「落書き」の可能性もある。さらに，全体像を体系的にとらえるが，体系的区分が完璧かどうか，系統的区分・地域的区分・歴史的区分も必要であり，その３区分ということは３次元となり，立体的思考とそれをまとめる能力も重要となる。

　系統的研究の諸課題・諸問題としては，特定の系統的内容の事例をすべて取り上げるが，事例を取り上げる前に，系統的内容区分が適切か，これが最も重要となる。勿論，文献研究およびフィールドワークも必要で，その課題点・問題点は，包括的研究と同様である。系統的かつ体系的で，系統的内容をさらに詳細に系統的に区分する必要もある。例えば，「都市テーマパーク」であれば，都市をさらに系統的に区分（都市規模や都市特性など），「外国村テーマパーク」などの地域的区分，「歴史村テーマパーク」などの歴史的区分を組み合わせて，立体的思考でまとめることも重要となる。

　事例的研究の諸課題・諸問題としては，特定の事例を取り上げた場合，その事例が適切な事例かが，最大の課題点・問題点となる。一般的でない，特別な事例は，典型事例としては不適当であろう。また，その事例の，何を取り上げるべきかということも重要である。事例の詳細を取り上げることによって，中心的論点が不明確になることもある。さらに，前述したように，本題で包括的・系統的テーマを掲げておきながら，「○○を事例として」と副題で「特定の事例研究」であることを示した場合，その事例で全体像を語れるかという課題・問題がある。日本におけるテーマパークの研究は，事例研究，すなわち，一部のテーマパークの研究がほとんどで，実は，「研究者」の「研究」は，ほとんど事例研究のみということがよくある。

包括的な，全体像を体系的に研究したものが希少であるのが実態となっている。ちなみに，筆者の論考としては，再掲となるが，下記のものがある。

- ・奥野一生（1995）：「日本のテーマパークとその文献」
- ・奥野一生（1998）：「日本におけるテーマパークの立地と展開」
- ・奥野一生（2003）：『日本のテーマパーク研究』竹林館
- ・奥野一生（2008）：『新・日本のテーマパーク研究』竹林館

　以上のように，早くから，全体像を包括的・体系的に研究，公刊している。すでに閉園や内容構成が変化した施設も多く，フィールドワークに基づく研究は，今からでは不可能という事情もある。後述するように，文献が極めて少ないテーマパークもあり，そのことが，一層，包括的・体系的研究を困難としているともいえる。幸いにして，筆者は，ほとんどのテーマパークを開園当初に訪れ（勿論，繰り返し訪れたテーマパークもある），事務所等にお伺いして，開設経緯や展開等の聞き取り調査をさせていただいた。その後，閉園した場合は勿論，経営者・運営者が変化して過去の関係者がいなくなった場合も多く，テーマパーク自体も大きく変化した場合があり，貴重なフィールドワークを経験させていただいたわけである。

（3）他分野の研究の類型化 ＜文献46点＞

　筆者は，テーマパーク研究以外に，アニメ・離島・航空・鉱業の研究も行っている。それらについても，包括的研究・系統的研究・事例的研究が必要であるとともに，包括的研究と事例的研究の中間に位置する，最も重要と前述した系統的研究の区分を示しておきたい。

　いずれの分野にしても，地域研究の視点が重要であることも，認識しておく必要がある。それは，いずれのテーマであっても，多くの事例を扱うと，多様性が見いだされる。その要因として，立地する地域の多様性に起因することが多いことによる。したがって，ぜひとも，地域学の視点を持って研究に取り組むことが求められる。

1）アニメ研究 ＜文献2点＞

　アニメ研究では，アニメの系統的区分，例えば，ちびまる子ちゃん・クレヨンしんちゃん・サザエさんといった，作者の出身地・居住地に基づく

地域的ジャンル，ワンピース・毀滅の刃といった過去の時代に基づく歴史的ジャンル，鉄腕アトムといった未来的ジャンル，以上のように，地域的区分や歴史的区分も加えた系統的区分から，事例研究を超えた複数のアニメを取り上げた系統的・比較的研究が考えられる。なお，下記ように，アニメツーリズムの論考を公刊している。

・奥野一生（2018）：アニメツーリズム，『観光地域学』，32-33, 46-47.
・奥野一生（2018）：アニメによる地域振興・商店街振興とアニメツーリズム，『日本地理教育学会　発表要旨集』，68：27.

2）離島研究 ＜文献 14 点＞

離島研究では，系統的区分として，性格類型区分があり，大きく遠隔型離島と近接型離島，遠隔型離島では遠隔孤立型離島と遠隔群島型離島，近接型離島では近接外海型離島と近接内海型離島に類型化できる。また，地域類型区分として，北海道・本州日本海側離島，本州・四国太平洋側離島，瀬戸内海東部離島，瀬戸内海西部離島，九州北西部離島，九州南東部離島，奄美・沖縄離島に類型化できる。これらを組み合わせても，系統的研究が可能である。ちなみに，筆者は，学部生時代に，北海道・本州日本海側離島，本州・四国太平洋側離島，瀬戸内海東部離島，瀬戸内海西部離島，九州北西部離島，以上に該当する離島のフィールドワークに基づく事例研究を経験，その後の修士論文・博士論文への展開につながった。学部生時代に，多様な事例研究がおすすめの所以である。なお，下記ように，離島研究の論考を公刊している。

・奥野一生（1978）：「離島」における農産物構成の変化，『日本地理学会予稿集』，15：160-161.
・奥野一生（1978）：「離島」における産業構成の変化と人口，『人文地理学会発表要旨』，1978 年：45-46.
・奥野一生（1989）：島を語る　日本の離島をめぐって，『太平洋学会誌』，41：31-42.
・奥野一生（1994）：南北大東島を事例として日本の離島を考える，『大阪教育大学地理教育研究紀要』，3：11-28.
・奥野一生（1998）：離島振興政策の展開と離島の動向，『地理学評論』，

71（5）：362-371.

- 奥野一生（1999）：離島統計分析の手法,「日本島嶼学会　1999 年研究大会　研究発表要旨集」, 20-21.
- 奥野一生（2002）：新離島類型試案と離島交通,「日本島嶼学会　2002 年次研究大会　研究発表要旨集」, 12-14.
- 奥野一生（2004）：日本の島を調べる,「月刊　地理」, 古今書院, 49（10）：69-74.
- 奥野一生（2012）：離島の農業,「島嶼研究」, 12：43-72.
- 奥野一生（2013）：離島の水産業,「島嶼研究」, 14：75-112.
- 奥野一生（2015）：離島の観光,「島嶼研究」, 16：101-143.
- 奥野一生（2015）：北海道離島の人口・産業・交通,「日本島嶼学会 2015 年次研究大会　研究発表要旨集」, 35-38.
- 奥野一生（2016）：瀬戸内海離島の人口・産業・交通,「日本島嶼学会 2016 年次研究大会　研究発表要旨」, 44-45.
- 奥野一生（2019）：観光・交通動向から宮古島の観光・交通を考える,「日本島嶼学会　2019 年度研究大会　発表要旨集」, 16.

3）航空研究 ＜文献 22 点＞

航空研究では, 航空路線距離から, 遠距離路線・中距離路線・近距離路線に, 旅客の中心から観光路線・ビジネス路線・生活路線, 競合する交通機関から新幹線並行路線・離島航路並行路線等にも類型化できる。これらを組み合わせても, 系統的研究が可能である。なお, 下記ように, 日本国内全路線を網羅した論考を公刊している。

- 奥野一生（1991）：「離島」航路と航空路,「日本地理学会予稿集」, 40：38-39.
- 奥野一生（1995）：離島の空港,「月刊　地理」古今書院, 40（8）：62-66.
- 奥野一生（2000）：東京からの国内航空交通,「地理學報」, 大阪教育大学地理学教室, 34：107-127.
- 奥野一生（2002）：名古屋からの国内航空交通,「地理學報」, 大阪教育大学地理学教室, 35：33-51.
- 奥野一生（2002）：沖縄の航空交通,「大阪教育大学地理学会会報」,

大阪教育大学地理学会，43：8-59.

・奥野一生（2003）：北海道の航空交通，「大阪教育大学地理学会会報」，
大阪教育大学地理学会，45：9-37.

・奥野一生（2004）：九州の航空交通，「大阪教育大学地理学会会報」，
大阪教育大学地理学会，47：7-42.

・奥野一生（2004）：奄美の航空交通，「日本島嶼学会　2004年次研究大
会　研究発表要旨」61-64.

・奥野一生（2005）：大阪からの国内航空交通，「地理學報」，大阪教育
大学地理学教室，36：81-111.

・奥野一生（2005）：中国・四国の航空交通，「大阪教育大学地理学会会報」，
大阪教育大学地理学会，49：7-56.

・奥野一生（2005）：長崎離島の航空交通，「日本島嶼学会　2005年研究
大会　研究発表要旨集」，30-33.

・奥野一生（2006）：北海道本州日本海側離島の航空交通，「日本島嶼学
会　2006年次研究大会　研究発表要旨集」，24-27.

・奥野一生（2006）：東北・北陸の航空交通（前編），「大阪教育大学地
理学会会報」，大阪教育大学地理学会，51：15-42.

・奥野一生（2007）：東北・北陸の航空交通（後編），「大阪教育大学地
理学会会報」，大阪教育大学地理学会，53：8-40.

・奥野一生（2007）：沖縄離島の航空交通，「日本島嶼学会　2007年次研
究大会　研究発表要旨集」，53-56.

・奥野一生（2008）：伊豆諸島の航空交通，「日本島嶼学会　2008年次研
究大会　研究発表要旨集」，14-17.

・奥野一生（2008）：離島の航空交通（その1），「大阪教育大学地理学
会会報」，大阪教育大学地理学会，55：16-25.

・奥野一生（2009）：離島の航空交通（その2），「大阪教育大学地理学
会会報」，大阪教育大学地理学会，56：14-21.

・奥野一生（2010）：離島の航空交通（その3），「大阪教育大学地理学
会会報」，大阪教育大学地理学会，57：19-25.

・奥野一生（2011）：離島の航空交通（その4），「大阪教育大学地理学

会会報」，大阪教育大学地理学会，58：15-22.
- ・奥野一生（2012）：戦前期における日本の航空交通，「大阪教育大学地理学会会報」，大阪教育大学地理学会，59：17-24.
- ・奥野一生（2013）：日本からの国際航空交通（その１），「大阪教育大学地理学会会報」，大阪教育大学地理学会，60：18-27.

4）鉱業研究 ＜文献８点＞

　鉱業研究では，産出資源から石炭・石油・金・銀・銅・鉄鉱石などによる類型化，採掘企業から，三井・三菱・住友の大手や中小企業による類型化，また北海道空知や九州筑豊などの地域的区分もあり，これらを組み合わせても，系統的研究は可能である。但し，鉱山は極めて多数あり，包括的研究では数百箇所，系統的研究では最低限数十箇所となり，さらにほとんどは閉山しているので，困難さは多大となる。なお，下記ように，日本国内全域を網羅した論考を公刊している。

- ・奥野一生（2000）：鉱山と鉱業関係の博物館・資料館・見学施設（総合・石炭・石油・天然ガス編），「大阪教育大学地理学会会報」，大阪教育大学地理学会，39：9-44.
- ・奥野一生（2001）：鉱山と鉱業関係の博物館・資料館・見学施設（金属鉱山・硫黄・大谷石・石灰石・リン鉱石編），「大阪教育大学地理学会会報」，大阪教育大学地理学会，41：8-45.
- ・奥野一生（2001）：日本における鉱山と鉱業関係の博物館・資料館・見学施設，「日本地理学会　2001年度秋季学術大会　発表要旨集」，日本地理学会，60：146.
- ・奥野一生（2003）：日本の鉱業地域その後，「月刊　地理」，古今書院，48（10）：28-33.
- ・奥野一生（2014）：日本の鉱業　現役稼働鉱山を中心として，「大阪教育大学地理学会会報」，61：13-23.
- ・奥野一生（2015）：日本の鉱山と架空索道，「大阪教育大学地理学会会報」，62：14-26.
- ・奥野一生（2016）：離島の精錬所，「大阪教育大学地理学会会報」，63：9-15.
- ・奥野一生（2017）：離島の採石業，「大阪教育大学地理学会会報」，64：23-30.

V．立地型別テーマパーク地域とその文献 ＜文献468点＞

１．大都市内型テーマパーク地域とその文献 ＜文献164点＞

（１）世界でのディズニーランドの展開と東京ディズニーランドの開園

１）アメリカ合衆国におけるディズニーランドの開園

　アメリカ合衆国において，遊園地の範疇を超え，最初の本格的な「テーマパーク」とされるのが，1955年（昭和30年）7月17日にカリフォルニア州アナハイム市（ロサンゼルス郊外）にて開園したディズニーランドである。しかし，現地における敷地拡張の困難性とアメリカ合衆国における人口分布の東部偏重から，1958年（昭和33年）より，2番目のディズニーランドを東部に建設することが計画され，立地条件として，気候・人口・交通の調査が開始された。アメリカ合衆国と他の地域において，快適・最適とされる気候，必要とされる人口規模や分布，交通機関や利便性の尺度，これらは地域により異なるものの，基本条件としての気候・人口・交通条件の指摘は，極めて重要である。この時期である，1960年（昭和35年）7月11日に，のちに東京ディズニーランドを運営することになる株式会社オリエンタルランドが，三井不動産と京成電鉄を中心として設立されている。その事業内容は埋め立て工事を千葉県から請負，埋立地を住宅地として分譲し，遊園地を建設運営するものであった。広大な敷地で，それに見合う集客力のある遊園地はディズニーランドしかないと判断し，翌年の1961年（昭和36年）にディズニーランド誘致をアメリカ合衆国のウォルトディズニー社に最初に要請した。しかしこの1961年（昭和36年）は，前述したように，ディズニーランドを真似た「奈良ドリームランド」が開園した年で，その模倣ぶりが日本に対する不信感となり，進展はなかった。勿論，アメリカ合衆国内における2番目のディズニーランド建設が，最優先課題であったことも重要な要因である。1963年（昭和38年）にフロリダ州オーランドに2番目のディズニーランドの建設が決定され，1971年（昭和46年）10月1日にウォルト・ディズニー・ワールドが開園した。

2）東京ディズニーランドの開園

　1971 年（昭和 46 年）のウォルト・ディズニー・ワールド開園の翌年，1972 年（昭和 47 年）に江戸川河口の埋立地が完成し，さらに翌年の 1973 年（昭和 48 年）12 月に三井物産を通じて正式にディズニーランドの誘致を再要請した。そして翌年の 1974 年（昭和 49 年）12 月 1 日にアメリカのウォルトディズニー社が来日し，同年 12 月 6 日に東京進出を決定した。なお，三菱・東宝グループも富士山麓に誘致を要請していたが，東京から遠方であるということと，富士山が背景になることがディズニーランドの立地上で問題ありと判定され，実現しなかった。施設内容の詳細な検討の後，1979 年（昭和 54 年）4 月 30 日に正式契約，翌年の 1980 年（昭和 55 年）12 月起工式挙行，1981 年（昭和 56 年）からスポンサー企業の募集を開始した。1982 年（昭和 57 年）末に竣工，1983 年（昭和 58 年）4 月 15 日に，東京ディズニーランドがグランドオープンした。開園当初は赤字を埋立地の不動産売却でしのぐという苦しい経営が続いた。しかし，1986 年（昭和 61 年）には不動産売却に頼らずに経常収支で黒字に転じた。同年 7 月 20 日には，東京ディズニーランド最初のオフィシャルホテルであるサンルートプラザ東京が開業，ホテル内にディズニーグッズ販売の「ディズニーファンタジー」が開店した。ディズニーランド観光専用ホテルの開業は，ディズニーランドの永続性の象徴でもある。

3）ユーロディズニーランドの開園

　この東京ディズニーランドの成功から，4 番目のディズニーランド開設をアメリカのウォルトディズニー社は計画，世界 37 箇所の候補地から 1987 年（昭和 62 年）にフランス政府の誘致によりパリ郊外に決定，ユーロディズニーランドを 1992 年（平成 4 年）4 月 12 日に開設した。しかし，外国文化の受け入れに消極的で，レジャーに費やす金額の低廉な風土であるフランスに建設したことが，東京ディズニーランドと異なって低調な集客状況となっている。ディズニーランドであればどこでも成功するものではなく，文化・風土を含めた優れた立地条件であってこそ成功するという，立地条件の重要性が認識されることになった。

　本来，ディズニーランドは，全く同一の施設とサービスを提供するこ

とがコンセプトであったが，ユーロディズニーランドでは，低調な状況の改善策として，施設内でのアルコール類の解禁や英語の「ミッキーマウス」をフランス語風に「ミケー」と称する等，飲酒習慣や言葉などの施設内文化をフランス風に変更するという，立地場所を考慮した方向に転換した。1994年（平成6年）6月1日にユーロディズニーランド・パリと改称，同年10月1日にはディズニーランド・パリと改称，2001年（平成13年）9月4日に日本では東京ディズニーランドに次ぐ第二のテーマパークとして東京ディズニーシーが開園して東京ディズニーリゾートとなったが，2002年（平成14年）3月16日にはパリでも第二のテーマパークとしてウォルト・ディズニー・スタジオが開園，同時に既存のテーマパークはディズニーランドと改称，両者あわせてディズニーランド・リゾート・パリとなった。

4）中国でのディズニーランドの開園

ユーロディズニーランドについで，5番目のディズニーランドが開設されることになった。すなわち，1997年（平成9年）7月1日に香港は中国に返還されたが，経済難や観光客減に見舞われることになった。残念ながら，中国に返還されたことが，当然，予想されたことではあるが，経済的な魅力や観光客にとっての魅力が大きく減少することとなった。そこで香港特別行政区政府は魅力回復のためにディズニーランドに注目し，「香港ディズニーランド」誘致を計画，1999年（平成11年）11月1日に誘致が決定した。運営会社となる「香港国際テーマパーク」は，香港特別行政区政府が57％を出資し（残りはアメリカのウォルトディズニー社），建設費用の9割を香港特別行政区政府が負担する。場所はランタオ島で，2003年（平成15年）1月12日に着工式典が催され，2005年（平成17年）9月12日に第一期施設が開園した。しかし，テーマパーク文化（ゲストとキャスト，来園者は「ゲスト」としてテーマパークの世界に入り込んで楽しむ）に不慣れで，第一期施設のみのために比較的規模が小さく，島の埋立地に建設したために将来の拡張にも制約がある。香港が中国における西洋の窓口的存在であったことが，立地条件として適すると考えられたかもしれないが，それは中国側からであって，中国以外からすれば凝縮された中国をベースに

した，中国の窓口的存在であった。返還によって，より一層その状況が強化されることとなった。そのことは，風水地理の影響を強く受けた超高層建物群にも見ることができる。このような文化風土とともに，基本的には，気候に対する配慮がきわめて重要であった。

　カルフォルニア州アナハイムは地中海性気候，フロリダ州オーランドは温暖湿潤気候で，東京も温暖湿潤気候であるが後述するように気候に対して大きな配慮がなされた。パリは西岸海洋性気候，香港は湿潤冬季少雨気候で，すべて温帯気候（これらの4種類の気候が温帯気候のすべて）であることでは共通している。しかし，香港の湿潤冬季少雨気候は別名で温帯夏雨気候といわれるように，夏の観光シーズンは雨が多く，冬季以外は高温多雨の熱帯気候と同様の状況となる。すなわち，冬季の気温低下でかろうじて温帯気候だが，1年のほとんどは熱帯気候と同様の状況である。東京以上に気候に対する対策が必要で，特に完全な高温多雨対策が必要となる。当然ながら，高温多雨は観光客の滞在時の体感状況に影響を与えるとともに，施設設備の劣化も早める。先手・先手のメンテナンスも欠かせない。他のディズニーランド以上に，短期間での劣化対策が必要となる。したがって，自然を楽しむ観光ならばいざ知らず，人工的野外観光の立地場所としては，さほど適していない。その結果，やはり低調な集客状況で，当然ながら，東京ディズニーリゾートに脅威を与えていない。

　立地場所として，気候に対する配慮が比較的少なくてすむこと，地理的中心であること，その国一番の人口規模を持った大都会に隣接することが必要で，熱帯に近すぎる香港というのはあまりにも南に偏り過ぎたといわれている。そこから，早くも上海に建設すべきだった，これから建設しようとの声も聞かれるようになった。以上を，2008年（平成20年）発行の前著『新・日本のテーマパーク研究』で述べた。

　2009年（平成21年）1月にウォルト・ディズニー・カンパニーと上海市当局が建設プロジェクトに基本合意と報道された。香港ディズニーランド開園から3年余りしか経過しておらず，いかに香港ディズニーランドが極めて低調であったかということを如実に示している。2010年（平成22年）にウォルト・ディズニー・カンパニーと中国政府との間で正式契約，2011

年（平成23年）4月8日に着工式典開催，2016年（平成28年）6月16日に上海ディズニーランドが開園した。香港ディズニーランド開園から僅か10年余り，しかも，7つのテーマエリアには漢字の名前が付けられるなど中国色が明確に濃いものとなったために，またしても東京ディズニーリゾートに脅威を与えていないとともに，むしろより魅力のある東京ディズニーリゾートに行く契機となり，東京ディズニーリゾートにとって好循環を生み出すこととなった。

5）アジアにおけるディズニーランド

　本来，ディズニーランドは西洋文化のコンセプトが強い。対極の東洋文化の代表の中国においてどのように対応するのか，特に，立地場所を考慮した方向に適応することが成功に必要である。もっとも，適応しすぎると根本的なコンセプトからはずれてディズニーランドではなくなってしまう。はたして，対極の文化が，コンセプトを維持して折り合いをつけられるのかが，極めて興味深いところである。カギとなるのは，立地場所の西洋文化の要素である。すなわち，振り返っていえば，東京が「西洋文化のアジアの窓口的存在であること」「アジアに位置しながら他のアジアと適度に距離を取り，近代期に急速な西欧化を成し遂げたこと」「西洋文化を取り入れたアジアの代表的都市であること」，それが東京ディズニーランドの成功要因であったともいえるのである。中国に代表されるように，東洋文化の代表的地域や，東洋文化を色濃く残していたならば，魅力は大きく減じられた。アジア各地から，多く集客できるのは，東洋文化やアジアらしさ，これらの適度な薄さ，一方で，西洋文化に適応した日本らしさが垣間見えるところが大きな魅力につながっている。文字でいえば「ローマ字表記」である。そこで注意しなければいけないのは，多言語によるグローバル化対応である。グローバル化の必要性はあるものの，「魅力」という点からは，十二分に配慮しないと，多言語化は魅力の低下につながることもあるということを考慮しなければいけない。

（2）東京ディズニーランドのアクセスの改善とオフィシャルホテルの開業

1）東西線浦安駅からバス時代

1983年（昭和58年）4月15日の開園日より1988年（昭和63年）11月30日までは，ＪＲ東京駅より徒歩移動の営団地下鉄（現・東京メトロ）東西線大手町駅より約20分の浦安駅で下車，徒歩5分の東京ディズニーランド行きバス乗り場（このバス乗り場は現在なく，駐輪場と駐車場となっている）から3ドア仕様のバスで約25分，合計約1時間弱であった。開園時，東京駅八重洲口に案内所が設置され，当時，東京駅からの直通バス（現在は廃止）もあったが所要時間が不安定で，前記の経路が案内所では勧められた。但し，このルートがメインルートであった期間は，6年7ヵ月程である。この期間に，前述のサンルートプラザ東京以外，シェラトン・グランド・トーキョーベイホテルが1988年（昭和63年）4月14日に，ヒルトン東京ベイ（ホテル関係のテレビドラマの撮影に使用されたことがある）が同年7月2日に，第一ホテル東京ベイ（2002年4月1日よりホテルオークラ東京ベイに）が同年7月8日に開業，2000年7月7日にディズニーアンバサダーホテルが開業するが，それ以前に開業した5つのホテル中4ホテルがこの時期の開業で，鉄道アクセス開設前のテーマパーク隣接ホテルの優位性が特に大きかった時期の開業である。

2）有楽町駅〜新木場駅〜舞浜駅時代

1988年（昭和63年）12月1日より1990年（平成2年）3月9日までは，ＪＲ山手線東京駅より2分の有楽町駅下車，営団地下鉄（東京メトロ）有楽町線有楽町駅より12分の新木場駅下車，ＪＲ京葉線新木場駅より6分の舞浜駅下車と，合計約30分に所要時間が半減した。またバス利用部分がなくなり，所要時間が安定した。これは，京葉線が新木場まで延長開業して営団地下鉄（現・東京メトロ）有楽町線新木場駅で連絡すると共に，京葉線舞浜駅が開業したことによる。但し，このルートがメインルートであった期間は短く，1年3ヵ月程である。

3）ＪＲ京葉線東京駅〜舞浜駅時代

1990年（平成2年）3月10日からは，ＪＲ京葉線東京駅より新木場駅までが開通し，舞浜駅までは所要時間が16分と更に半減した。但し，東

京駅京葉線地下ホームは他線ホームから遠く，乗り換えに不便である状況は現在に至るまで同様である。同年5月2日に東京ベイホテル東急が開業，その後しばらく隣接ホテルの開業はなかったが，東京ディズニーシー開園前の2000年（平成12年）7月7日にディズニーアンバサダーホテルが開業，2001年（平成13年）7月27日にディズニーリゾートラインのモノレールが開業してオフィシャルホテルとのアクセスが便利になった。同年9月4日のディズニーシー開園で初のパーク内ホテルである東京ディズニーシー・ホテルミラコスタが開業，2007年（平成19年）3月3日に東京ベイ舞浜ホテルが開業した。そして，25周年の2008年（平成20年）7月8日に東京ディズニーランドホテルが開業した。場所は，ディズニーリゾートラインモノレールの駅をはさんだディズニーランド入口前の旧駐車場跡地で，パーク内ホテルを除けば，最高の立地場所である。ディズニーアンバサダーホテル・ホテルミラコスタについで，3番目の直営ホテルである。2016年（平成28年）6月1日に東京ディズニーセレブレーションホテル：ウィッシュが開業（他のホテルを改装），4番目の直営ホテル，2022年（令和4年）4月5日に東京ディズニーリゾート・トイ・ストーリーホテルが開業，5番目の直営ホテルである。

（3）東京ディズニーランドの開園と千葉県浦安市の変化 ＜文献1点＞

　浦安は，かつて東京に隣接しながら都市化の影響をあまり受けない，典型的かつ代表的な漁師町であった。しかし海や川の汚染によって漁業が衰退し，1969年（昭和44年）3月29日の営団地下鉄（現・東京メトロ）東西線開通・浦安駅開設によって「陸の孤島」から一変して交通の利便性が格段に向上，急速に都市化，1981年（昭和56年）4月1日には市に昇格した。さらに1983年（昭和58年）4月15日の東京ディズニーランドの開園によって，前述したように千葉県有数の観光地に変貌した。ただし，東京ディズニーランドが千葉県浦安市にあることを承知している観光客はかならずしも多くはない。例えば，東京都区内行きの切符で舞浜駅に降り立ち，乗り越し運賃の必要から「東京ではない」ことに気づくことも多い。舞浜（Maihama）は，アメリカ合衆国の観光地の「マイアミ」（Miami）を参考と

して，新たにつけられた地名である。埋立地に住宅街があるとともに，大学等の学校施設も立地しているが，埋立地は地盤沈下に当初は悩まされて，学校施設の移転を余儀なくされたこともあった。2011 年（平成 23 年）3 月 11 日の東日本大震災時には，マンホール部が道路から突出するなど，液状化現象が生じた。東京ディズニーランド周辺にホテルが多く立地することなどから税収入に恵まれ，図書館など公共施設面の充実が見られるものの，交通量の増大による環境の悪化は避けられない。東京湾岸道路が通過しており，交通量が常時多い。

「地形図　東京ディズニーリゾート①　2 万 5 千分の 1 地形図「浦安」昭和 55 年修正」は，東京ディズニーランド開園前の図である。広大な荒地記号がまだ広がるものの，旧江戸川を渡る道路が開通，京葉線の一部が工事中で描かれている。「地形図　東京ディズニーリゾート②　2 万 5 千分の 1 地形図「浦安」昭和 60 年修正」は，東京ディズニーランド開園後の最初の図である。園内に鉄道記号で表現されたウェスタンリバー鉄道や索道記号のスカイウェイが描かれているものの，京葉線は工事中であり，オフィシャルホテルも 1986 年（昭和 61 年）開業のサンルートプラザ東京のみである。「地形図　東京ディズニーリゾート③　2 万 5 千分の 1 地形図「浦安」平成元年修正」では，京葉線が開通，舞浜駅が開業，オフィシャルホテルも 5 つに増加している。「地形図　東京ディズニーリゾート④　2 万 5 千分の 1 地形図「浦安」平成 10 年修正」は，③と大差はなく，隣接地に運動公園が開設され，東京ディズニーシーが開園前の図である。

浦安市の人口増加率 23％（1985-90 年）は，千葉県内の印西市 79％・栄町 58％・山武町 35％・八街市 33％・富里町 29％・関宿町 23％に次ぐ増加率であった。浦安市以外は人口増加前線の市町であり，印西町は 1996 年（平成 8 年）に市制を施行した。浦安市は，前述したように，京葉線の東京乗り入れにより，埋立地に位置する住宅地の交通が格段に改善されたことによる人口増加である。産業構成も大きく変化し，第三次産業人口比率は 79％（1995 年）で，千葉県では成田市 78.7％・習志野市 74.4％・千葉市 73.8％を上まわって，最高比率である。反面，第一次産業人口比率は 0.1％で，千葉県で最低であることは勿論，日本全国の市町村で最低値で

地形図　東京ディズニーリゾート①
2万5千分の1地形図「浦安」昭和55年修正

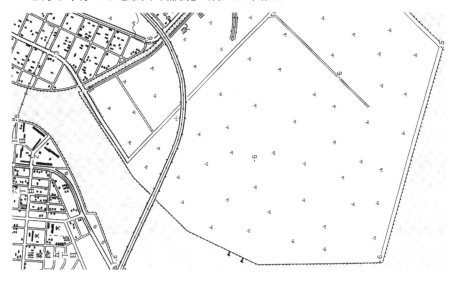

地形図　東京ディズニーリゾート②
2万5千分の1地形図「浦安」昭和60年修正

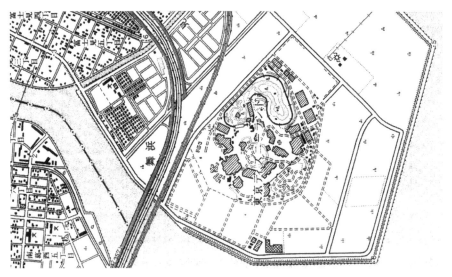

地形図　東京ディズニーリゾート③
２万５千分の１地形図「浦安」平成元年修正

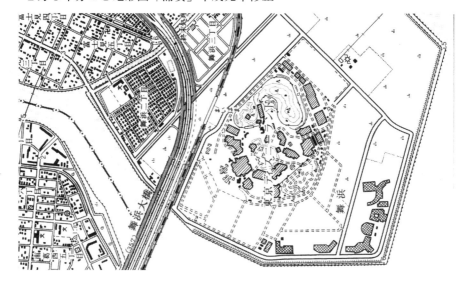

地形図　東京ディズニーリゾート④
２万５千分の１地形図「浦安」平成10年修正

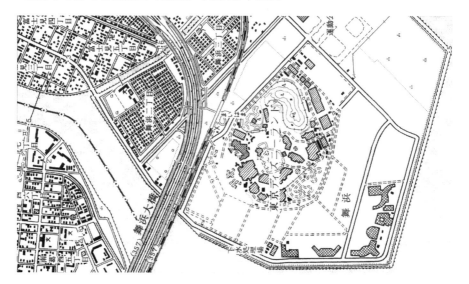

ある。もはや漁師町の浦安は，完全に過去のものとなった。激しい地域変化の典型例である。この地域変化の著しい浦安を，2万5千分の1地形図の最初の版から最新版まで，測量年次の異なる8枚の地形図で解説したのが下記の拙稿である。なお，8枚の地形図の内，最初の版と最新版の2枚は，予告お題として前月号に掲載している。

・奥野一生（2006）：明日の授業で使える！　地形図読図　第17回　千葉県浦安，「月刊　地理」，古今書院，51（11）：70-79.

（4）東京ディズニーリゾート（東京ディズニーランド・東京ディズニーシー）に関する文献 ＜文献104点＞

　個々のテーマパーク文献で，最も多いのは，勿論，東京ディズニーリゾート（東京ディズニーランド・東京ディズニーシー）に関するものであり，以下，年代順に内容区分して提示した。なお，東京ディズニーリゾートのガイドブックやファンクラブの本は含めていない。また，近年の観光ガイドブック類も含めていない。

1）1983～84年の文献 ＜文献4点＞

　1983年（昭和58年）に東京ディズニーランドが開園，下記がその草創期のものである。一過性のブームで終わるとみる見方もあったなかで，新しい流れをしっかりと捉えようとする動きがみられた。その中でも『ディズニーランドの経済学』は冷静かつ克明に東京ディズニーランドを分析しており，まずは注目すべき本である。1987年（昭和62年）に朝日文庫として文庫本化された。

・小野耕世（1983）：『ドナルド・ダックの世界像』，中央公論社（中公新書）.
・長谷川芳郎（1984）：『"魔法の国"のデザイン―東京ディズニーランドが拓く新時代―』，日本経済新聞社.
・鶴蒔靖夫（1984）：『東京ディズニーランドを裸にする　夢を売るオリエンタルランド社の新レジャー戦略』，IN通信社出版部.
・粟田房穂・高成田享（1984）：『ディズニーランドの経済学』，朝日新聞社.

2）1986～89年の文献 ＜文献6点＞

ディズニーランド開園後，数年経っても大幅に減少することなく，人を

集め続けていることに注目して書かれたのがこの時期の本であり，『遊び
の経済学』は粟田房穂氏による『ディズニーランドの経済学』に続く著作
で，1990年（平成2年）に朝日文庫として文庫本化された。『ディズニー
ランドの真相』は東京ディズニーランド成立の歴史に注目した内容である。
　・加納靖久（1986）：『ディズニーランドの真相』，近代文藝社．
　・粟田房穂（1986）：東京ディズニーランドに見る夢の演出術，『遊びの
　　　経済学　新しい消費社会の可能性を探る』，PHP研究所，171-179.
　・掘貞一郎（1987）：『人を集める　なぜディズニーランドがはやるのか』，
　　　TBSブリタニカ．
　・小宮和行（1989）：『東京ディズニーランド　驚異の経営マジック』，
　　　講談社．
　・森田裕一（1989）：マークトゥエイン，『日本客船総覧』，森田裕一自
　　　費出版，99.
　・月刊レジャー産業資料編集部（1989）：東京ディズニーランドの実績，
　　　『テーマパーク・テーマリゾート企画・開発実務資料集』，綜合ユニ
　　　コム，92-98.

3）1990〜91年の文献＜文献6点＞

　この時期はテーマパーク興隆期にあたり，ディズニーランドのテーマ
パークとしての本質に迫る本が出されるとともに，東京ディズニーランド
にとっても次の仕掛けを考え始める時期であった。『ディズニーランドと
いう聖地』と，『ディズニーランドの真相』の詳細版ともいえる『「夢の王
国」の光と影　東京ディズニーランドを創った男たち』が東京ディズニー
ランドの成立背景と立地を考えるのに最適な本で，特に後者は東京湾ベイ
エリア開発の歴史を理解するのにもよい。
　・能登路雅子（1990）：『ディズニーランドという聖地』,岩波書店（岩波新書）.
　・田所　誠（1990）：『東京ディズニーランドの魔術商法』，エール出版．
　・根本祐二（1990）：東京ディズニーランド，『テーマ・パーク時代の到来』，
　　　ダイヤモンド社，139-142.
　・野口　恒（1991）：『「夢の王国」の光と影　東京ディズニーランドを創っ
　　　た男たち』，TBSブリタニカ．

・志澤秀一（1991）：『ディズニーランドの人材教育』，創知社．

・日経リゾート編集部（1991）：オリエンタルランド　第2テーマパークで本格的な滞在型目指す，「日経リゾート」，53：52-55.

4）1992〜93年の文献＜文献9点＞

ひとり抜き出ていた東の東京ディズニーランドに対して，西のハウステンボスと称される，ライバルが出現した。比較することによって東京ディズニーランドの特徴が浮き彫りにされるとともに，テーマパークを支える脇役や裏方に注目する本が出版された。多くのテーマパークが開園初年度の入場者数を2年目や3年目に大幅に減らしているのに対して，東京ディズニーランドの好調さと10年目の節目にあたる時期の文献である。

・日経リゾート編集部（1992）：特集・東京ディズニーランドVS.ハウステンボス，「日経リゾート」，92：40-86.

・月刊レジャー産業資料編集部（1992）：ケーススタディ　東京ディズニーランド，―舞浜ホテル群との相乗効果を発揮―，「月刊レジャー産業資料」，314：84-89.

・田所　誠（1992）：『東京ディズニーランドの魔術商法'92』，エール出版．

・掘貞一郎（1992）：『「感動」が人を動かす　東京ディズニーランドの成功を支えた名脇役たち』，竹井出版．

・青木　卓（1993）：『ディズニーランド裏舞台　夢の王国で働く人の物語』，技術と人間．

・月刊レジャー産業資料編集部（1993）：東京ディズニーランドの成功と変貌著しい浦安市，「月刊レジャー産業資料」，321：93-100.

・粟田房穂（1993）：ディズニーランド研究，『レジャー産業を考える』，実教出版，115-136.

・日経リゾート編集部（1993）：ポストTDLは，「未知の分野」への挑戦　2泊3日の滞在型の事業編成を，「日経リゾート」，106：7075.

・塩田丸男＋塩田ミチル（1993）：大人のための東京ディズニーランド入門，「旅　テーマパーク探検」，日本交通公社出版事業局，794：27-36.

5）1994～97年の文献 ＜文献13点＞

「重箱の隅をつつく」というべき内容の本が出されるとともに，著者も非常に幅広くなってきたのがこの1994年に出されたものである。江戸英雄氏は東京ディズニーランド建設に際し，その経営会社オリエンタルランドの親会社である三井不動産の会長で，言わば中心的な推進役の一人であった。もっとも本人の弁によれば消極的だったとされているが。この本は本来『私の三井昭和史』（東洋経済新報社刊）の文庫化であるが，かなり大幅に加筆されているので，ここに入れた。ダグラス・リップ氏は東京ディズニーランド創業時の人事トレーニングマネージャーである。そしていよいよディズニーランドも開園10年を超え，21世紀を考える時期に入り，当面の追加投資に関する記事が注目される。

・江戸英雄（1994）：『三井と歩んだ七〇年』，朝日新聞社（朝日文庫）．
・ダグラス・リップ（1994）：『東京ディズニーランド　大成功の真相』，ＮＴＴ出版．
・三浦あかね（1994）：『笑いのとまらない東京ディズニーランド商法』，エール出版．
・山川清弘（1994）：21世紀プロジェクト　東京ディズニーランド　近代レジャーの“元祖”も第二期へ，「週刊東洋経済」，5246：26-28.
・白川淳（1994）：東京ディズニーランド“ウェスタンリバー鉄道”，『全国保存鉄道Ⅱ』，ＪＴＢ，100-101.
・実業界編集部（1996）：日本を変えた経営者①東京ディズニーランドの生みの親　オリエンタルランド相談役　高橋政知，「実業界」，1996（1）：100-103.
・月刊レジャー産業資料編集部（1996）：東京ディズニーランド　トゥーンタウン，「月刊レジャー産業資料［別冊］AM BUSINESS」，16：8-13.
・月刊レジャー産業資料編集部（1996）：東京ディズニーランド　トゥーンタウン，「月刊レジャー産業資料」，357：46-48.
・藤井剛彦（1996）：『東京ディズニーランドの魔術商法 ’97』，エール出版．
・藤井剛彦（1997）：『東京ディズニーランドの魔術商法 ’98』，エール出版．
・トム・コネラン（1997）：『ディズニー７つの法則』，日経ＢＰ社．

・月刊レジャー産業資料編集部（1997）：東京ディズニーランドにみる
　追加投資の変遷と集客力，「月刊レジャー産業資料」，375：79-86.
・けいてつ協會（1997）：東京ディズニーランド，『知られざる鉄道』，
　ＪＴＢ，91.

6）1998 〜 2001 年の文献 ＜文献 9 点＞

　いよいよ，第2テーマパークである東京ディズニーシーが企画・建設・
2001 年（平成 13 年）9 月 4 日開園を迎え，東京ディズニーランドと東京
ディズニーシーで東京ディズニーリゾートが誕生することになった。かつ
て，東京ディズニーランド開園直後に『ディズニーランドの経済学』を
著した粟田房穂氏が東京ディズニーリゾートの誕生にあわせて，『ディズ
ニーリゾートの経済学』を著した。

・月刊レジャー産業資料編集部（1998）：東京ディズニーシー，「月刊レ
　ジャー産業資料［別冊］AM BUSINESS」，22：18-19.
・講談社総合編集局（1998）：東京ディズニーランド誕生，「週刊
　YEAR　BOOK　／日録 20 世紀 1983」，55：2-5.
・講談社ディズニーファン編集部（1998）：『東京ディズニーランド・ク
　ロニクル　15 年史』，講談社.
・白川　淳（1998）：東京ディズニーランド，『全国保存鉄道Ⅲ』，ＪＴＢ，128.
・桂　英史（1999）：『ディズニーランドの神話学』，青弓社.
・志澤秀一（2000）：『改訂版　ディズニーランドの人材教育』，創知社.
・日経トレンディ編集部（2001）：滞在型リゾートへの脱皮を狙う　ディ
　ズニーシーの全貌，「日経トレンディ」，181：86-87.
・月刊レジャー産業資料編集部（2001）：特集　東京ディズニーリゾー
　トの誕生とオリエンタルランドの事業戦略，「月刊レジャー産業資
　料」，421：35-57.
・粟田房穂（2001）：『ディズニーリゾートの経済学』，東洋経済新報社.

7）2002 〜 2005 年の文献 ＜文献 22 点＞

　東京ディズニーランドが 20 周年を迎え，東京ディズニーシーの誕生で
東京ディズニーリゾートとなり，継続発展企業としてのオリエンタルラン
ド社や東京ディズニーランドと東京ディズニーシーが物語として語られる

ときが来た。加賀美俊夫氏の『海を越える想像力』は，東京ディズニーシー開園に至る経緯を理解するのに，最適な内容となっている。物語は，語られる前にもう一つの物語があるということであろうか。

　この時期のもうひとつの特色は，以前からあったが，心をつかむ接客サービスと人を育てる人材養成に着目した内容の本が急増したことで，多数の版を重ねたり，同一著者による複数の出版が見られたりした。その背景として，2000年（平成12年）のITバブル崩壊，2001年（平成13年）の同時多発テロ，2002年（平成14年）の米国景気の悪化等，不況の長期化，それによる投資に対する収益率の増加に向けてソフト面での魅力向上（費用からハード面の投資に困難な状況があること）や，効果的かつ効率的な魅力構築による集客と人材確保育成（不特定多数から幅広さを有する特定リピーター確保，人材の意識向上とソフト面でのレベルアップ），これらの参考教材テキストとしての側面が強くなっている。

・西村秀幸（2002）：『ディズニーリゾートの謎』，エール出版．

・小林和典（2002）：東京ディズニーランド，『空から見る国土の変遷』，古今書院，66-67．

・週刊東洋経済編集部（2002）：特集　オリエンタルランド大研究，「週刊東洋経済」，5738：24-49．

・講談社ディズニー企画部（2002）：『ディズニーリゾート物語　東京ディズニーシー物語』，講談社．

・講談社ディズニー企画部（2002）：『ディズニーリゾート物語　東京ディズニーランド物語』，講談社．

・香取貴信（2002）：『社会人として大切なことはみんなディズニーランドで教わった』，こう書房．

・河野英俊（2003）：『ディズニーランドの接客サービス』，ぱる出版．

・せんろ商會（2003）：東京ディズニーリゾート，『知られざる鉄道Ⅱ』，ＪＴＢ，32-33．

・せんろ商會（2003）：ディズニーリゾートライン，『知られざる鉄道Ⅱ』，ＪＴＢ，164．

・加賀美俊夫（2003）：『海を越える想像力』，講談社．

・月刊レジャー産業資料編集部（2004）：特集　東京ディズニーリゾート徹底研究，「月刊レジャー産業資料」，439：32-64.

・香取貴信（2004）：『社会人として大切なことはみんなディズニーランドで教わったⅡ　《熱い気持ち編》』，こう書房.

・富田　隆（2004）：『ディズニーランドの深層心理学』，こう書房.

・小松浩一（2004）：『ディズニーランドの超人材活用術』，ぱる出版.

・小松田勝（2004）：『ディズニーランドの「ホスピタリティ」はここが違う』，経林書房.

・芳中　晃（2004）：『ディズニーランドはなぜお客様の心をつかんで離さないのか』，中経出版.

・中村　克（2004）：『すべてのゲストがＶＩＰ　東京ディズニーランドで教えるホスピタリティ』，芸文社.

・西村秀幸（2004）：『東京ディズニーランドの魔術商法に学ぼう』，エール出版.

・芳中　晃（2005）：『女性がディズニーランドを愛する理由』，中経出版.

・小松田勝（2005）：『ディズニーランド「キャスト」育成ノウハウ』，経林書房.

・田中幾太郎（2005）：『東京ディズニーリゾート暗黒の軌跡』，リベラルタイム出版社.

・日本観光雑学倶楽部（2005）：東京ディズニーランドという存在，『セピア色の遊園地』，創成社，147-154.

8）2006 ～ 2009 年の文献 ＜文献８点＞

かつては「マニュアル」で語られることが多かったディズニーランドが，「コンセプト」で語られるのが当然のことになった。『東京ディズニーシー物語』の多くの部分は 2002 年（平成 14 年）に記された内容の再録ではあるが，新たに書き加えられた部分には，「現在，パリや香港など世界の五か所にディズニーパークがありますが，どれひとつとして同じコンセプトのものはなく，どれもが魅力あふれたファミリーエンターテイメントの精神に貫かれています。これこそディズニーパークの真骨頂なのかも知れません。」と，象徴的，端的な表現が登場している。かつては，アメリカ合

衆国のディズニーランドをそのまま，ハードは勿論，ソフトの「マニュアル」もそのままであることに重点があった。しかし，東京ディズニーランドの成功とユーロディズニーリゾートの早期の転換といったように，地域性に即した展開が成功のポイントとして認識されることになった。このことは，すでに，2003 年発行の旧著で指摘していたとおりの，後述する「第一段階がテーマパークから地域への作用時期とするならば，第二段階は地域からテーマパークへの作用時期である。」の筆者が予測していた具現現象である。

- ・生井　俊（2006）：『ディズニーランドが大切にする「コンセプト教育」の魔法』，こう書房．
- ・野口　恒（2006）：『東京ディズニーランドをつくった男たち』，ぶんか社．＜野口　恒（1991）：『「夢の王国」の光と影　東京ディズニーランドを創った男たち』，TBS ブリタニカの文庫本化・改題・新編集＞
- ・芳中　晃（2007）：『中経文庫　なんども行きたくなるディズニーランドの不思議』，中経出版，216p．＜芳中　晃（2004）：『ディズニーランドはなぜお客様の心をつかんで離さないのか』，中経出版の文庫本化・改題・新編集＞
- ・小松田勝（2007）：『ディズニーランドのホスピタリティ』，長崎出版．
- ・東京図鑑編（2007）：『東京ディズニーシー物語』，講談社．
- ・月刊レジャー産業資料編集部（2007）：変化する 2 大テーマパーク　東京ディズニーリゾート，「月刊レジャー産業資料」，491：28-31．
- ・白川　淳（2008）：ウェスタンリバー鉄道，『全国歴史保存鉄道』，ＪＴＢ，59．
- ・相場博明・柊原礼士・鍋島さやか（2008）：人工物を活用した地学学習：東京ディズニーシーにおける地学素材の活用を例として，「地学教育」，61（4）：133-139．

9）2010 年代の文献＜文献 23 点＞

2010 年代は，他のテーマパークで経営や運営の変更，新たな人材による改革が行われた時代である。その中で，東京ディズニーリゾートはいかにリゾート化を推進したか，テーマパークリゾートのリゾート化戦略徹底分析の連載が注目の論説である。また，30 年以上経過し，ディズニー文

化の受容や地域融合が語られる時代となった。

・野村幸加・吉田圭一郎（2010）：東京ディズニーランドのイメージ構成要素とその形成要因，「季刊地理学」，61（4）：225-233.

・井手信雄（2010）：テーマパークリゾートのリゾート化戦略徹底分析（東京ディズニーリゾート編1）東京ディズニーリゾートの利用動向，「月刊レジャー産業資料」，521：122-133.

・井手信雄（2010）：テーマパークリゾートのリゾート化戦略徹底分析（東京ディズニーリゾート編2）東京ディズニーリゾートのリゾート戦略とパークの顧客像，「月刊レジャー産業資料」，522：140-144.

・井手信雄（2010）：テーマパークリゾートのリゾート化戦略徹底分析（東京ディズニーリゾート編3）東京ディズニーシー開業　利用者の戸惑い，「月刊レジャー産業資料」，523：162-167.

・井手信雄（2010）：テーマパークリゾートのリゾート化戦略徹底分析（東京ディズニーリゾート編4）東京ディズニーシーの全方位外交，「月刊レジャー産業資料」，525：114-120.

・井手信雄（2010）：テーマパークリゾートのリゾート化戦略徹底分析（東京ディズニーリゾート編5）東京ディズニーシーの成長戦略，「月刊レジャー産業資料」，526：122-127.

・井手信雄（2010）：テーマパークリゾートのリゾート化戦略徹底分析（東京ディズニーリゾート編6）東京ディズニーシーの東京ディズニーランド化，「月刊レジャー産業資料」，528：116-124.

・井手信雄（2010）：テーマパークリゾートのリゾート化戦略徹底分析（東京ディズニーリゾート編7）東京ディズニーシーの"らしさ"づくり，「月刊レジャー産業資料」，529：116-122.

・井手信雄（2010）：テーマパークリゾートのリゾート化戦略徹底分析（東京ディズニーリゾート編8）ディズニーホテルの先導的役割，「月刊レジャー産業資料」，531：118-126.

・井手信雄（2011）：テーマパークリゾートのリゾート化戦略徹底分析（東京ディズニーリゾート編9）提携ホテルの動向，「月刊レジャー産業資料」，533：110-117.

・中西純夫（2011）：東京ディズニーランドにおけるディズニー文化の
　　受容,「千葉大学人文社会科学研究」, 22：151-166.
・井手信雄（2011）：テーマパークリゾートのリゾート化戦略徹底分析（東
　　京ディズニーリゾート編 10）ＴＤＲにおけるホテル間競合,「月刊
　　レジャー産業資料」, 534：102-109.
・井手信雄（2011）：テーマパークリゾートのリゾート化戦略徹底分析（東
　　京ディズニーリゾート編 11）イクスピアリとシルク・ドゥ・ソレイ
　　ユシアター東京,「月刊レジャー産業資料」, 536：102-107.
・井手信雄（2011）：テーマパークリゾートのリゾート化戦略徹底分析（東
　　京ディズニーリゾート編 12）東京ディズニーリゾートの市場拡大戦
　　略,「月刊レジャー産業資料」, 537：86-91.
・山内孝幸（2011）：『すべてはゲストのために　東京ディズニーリゾー
　　トに学ぶマーケティング』, 晃洋書房.
・粟田房穂（2013）：『新版　ディズニーリゾートの経済学』, 東洋経済
　　新報社.
・東京ディズニーランド卒業生有志（2013）：『ディズニーランドであっ
　　た心温まる物語』, あさ出版.
・中島　恵（2013）：『東京ディズニーリゾートの経営戦略』, 三恵社.
・須藤　廣（2014）：ポスト・ツーリズムとディズニーランド：ディズニー
　　ランド研究のために,「北九州市立大学国際論集」, 12：187-199.
・鎌田　洋（2014）：『ディズニーおもてなしの神様が教えてくれたこと』,
　　ＳＢクリエイティブ
クリエイティブ.
・週刊ダイヤモンド編集部（2014）：東の優等生ディズニー　西の商売
　　人ＵＳＪ,「週刊ダイヤモンド」, 102（31）：32-47.
・志澤秀一（2015）：『ディズニーで学んだ　人がグングン伸びる 39 の
　　方法』, すばる舎.
・小川　功（2018）：巨大米国系テーマパークの本邦初進出と地域融合：
　　浦安市民の視点での 30 数年前の回顧,「跡見学園女子大学マネジメ
　　ント学部紀要」, 26：1-27.

10）2020 年代の文献 ＜文献 4 点＞

　2020 年代はコロナ禍で幕開けしたように，急速な社会情勢の変化に対応した新たな戦略が求められる時代ともなった。東京ディズニーシー 20 周年，そして，ついに，ハリー・ポッターとスーパー・ニンテンドー・ワールドで，ユニバーサル・スタジオ・ジャパンが，ようやく肩を並べる状況となってきた。一方で，「○○○○日記」のシリーズでも登場することとなった。

　　・木村守善（2021）：東京ディズニーリゾートが取り組む「パーク体験ファースト」のＤＸ戦略とは（集客施設における最新ＤＸレポート），「月刊レジャー産業資料」，661：80-83.
　　・ディズニーファン編集部編（2021）：『東京ディズニーシー 20 周年クロニエル』，講談社.
　　・笠原一郎（2022）：『ディズニーキャストざわざわ日記 "夢の国" にも×××ご指示のとおり掃除します』，フォレスト出版.
　　・加賀屋克美（2022）：『ディズニーランド VS ユニバーサル・スタジオ サービス業の強化書！』，ビジネス社.

（5）アメリカ合衆国のディズニーランド・ディズニーワールドの ガイドブック ＜文献 4 点＞

　カリフォルニア州ロサンゼルスのアナハイムに，オリジナルのディズニーランドがあり，フロリダ州オーランドにディズニーワールドがあって，東京ディズニーランドと比較することが法律や文化・風土面の違いを知るのに重要である。全く同じように見えて微妙な違いがあり，立地や展開の違いも地理的に興味深い。それらアメリカ合衆国のディズニーランド・ディズニーワールドのガイドブックは，その比較に参考となるであろう。国内のガイドブック以外に，現地で販売されている写真ガイドブック（英文）も参考になる。東京ディズニーランドには公式ビデオテープはないが，カリフォルニアとフロリダの両ディズニーランド・ディズニーワールドにはそのランド・ワールド内紹介の公式ビデオテープが販売されていた。それらも東京ディズニーランドと比較するのに役立つ。

・ペイジ・ワン（1992）:『ディズニーランド＆ロサンゼルス完全ガイド』，
　講談社，208p.

・ペイジ・ワン（1993）:『ウォルト・ディズニー・ワールド＆フロリダ
　完全ガイド』，講談社，208p.

・The Walt Disney Company（1993）:『THE ORIGINAL Disneyland
　PICTORIAL SOUVENIR』（英文），The Walt Disney Company，64p.

・The Walt Disney Company（1993）:『A PICTORIAL SOUVENIR OF
　Walt Disney World』（英文），The Walt Disney Company，80p.

（6）東京ディズニーリゾートにみる成功の要因

　東京ディズニーランドの成功要因は，ディズニーブランドの強さ，アメリカ合衆国のディズニーランドと同一のアトラクションやサービス，ディズニーマニュアルのすばらしさ等が指摘されている。しかし，東京ディズニーランド以外の他のディズニーランドが，東京ディズニーランドほどの好調さではないことを考慮すると，他の要因の考察も必要である。

　筆者は，次の3点を日本での成功の要因と考えており，それが東京ディズニーシーの開園と内容に反映されていると考えられる。なお，東京ディズニーシーは，第2のテーマパークとして，東京ディズニーランド開園5周年の1988年（昭和63年）4月15日に建設構想が発表され，1992年（平成4年）7月23日に「海」をテーマとする基本方針が固まった。1997年（平成9年）事業化決定，1998年（平成10年）着工，2001年（平成13年）9月4日に東京ディズニーシーは開園した。

　第一の要因は，日本の文化風土に対する配慮である。東京ディズニーランドはリピーターが多いことが成功につながっている。それは，新規アトラクションの追加効果によるとされているが，日本のお土産文化が重要なリピーターを生み出していることにも注目したい。すなわち，新規アトラクションのみならず，新たな土産品の開発・投入がリピーターを生み出している。来るたびごとに新たなお土産がある，期間限定，季節限定，周年記念，そして包装紙や手提げ袋も新しくなるという具合である。食べ歩きのポップコーンにおいても，新たな味，新たな容器など，随所にみられる。

また，日本の習慣で，お土産をもらった人はお返しをしなければと思い，新たな来訪者となるという良循環を生む。東京ディズニーランド土産は，東京土産の定番（東京へ行ったら東京ディズニーランドに寄って土産をもって帰ろう）となっている。このような東京ディズニーランドにおける物販の多さに，アメリカのウォルトディズニー社は当初驚いたという。東京ディズニーランド開園当初は，アメリカ合衆国のディズニーランドと同様の土産が置かれていたこともあった。代表例は，東京ディズニーランドのスライドである。アメリカ合衆国では，かつてスライド用リバーサルフィルムの需要が多く，旅先で撮影したスライドを家庭内で映写・観賞することがあり，お土産用のスライドが用意された。しかし，日本ではプロやハイアマチュア以外でのスライド用リバーサルフィルムの需要は少なく，当然，お土産としての人気はなく，現在では用意されていない。アメリカ合衆国のディズニーランドに縛られない，常に新たなお土産開発が，良循環を生んでいる。

　第二の要因は，日本の気候風土に対する配慮である。東京ディズニーランドは確かにアメリカ合衆国のディズニーランドをそのまま持ってきたと一般には認識され，それが大きな魅力となっている。しかし，詳細に見ると，日本の気候風土に対する配慮により，異なる部分を見いだすことができる。代表例は，ワールドバザールにおける屋根の設置である。湿潤気候の日本では雨天日数比率が高く，雨天対策は重要な配慮である。スプラッシュマウンテンでも，夏季高温乾燥の地中海性気候であるカリフォルニアや東京と同じ温暖湿潤気候ながら半島先端部が高温亜熱帯のフロリダでは，濡れても乾きは早いが，日本では乾きが遅い。したがって，ずぶぬれにならない配慮が必要である。更に，東京ディズニーランドには動物（自ら飼育する）がいない。これは，湿潤気候における防疫対策として有効な処置である。

　第三の要因は，日本の比較風土に対する配慮である。日本では，スポーツは個人対抗が好まれる。国技の相撲は勿論，野球もピッチャー対バッターの対抗とみられている。そして，東京対大阪，巨人対阪神，等の比較対抗がよく言われる。いわば，絶対的基準よりは，相対的な基準が重視さ

れる。これは，長らく鎖国時代があり，狭い中でこのような思考が備わったとの見方ができる。1番，もしくは対抗相手の2番までが注目され，3番手以下はあまり注目されない。このような比較思考に耐えうる施設やサービスを提供することが重要である。他のテーマパークにあるものは，特に，対抗相手にあるものは，必ず備えること，更に，同一であれば，それ以上の状態にあることを考慮しなければならない。他のテーマパークと比較してみると，全体と部分のバランス，子細な部分までの配慮，ハード面のみならずソフト面での気配りが随所に感じられ，それを見つけ出す楽しみもある。ただ，他のテーマパークでも部分的に追いついてきていることがあり，さらに比較して追随を許さない対策が求められるであろう。

　以上で指摘したことを，具体的に，東京ディズニーシーで検討してみる。勿論，筆者の視点からの指摘であり，実際にそのようなことを当初から考慮して作られたかどうかは別問題である。

　第一の文化風土については，テーマそのものに反映されている。当初，アメリカ側が提案してきたのは，フロリダと同様の映画スタジオをテーマにしたものであったが，日本の文化風土から採用されなかった。むしろ，島国日本からすれば，「海」は当然の選択である。そして，日本人が潜在的にもつイメージに対応した海辺の情景が再現されている。日本の情景こそないものの，人々が求めるイマジネーションの「世界の海」がそこにある。写真好きも日本人の特色である。絶好の撮影ポイントが考慮されて景観が設計され，そのポイントが提示されている。これは2000年代のＳＮＳの時代となって，効果が飛躍的に高まっている。さらに，広さや距離感覚も外国人と日本人とでは異なる。外国をテーマとしても，そのままのスケール・サイズを持ってきても，インパクトは薄い。やや小ぶりの，やや狭い間隔が，日本人に印象を深くさせるために必要である。後述するように，鉄道は軌間からすれば「軽便鉄道」クラスであるが，軽便鉄道を感じさせない。小ぶりであってもイマジネーションを膨らませる本格的装飾が印象を深める効果を発揮している。ハウステンボスがミリ単位までオランダの実際の建物の再現にこだわったのとは，極めて対照的である。

　第二の気候風土については，それほど目立つ屋根そのものはないものの，

建物通路・高架下・洞窟トンネル等，屋根という形をとらない雨宿り場所がさりげなく設けられている。これは，夏季における日陰提供の役割も果たし，流水や水辺が多いのも打ち水的効果がある。海底２万マイルのアトラクションに並ぶためのらせん状の通路は，その工夫の最たるものである。ここでも「海」がテーマであることが，気候風土に適合することとなる。

　第三の比較風土については，他のテーマパークにあって，従来の東京ディズニーランドになかったものや少なかったものが，東京ディズニーシーに多く盛り込まれ，現在の東京ディズニーランドにも影響を与えている。勿論，他のテーマパークにないものも盛り込まれている。例えば，大きな地球儀・パーク内のホテル（歴史を感じさせる細工をした壁）・運河水路を行く船・人がこぐ船・帆船・水上飛行機・熱帯の中の石造建造物・イスラム寺院・水上舞台・南欧の風景・嵐を乗り切るアトラクション，更には火を噴く火山・大型客船・レトロな高架鉄道（ディズニーシーのエレクトリックレールウェイで距離は約 480 ｍ・軌間 762 ｍｍ）・ローラーコースター・フリーフォール等である。リゾート外周を走るモノレールも含め，鉄道（すでに東京ディズニーランドでは，距離 1600 ｍを福島県の協三工業製の重油焚き蒸気機関車が走る軌間 762 ｍｍのウェスタンリバー鉄道やトゥーンタウンの距離 290 ｍを朝日エンジニアリング製蓄電池式路面電車で軌間 914 ｍｍのジョリートローリーがあり，軌間からすれば東京ディズニーリゾートの鉄道はすべて「軽便鉄道」クラス）・船（すでに東京ディズニーランドでは，1982 年隅田川造船建造重油焚き協三工業製船舶用内燃機関採用船尾外輪船のマークトゥエイン号が水中ガードレールに沿って走る船舶登録された客船として運航）と，人気の乗り物を多く取り入れている。これで，もはや他のテーマパークへ行く必要がなくなる。少なくとも，鉄道に関しては，他のテーマパークが追随できる状況になく，日本に多い鉄道マニアからも注目されることとなっている。

　これらは，大きく二つの方向性を持ち，二つの客層獲得にも貢献している。第一は，アトラクションのハード面とソフト面の強化である。まず，今日の遊園地は絶叫マシンが多くの若者客を獲得している。その理由は，絶叫マシンのリピーター率が高いことで，人気の乗り物アトラクションも含め，いわゆる「飽きない」ということである。この方面の強化，すなわ

ち，東京ディズニーシー開園以降，４年後の360度垂直旋回ローラーコースター「レイジングスピリッツ」や５年後の垂直式フリーフォール「タワー・オブ・テラー」といった新規アトラクションが開設されている。また，精巧な機械仕掛けのアトラクションは初回時に魅力がある反面，絶叫マシンでなければ再来時に初回ほどの感動がないこととなり，場合によっては二回目以降ではつまらない印象となってしまう。アトラクション内容の変更には大きな投資を必要とする。その点，ライブ感覚の人間味あふれるショーは基本的に人気があり，ショー内容の変更に関する投資は比較的少なくてすみ，短いサイクルでショー内容を変更すれば飽きることがなく，それに徹してリピーター客を確保している歴史をテーマとしたテーマパークもある。東京ディズニーシーでは，ライブのショーが充実しており，アトラクションの「ヴェネツィアン・ゴンドラ」にもライブ感覚重視の姿勢が反映されている。このことによって，ふれあいや常に変化する生の魅力を求める客層，刺激ある体験をしたい比較的若年の人々を惹き付けること，そしてなによりもリピーター客を惹き付けることになっている。第二は，テーマパークは，ファンタジーと外国や歴史といった夢の世界と異空間・異時代の世界にテーマが二分されるが，東京ディズニーシーは両者を融合するようなテーマ設定で東京ディズニーランドとの差異を打ち出すと共に，他の外国村や歴史村テーマパークの魅力を取り込むことによって，東京ディズニーランドと異なる客層の獲得強化となっていることである。それは，ハウステンボスと同様，パーク内立地のパークと一体化したホテルを開設して滞在型リゾートへの方向を強化することでもあった。このことによって，より一層，長く深く楽しみたいという客層，移動を少なく，外国へのスペーストラベルや過去へのタイムスリップといった体験を楽しみたい比較的高齢の人々を惹き付けることになっている。このように，従来は他のテーマパークや遊園地に流れていた客層をも取り込むことになっている。

　以上のような強化策から，他のテーマパークからすれば，ディズニーランドが採用を見送った映画の世界やディズニーランドでは前面に出しにくい「和風」以外，差異をつけにくい状況となっている。この状況は，かつ

て，アメリカ映画を中心とした外国映画に席捲されていた映画界と，見ようによっては，類似しているかもしれない。技術水準が極めて高い日本のアニメと和風テイスト（両者が融合すると最強の映画が出現する，宮崎アニメはその代表）が日本映画界復活の原動力となった。そこから，他のテーマパーク再生のヒントは，映画界は勿論，他の産業が体験した席捲状態に対する対抗策にあるであろう。東京ディズニーリゾートからすれば，少子高齢化・人口減少化傾向の日本にあっては，他のテーマパーク客の取り込みとともに，リピーター率の向上，滞在日数や時間の長期化が求められたわけである。さらにといえば，外国人観光客の増加で，外国人観光客が期待する幅広い意味での「和風」コンセプトが求められることになるであろう。実は，表面化はしていなくても，すでに戦略的には随所に見られている。

　これらをまとめると，表向きはアメリカのディズニーであるが，日本の文化・気候・比較といった風土をよく考慮して造られている。第一段階がテーマパークから地域への作用時期とするならば，第二段階は地域からテーマパークへの作用時期である。最初は，地域にとって異空間・非日常を現出させることがテーマパークの成功法であるが，持続のためには，地域性の配慮が不可欠である。個別の建物主体から，精巧な地形を含む全体像としての景観造りが魅力向上となる。東京ディズニーシーでは，地形を中心として景観作りに大きな配慮がなされている。造形による火山や岩石海岸等はもちろん人工建造物であるが，一般には人工的と感じさせない出来である。地形・地質の知識が最大限活用されている。実は，地域性・風土・気候・地形等は，地理学の研究課題・研究分野である。アメリカで非常によく売れている「ナショナル・ジョグラフィック」の雑誌に代表されるように，実用主義の国アメリカ合衆国は，国をあげて実用的な学問としての地理学に取り組むという，地理学の国である。テーマパークの成否も地理学的知識が重要と言えるであろう。勿論，テーマパーク所在地域の法律学・政治学・経済学・経営学・社会学・文化学等も考慮されるべきもので，それらを踏まえて，地域をベースに包括的・総合的に研究する地域学の視点も必要となる。

（7）東映太秦映画村 ＜文献６点＞

　東映太秦映画村は，1975 年（昭和 50 年）11 月 1 日に開設された。1951
年（昭和 26 年）開設のユネスコ村は「テーマパークの起源」，1965 年（昭
和 40 年）開設の明治村は「テーマパークの元祖」とするならば，さしず
め，東映太秦映画村は「テーマパークの老舗」である。「老舗」とする所
以は，母体となった東映京都撮影所が，1926 年（大正 15 年）に誕生した阪
妻プロダクション撮影所を原点としていることによるもので，実に約 100
年の歴史を歩んでいることによる。「先駆的」とみる見方もあるが，「老舗」
ならではの「諸課題」も垣間見える点から，「テーマパークの老舗」とし
た。最寄りの鉄道としては，京福電鉄嵐山線が 1910 年（明治 43 年）に開通，
同北野線が 1926 年（大正 15 年）に帷子ノ辻まで開通，現在の路線が形成
された。当時は，完全な郊外電車で，京都市街地と嵯峨野嵐山を結び，そ
のほぼ中間に撮影所のある太秦があった。ちなみに，ＪＲ山陰線のもとと
なった京都鉄道京都駅〜嵯峨野駅間は 1897 年（明治 30 年）の開通で，翌
年に花園駅が開業，最寄り駅の太秦駅の開業は 1989 年（平成元年）3 月 1
日で，さらに北野線の最寄り駅の撮影所前駅の開業は 2016 年（平成 28 年）
4 月 1 日である。但し，撮影所口の閉鎖で，これらは最寄り駅ではなく
なった。阪妻プロダクション撮影所は，その後，様々な変遷を経て，1951
年（昭和 26 年）4 月 1 日に東映京都撮影所となり，「東映城」（映画村団体
入口）など，1960 年（昭和 35 年）までに現在の撮影所陣容が作られた。

　しかし，時代劇ややくざ映画などに頼った映画製作だけの時代は長く続
かず，1965 年（昭和 40 年）には松竹京都撮影所が閉鎖，副業として 1968
年（昭和 43 年）9 月に京都東映ボーリングセンターを開設，やはりボーリ
ングブームも長く続かず，1974 年（昭和 49 年）5 月には，京都撮影所再開
発プランの検討が開始されることとなり，その一つに，東映京都撮影所で
は，以前からスタジオ見学を受け入れていたことがのちの展開の参考にさ
れた。ちなみに，古くは，佐渡金山が戦前期から有料で坑内見学を実施，ビール
工場に代表される工場見学も，この時代は盛んで，産業観光として知ら
れていた。それを発展させたのが，のちのキッザニアなどのお仕事疑似体
験施設である。

1975年（昭和50年）4月20日の一日撮影所開放が好評であったことから，前述の1975年（昭和50年）11月1日に映画村開設となった。この経緯は，2021年（令和3年）〜2022年（令和4年）にＮＨＫの連続テレビ小説「カムカムエブリバディ」のひなた編で放映された。人気は，撮影風景が見られるということで，テーマパークというよりは，映画の産業見学であった。この時代，映画撮影からテレビドラマ撮影へとシフトし，テレビの普及に伴って，家庭で見ているテレビドラマの撮影風景ということで人気を博したという，背景を指摘しておく必要がある。その後，時代劇建物の増設や各種のアトラクションを充実させていった。時代劇の殺陣ショーやテレビでの戦隊のキャラクターショー，時代劇の人物の変身スタジオ等も加えられた。この時代は，団体旅行全盛期で，特に地方からは農協の団体旅行の定番コースとなっていた。さらに，修学旅行のコースに組み込まれたことも大きい。従来から，奈良・京都は，修学旅行コースであったが，社寺見学だけでは児童・生徒には飽き足らず，組み込まれたわけである。勿論，地方からの修学旅行のみならず，地元からの遠足・校外学習にも組み込まれた。午前中に京都の社寺を見学し，午後は映画村というのが定番コースとなっていた。さらに，学校関係者の間では常識的であるが，教育委員会への届け出や給食停止手配の関係から，遠足・校外学習の天候による中止はできず，野外活動などが雨天中止の場合は，映画村へ変更ということとなった。日本の気候は雨天が比較的多く，自動的に一定数の来訪が確保できることとなった。このように，京都に立地した事による「京都商法」の恩恵であり，団体旅行，学校関係の利用によって，1980年代は多くの集客があった。いわば，外的要因によるもので，当然，外的要因が変化すれば，集客にも影響が出ることとなった。予想されたように，1990年（平成2年）に海遊館が開館すると，雨天時の変更先は海遊館となり，京都方面への遠足・校外学習が他の方面となって減少，映画村は大きな影響を受け，当然ながら1990年代は減少することとなった。1997年（平成9年）大型屋内エンタテインメント施設「パディオス」を開設，ようやく入園者数が増加することとなった。2001年（平成13年）にはユニバーサル・スタジオ・ジャパンが開園すると，遠足・校外学習自体の行き先が最初からそこへと

なり，再度，影響を受けることとなった。

　ちなみに，東映太秦映画村とテーマパークブームを見て，松竹が神奈川県大船に「鎌倉シネマワールド」を 1995 年（平成 7 年）10 月 10 日に開園させた。日本映画・アメリカンシネマ・フューチャーゾーンから構成され，最初からの「映画村」であったが，入場者数が急速に減少，僅か 3 年間の 1988 年（平成 10 年）12 月 15 日に閉園，跡地は鎌倉女子大学となった。場所が鎌倉の大船駅前と立地はよかったが，先端技術やゲスト参加型など，ゲストが戸惑う内容もあり，配置がわかりにくく，回遊方法など，開園前に専門家の意見を多く聞く必要があったと指摘される。東映太秦映画村同様，日本の「映画村」独特の要因によるものであった。

　2011 年（平成 23 年）11 月に，最大規模の改修が行われ，「東映アニメミュージアム」「からくり忍者屋敷」「浮世絵美術館」などの新施設や JR 太秦駅からのアクセスに便利な新ゲートである「撮影所口」が設けられ，2016 年（平成 28 年）4 月 1 日に北野線の最寄り駅の撮影所前駅が開業した。以後，毎年のように，新アトラクション・新展示施設等を開設，2020 年（令和 2 年）10 月には「エヴァンゲリオン京都基地」を開設したものの，同年 5 月 17 日には「撮影所口」が閉鎖され，最寄り駅は再び，JR 山陰線花園駅，京福電鉄嵐山線太秦広隆寺駅に戻ることとなった。撮影所口は，撮影所までは近いものの，撮影所横の一般道を歩き，さらに撮影所内のわき道を進むのが，極めて不評であった。

　このように，改装などの集客対策が行われ，大手新聞社記者を活用してテーマパークの専門家に意見を聞く機会を作ろうとする試みもあった。東映系列の戦隊ものやアニメのみならず，前述のエヴァンゲリオンとのコラボも行われた。「エヴァンゲリオン京都基地」の場所は，「史上最強のお化け屋敷」と「からくり忍者屋敷」の間，以前は大明神があり，木々によって 2008 年（平成 20 年）に高架化された山陰線が見えにくくなっていたが，すべて撤去されて高架線と電車が見え見えとなり，そして走行音も当然あり，横は隣接した純和風建物の壁である。コマーシャルでは，舞妓さんが搭乗，「シュール感」あるいは「現実感」となっている。エヴァンゲリオンファンからすれば，人気の綾波レイ着用のプラグスーツに身を包み，

地形図　東映太秦映画村①
2万5千分の1地形図「京都西北部」昭和42年改測

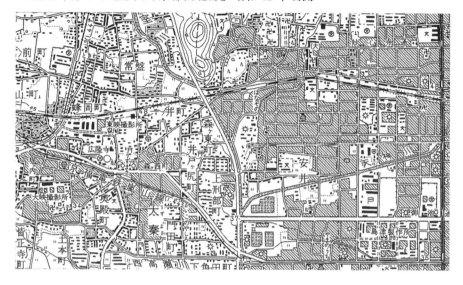

地形図　東映太秦映画村②
2万5千分の1地形図「京都西北部」平成17年更新

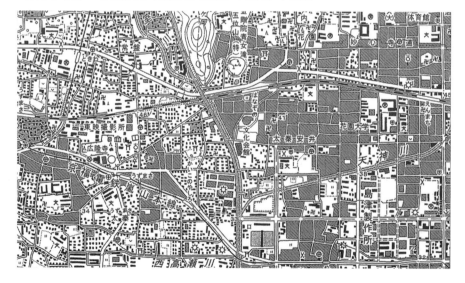

「いざ搭乗！」，背景は新東京市の風景といった「臨場感」を期待したいところである。勿論，綾波レイ以外の，プラグスーツに身を包んだキャラクターが勢ぞろいすれば，壮観となるが。現在の状況は，撮影所見学施設の延長上にあるということかもしれない。

「地形図　東映太秦映画村①　2万5千分の1地形図「京都西北部」昭和42年改測」は，図左手に東映撮影所と大映撮影所の表記，最寄り駅は山陰線花園駅と嵐山線太秦駅，図右手に西大路通りに市電。「地形図　東映太秦映画村②　2万5千分の1地形図「京都西北部」平成17年更新」は，図左手に東映撮影所，博物館記号も，大映撮影所は学校に，山陰線に太秦駅開業，図右手の西大路通りの市電は廃止。

- シーグ社出版編（1997）：『東映太秦映画村　時代劇映画のふるさと全ガイド』，美術出版社.
- アミューズメント産業編（1997）：東映太秦映画村、エントランス部分に屋内施設「パディオス」オープン，「アミューズメント産業」，26（5）：85-91.
- 近畿経済産業局サービス産業室（2002）：文化的生活のすすめ（2）時代劇テーマパークと京都映画人の心意気　東映太秦映画村，「マンスリーきんき」，397：26-31.
- 放送界編（2006）：東映太秦映画村30周年　日本初のテーマパークを探る，「放送界」，51（174）：3-10.
- 中島　恵（2013）：東映の東映太秦映画村，『テーマパーク経営論　映画会社の多角化論』，三恵社，142-161.
- 月刊レジャー産業資料編集部（2014）：東映太秦映画村：時代劇ファンからファミリーへターゲットをシフト　東映グループのシナジーを活かし集客増を目指す，「月刊レジャー産業資料」，575：47-49.

（8）スペースワールド　＜文献24点＞

スペースワールドは，1990年（平成2年）4月22日，北九州市八幡東区枝光の新日本製鐵八幡製鐵所敷地内に開園した。1988年（昭和63年）に北九州市は門司港レトロ整備事業を行い，それに次いでスペースワールド

が開園した。新日本製鐵を中心として北九州市も出資した第3セクターの株式会社スペースワールドが事業主体で、いわゆる「リストラ」から出発したテーマパーク事業である。巨大な製鐵所敷地の一部に開設されたため、園内から高炉や煙突が見えることは勿論、背後の丘陵斜面に立つホテル（新日本製鐵事務所跡地に1994年開業した北九州八幡ロイヤルホテル、スペースワールドのオフィシャルホテルでもある、ダイワハウスグループのダイワロイヤルホテルズの経営）や一般住宅も見え、テーマパークの景観的立地条件から見ると問題がある。しかし、大都市内立地であり、開園当初は最寄り駅である鹿児島本線枝光駅からの徒歩圏内立地で、1999年（平成11年）7月2日のスペースワールド駅開設で駅前立地となった。地形図でわかるとおり、それまでのJR線は製鐵所敷地を大きく迂回する路線であり、スペースワールド開園時からJRに路線変更・新駅開設を要望していたもので、直線で短絡されて新駅が開設された。なお、開園年の7月22日に、系列のスペースクルーズが日本唯一の船体と客室を分離して制御しほとんど揺れない船である「ヴォイジャー」を使用して、山口県下関市唐戸桟橋から小倉経由スペースワールドへの航路を開設した。同船は1990年（平成2年）7月11日三菱重工下関造船所竣工で、直径約9mの船室が油圧シリンダーで揺れに応じて船室を水平に維持して揺れを感じさせない構造となっている。船室の概観が土星の様であるところから、船名が命名された。この航路では、関門海峡・関門大橋・若戸大橋・洞海湾・新日本製鐵八幡製鉄所等を海から見ることができ、時間がかかるものの地理巡検にお薦めのコースであった。1996年（平成8年）には門司港を中心としたレトロな町並み整備によって、門司港発着の関門海峡周遊クルーズを中心とした運航に変更となり、2003年（平成15年）にはNHK大河ドラマ「武蔵」の影響で、巌流島を含めた運航となったが、2008年（平成20年）11月30日で運航廃止、2009年（平成21年）7月に韓国へ売却された。

　スペースワールドのテーマは宇宙で、アトラクションではスペースドーム（地球から宇宙船へ移動、そこから3つの宇宙旅行が楽しめるもの）を中心としていた。スペースシャトルの実物大模型があり、NASAとの契約による宇宙飛行訓練の独占的実施権を獲得、予約による宿泊滞在型教育訓練施

設としてスペースキャンプが設けられた。スペースキャンプは，当初，3泊4日と1泊2日コースがあったが，後に3泊4日コースは2泊3日コースとなり，当日申込の簡易コースも開設されていた。

　北九州市は，1963年（昭和38年）2月10日に，門司市・小倉市・若松市・八幡市・戸畑市が合併して発足，福岡県は勿論，九州最大の都市となった。前年の1962年（昭和37年）に当時の若松市と戸畑市を結ぶ若戸大橋が開通，1973年（昭和48年）には関門大橋が開通，本州側との結びつきが強化され，すでに1942年（昭和17年）に開通していた関門鉄道トンネル，1958年（昭和33年）に開通していた関門国道トンネル，1975年（昭和50年）に開通の関門新幹線トンネルと合わせて，九州の交通の一大玄関口となった。その一方で，1970年（昭和45年）に八幡製鐵と富士製鐵が合併して新日本製鐵が発足，八幡地区の高炉・工場が休止となり，工場跡地120ヘクタールが遊休地となった。そして，1979年（昭和54年）には福岡市の人口が北九州市を上まわり，1980年度国勢調査人口でも，福岡市1,088,588人，北九州市1,065,078人となり，以後，福岡市は人口増加を継続，北九州市は人口減少が継続した。明治期の八幡製鉄所開設以来，製鉄工業都市として，また筑豊炭田の石炭集積地・積み出し地として発展した北九州市であったが，第二次産業である鉱工業から，第三次産業への転換が求められ，その中でも，観光客を多く集客できる施設の開設による観光開発が期待されたという，時代的・地域的な背景があった。1968年（昭和43年）に篠栗線が筑豊本線桂川まで延長，1991年（平成3年）に篠栗線の全列車が博多直通となるとともに「赤い快速」運転開始，2001年（平成13年）に全線電化と，従来，北九州の後背地であった飯塚・直方の筑豊方面が福岡の後背地へと転換したことも，大きく影響した。両都市の差異として指摘されるのが年齢構成で，福岡に若年者比率が比較的高い。この要因の一つが，大学生数で，大学の立地が大きく影響している。大学誘致と共に，広範囲から学生を呼ぶ施策が求められたのである。ただ，少子化が進行している現在は，すでに時期を逸していることも考えられる。地域振興の内容と共に，的確なタイミングも重要な典型例である。また，2015年（平成27年）に明治日本の産業革命遺産が世界遺産に登録されたが，筑豊炭鉱は途

中で外され，含まれないこととなった。せっかくの産業革命遺産であったが，工場や宅地化で失われた遺産も多く，観光に活用するためにも，炭鉱遺産の保護対策が大きな課題となっていた。

スペースワールドは地理教材として興味深い。工業で必ず取り上げる新日本製鐵八幡製鉄所の一部跡地を利用しており，産業構造の変化，それによる土地利用の変化の例として，特に読図教材に最適です。また，前述したように，テーマパーク業界では，短期間にかなりの手直しを行うという転換の素早さは注目されていた。テーマパーク事業自体がリストラから出発したため，後に引けない状況も　因である。例えば，テーマパークではムードを損なわないように酒類の販売はしないもしくは極力控えているが，スペースワールドでは夏にビアガーデンを開いて，入場者数を増やす努力をした。しかし，それが可能なのは工業都市内に立地していること，工場労働者の街であるということと深くかかわっている。テーマパークは地域の特色を利用して立地し，開園後は地域に大きな影響を与えるとともに，また，地域の実情を反映してテーマパークが変容すると考えられる。いわば，地域とテーマパークは相互作用関係にあることが特色であろう。日本の気候風土や文化風土を考慮した手直しも行われた。すなわち，多数のテント・パラソルを設置して日よけ・雨よけとし，雨天時・冬季期間のためにスペースホールを設置して屋内でのショー開催を可能とし，銀色を中心とした色彩から観葉植物を多く設置して安らぎの雰囲気作りをおこなった。アトラクションも，ジェットコースターやウォーターライド等を導入して若者の集客を狙い，お土産も当初はオリジナルキャラクターや宇宙関連グッズが多くを占めたが，その後は相対的に減少して，九州の一般観光地で見られるようなお土産が相対的に増加している。勿論，需要の減退や新たなお土産開発の困難性とともに，九州以外から来た修学旅行生を意識した需要に対する対応という側面もある。なお，2番目のテーマパーク事業を大阪府堺市の新日本製鐵敷地内で構想を練ったが，当然ながら中止になった。

2005年（平成17年）5月に民事再生法の手続きが開始され，営業権を加森観光に譲渡した。後述する登別マリンパークニクスについで，加森観

光がテーマパーク再生に乗り出すこととなった。加森観光が営業権取得後は，来園者数に対応した施設と従業員の適正化，地元密着型の運営とし，スペースキャンプは終了した。2008 年（平成 20 年）以降は来場者数が順調に回復，2016 年（平成 28 年）には過去最高益を達成した。しかし，敷地を新日本製鐵に返還することとなり，2017 年（平成 29 年）12 月末で閉園となった。遊具の多くは他の施設に引き取られたりしたが，スペースシャトルの実物大模型は引き取り手がなく，2018 年（平成 30 年）11 月 19 日に解体された。跡地には，2022 年（令和 4 年）4 月 28 日に，イオンモールにより THE　OUTLETS　KITAKYUSHU が開設された。隣接地には，2006 年（平成 18 年）11 月 22 日開業のイオン八幡東ショッピングセンターが，2011 年（平成 23 年）11 月 21 日にイオンモール八幡東と改称された，イオンモールが手掛けた施設がすでにあり，両者一体となった一大ショッピングモールが形成されることとなった。

　北九州・福岡大都市圏は，東京大都市圏・京阪神大都市圏・名古屋大都市圏の三大都市圏に次ぐ，大都市圏である。それぞれの大都市圏に大都市内型テーマパークが立地するのは当然とも思えるが，スペースワールドの閉園によって，大都市内型テーマパークは三大都市圏のみとなった。福岡方面や，土地の所有関係が異なっていれば，勿論，駅前立地という好条件が揃っていれば，異なった展開となったかもしれない。もっとも，九州にはハウステンボスという有力なテーマパークがあるということも，考慮しなければならない。

　「地形図　スペースワールド①　2 万 5 千分の 1 地形図「八幡」昭和 59 年修正」は，開園前の図で，新日本製鐵八幡製鉄所の広大な敷地と建物が描かれている。「地形図　スペースワールド②　2 万 5 千分の 1 地形図「八幡」平成 2 年修正」は，開園後の図で，まさしく製鉄所の一角に開設された状況が示されている。「地形図　スペースワールド③　2 万 5 千分の 1 地形図「八幡」平成 7 年修正」は，鉄道線移設・スペースワールド駅開設後の図で，新日本製鐵事務所跡にホテルが，駅の東西の場所が更地となって道路が描かれている。「地形図　スペースワールド④　2 万 5 千分の 1 地形図「八幡」平成 18 年更新」では，前述の更地に図書館等の建物が登

地形図　スペースワールド①
2万5千分の1地形図「八幡」昭和59年修正

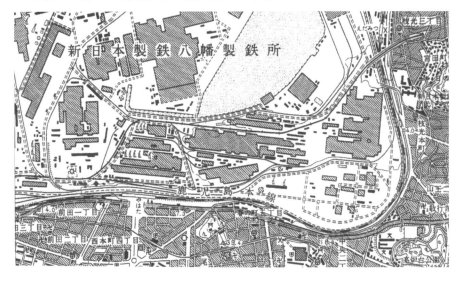

地形図　スペースワールド②
2万5千分の1地形図「八幡」平成2年修正

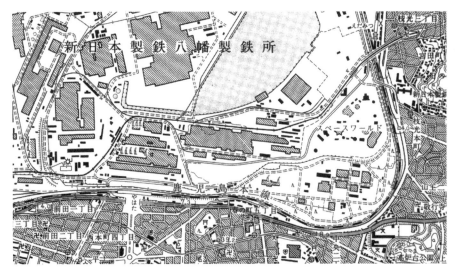

地形図　スペースワールド③
２万５千分の１地形図「八幡」平成７年修正

地形図　スペースワールド④
２万５千分の１地形図「八幡」平成18年更新

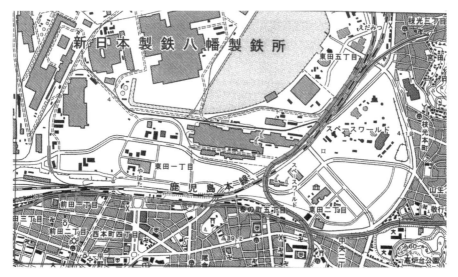

場，鉄道線の移設もあって工場の一角という雰囲気が急速に薄れた。特殊鉄道記号で描かれているのは，直線区間が極めて長いジェットコースターである。

・津曲辰一郎（1989）：重工業からの転換　新日鉄スペースワールド，『新しい時代のビジネステキスト　あそびビジネス』，読売新聞社，184-186.

・岩淵明男（1990）：『発進！　スペースワールド』，日本工業新聞社．

・学習研究社（1990）：『スペースワールド　オフィシャルガイドブック』，スペースワールド．

・根本祐二（1990）：スペースワールド，『テーマ・パーク時代の到来』，ダイヤモンド社，146-148.

・月刊レジャー産業資料編集部（1990）：スペースワールド　地域振興とリストラの夢を乗せて，「月刊レジャー産業資料」，276：119-123.

・月刊レジャー産業資料編集部（1990）：徐々に手直しを進めているスペースワールド，「月刊レジャー産業資料」，282：70-72.

・日経トレンディ編集部（1991）：独自キャラクターで勝負　新日鉄スペースワールド，「日経トレンディ」，45：40.

・日経リゾート編集部（1991）：スペースワールド 200万人の見込み数字がリード役　初年度に再投資決断，集客上向きへ，「日経リゾート」，50：34-39.

・月刊レジャー産業資料編集部（1992）：ケーススタディ　スペースワールド―連続した追加投資で地域のニーズの定着を図る―，「月刊レジャー産業資料」，314：100-104.

・日経リゾート編集部（1993）：スペースワールドに新アトラクション　宇宙空間駆け抜けるウォーターライド，「日経リゾート」，101：26-28.

・日経リゾート編集部（1993）：スペースワールド4年目の挑戦―ヤングに照準，アミューズメント性重視―，「日経リゾート」，112：60-65.

・ソルト（1993）：全国必見テーマパーク大集合　スペースワールド，「旅　テーマパーク探検」，日本交通公社出版事業局，794：120.

・小山昌矩（1993）：新日鉄のスペースワールド，『新・地理のとびら3』，

日本書籍，16-17.

・野間恒・山田廸生（1993）：「ヴォイジャー」，『世界の艦船別冊　日本の客船　2　1946-1993』，海人社，208.

・池田良穂（1994）：揺れない船ヴォイジャーに乗る，「船と港」，船と港編集部，60：18-20.

・秋山忠右（1994）：スペースワールド，『日本空中紀行』，時事通信社，30.

・月刊レジャー産業資料編集部（1996）：スペースワールド，「月刊レジャー産業資料」，363：80-83.

・石黒正紀（1997）：鉄の街からの脱皮　北九州市，『九州　地図で読む百年』，古今書院，9-16.

・船木麻由（1997）：スペースキャンプ，「FUKUOKA　STYLE」，18：81-84.

・月刊レジャー産業資料編集部（2002）：スペースワールド　周辺エリアの学習素材と連動したプログラムで施設アピールを図る，「月刊レジャー産業資料」，426：78-81.

・大庭宣文（2004）：スペースワールド　お客さまをいかに楽しませるか（特集　宇宙時代の観光），「月刊観光」，447：36-39.

・財界九州編集部（2005）：スペースワールド　ただ同然で手に入れた"530億円施設"加森観光の手腕に「期待」と「疑心」（九州の観光再生を左右する核は今），「財界九州」，46（7）：35-37.

・小俣直哉（2005）：検証　なぜこの会社は倒産したのか　スペースワールド　商圏に比べて大きすぎた投資額と入場者数の減少が招いた破綻，「近代セールス」，50（14）：110-112.

・石黒正紀（2008）：北九州，『地図で読み解く　日本の地域変貌』，海青社，292-297.

（9）ユニバーサル・スタジオ・ジャパン　＜文献22点＞

　ユニバーサル・スタジオ・ジャパンは，2001年（平成13年）3月31日，大阪市此花区桜島に開園した。ＪＲ大阪駅から17分程度の駅前立地である。大阪市の25％を筆頭にして，ユニバーサル・スタジオ社（米国）

24％・ランクグループ（英国）10％・住友金属10％・住友商事5％・日立造船5％等，47の企業・地方自治体（日本・米国・英国）の出資による第3セクターの株式会社ユー・エス・ジェイ（ＵＳＪ）が事業主体で，出資者に名を連ねている住友金属と日立造船の工場跡地に開園した。2005年（平成17年）にゴールドマンサックスが新規株式の多くを取得，筆頭株主となり，2015年（平成27年）にＮＢＣユニーバーサルが51％の株式を取得，筆頭株主となり，2017年（平成29年）に残りの株式をすべて取得，完全子会社化した。このような資本状況が，大規模な新規投資を可能としたと指摘できる。

　当初の構成を見ると，「ハリウッド・エリア」（1930～1950年代），「ニューヨーク・エリア」（1890～1930年代），「サンフランシスコ・エリア」（ラグーンが広がる）はそれぞれの町並みを再現し，「ジュラシック・パーク」「ウォーターワールド」「アミティ・ビレッジ」は映画をベースにしたエリアで，「スヌーピー・スタジオ」「ウェスタン・エリア」はアメリカにはない日本のみのエリアであった。映画を題材にしたアトラクションが当初は18施設開設，アメリカのユニバーサル・スタジオで評判がよいものを導入し，日本のみのアトラクションもあった。全体にアメリカンムード一色で，世界各地の海を導入した東京ディズニーシーとは対照的である。また，年代感を感じさせる「エイジング」を施して，新しい建物であるにもかかわらず歴史を感じさせる造作は，ハウステンボスの建物群と対照的である。

　スペースワールドで前述したように，当初は新日本製鐵が堺工場にユニバーサル・スタジオを誘致する計画であったが，バブル経済崩壊で中止となった。かわって大阪市が誘致を要望，1994年（平成6年）1月5日に誘致が決定した。場所は，当初，大正区の埋立地も考えられたが，東京ディズニーランドの前例のごとく，鉄道交通の便から此花区桜島となり，スペースワールドや倉敷チボリ公園と同様に工場跡地で，1997年（平成9年）12月に日立造船桜島工場が閉鎖されて，ユニバーサル・スタジオ・ジャパン用地となった。1998年（平成10年）10月28日に起工式が行われ，1999年（平成11年）4月1日にＪＲ桜島線安治川口駅〜桜島駅間が南側ルートに切り替えられ，同年12月8日にはユニバーサルシティ駅周辺の再開

発が着工された。2001年（平成13年）3月1日にユニバーサルシティ駅が開業，同年7月18日に駅と正面入口の間の「シティウォーク」で，ホテル京阪ユニバーサルシティとホテル近鉄ユニバーサルシティが開業，2002年（平成14年）4月27日にホテル日航ベイサイド大阪も開業している。2005年（平成17年）7月15日にはホテルユニバーサルポートが開業，ホテル日航ベイサイド大阪は2008年（平成20年）3月31日で終了，同年5月21日よりホテル京阪ユニバーサルタワーとなった。2015年（平成27年）8月1日に，ザ・パークフロントホテル　アット　ユニバーサル・スタジオ・ジャパンが開業した。2021年（令和3年）5月6日にホテル京阪ユニバーサルシティは営業終了，同年12月23日にオリエンタルホテルユニバーサル・シティとなった。

　立地条件に恵まれ，大都市大阪市内の本格的テーマパークということで，一定の集客は確保していたが，規模からすればより多くの集客が求められた。ディズニーランドが採用を見送ったように，日本人にとってアメリカ映画には思い入れが少なく，ヨーロピアンテイストの漂うハウステンボスや東京ディズニーシーと比較すると，映画のセットという大前提ということであろうが，壁とペイントだけで表現された建物や，改修部分の補修など，雑然とした感じはぬぐえない。集客対策として，より刺激的なアトラクションやライブショー，路上パフォーマンスなどのソフト面の充実を目指しているが，無造作とも思える鉄塔の構造物やジェットコースターの構造物では，トータルバランスという観点からは，統一が取れていない。立地面でも，高架道路など完全に隔離できていない面もある。アトラクション類も，日本人がイメージする内容・期待する内容への対応が必要であった。例えば，町並みにおいては，「ハリウッド・エリア」であればチャイニーズシアター前をより完全に再現する，「ニューヨーク・エリア」であればエンパイアーステートビルやマンハッタンの疑似体験，「サンフランシスコ・エリア」であればケーブルカーの再現，「ウェスタン・エリア」であれば大陸横断鉄道疑似体験といった，真っ先に浮かぶ日本人の着想，期待に応える内容であった。映画同様，主役は勿論，脇役が魅力を倍増させる。中心的テーマである主役のみならず，名脇役の充実という期待から

の指摘であった。コンセプトはそのままに，ユニバーサル・スタジオ・ジャパン・オリジナルの日本人好みのアトラクションもより必要であった。特に，東京ディズニーリゾートやハウステンボスで乗り物アトラクションが充実しているのに対して，物足らない感じはぬぐえない。アトラクションの点的配置を，乗り物アトラクションによって線的に結びつけ，総合的にパーク全体の面的有機性を生み出すことが求められた。

　ユニバーサル・スタジオ・ジャパンでは，入場してすぐの来場者の中から，無作為に声をかけてアンケートを実施していた。筆者も，たまたま偶然ではあるが，声をかけられてアンケートに答えた。入場してすぐのアンケートということで，来場動機や園内での行動計画内容を中心としていた。例えば，行ったことのある他のテーマパークという問いかけもあったが，例示されたテーマパークは限られたものであった。アンケートによる改善を目指すなら，より多くのテーマパークを問うとともに，一通り楽しんだ後，期待していたアトラクションや園内状況，求められるアトラクションや雰囲気等を問うのが有効ではなかっただろうか。来場者の声を聞く場合，聞き方によっては把握できない内容もあり，せっかくのアンケートが適切でないことによって有効な情報獲得とならず，それが判断の誤りにつながるという，逆効果を生むこともある。開園後に，いくつかのアトラクションを追加したが，費用を抑えたのか無造作の印象を与えたり，多大な費用をかけて一定の集客を達成しているものの本来ならばもっと多い集客が必要であったりするものもある。ムードを損なわず，対費用効果がより一層もとめられるであろう。また，東京ディズニーリゾートの項目で指摘したように，他のテーマパークからすれば，ディズニーランドが採用を見送った映画の世界やディズニーランドでは前面に出しにくい「和風」以外，差異をつけにくい状況となっている。この状況は，かつて，アメリカ映画を中心とした外国映画に席捲されていた映画界と，見ようによっては，類似しているかもしれない。技術水準が極めて高い日本のアニメと和風テイスト（両者が融合すると最強の映画が出現する，宮崎アニメはその代表）が日本映画界復活の原動力となった。そこから，他のテーマパーク再生のヒントは，映画界は勿論，他の産業が体験した席捲状態に対する対抗策にあるであろ

う。以上を，2008年（平成20年）発行の拙著『新・日本のテーマパーク研究』で指摘した。2009年（平成21年）にE.T.アドベンチャーを終了，東証マザーズ上場を廃止，来場者数が，800万人と，開園2年目の2002年（平成14年）764万人に次いで少ない人数となった。

　2010年（平成22年）に森岡毅氏が，「米P＆G」より「ＵＳＪ」へ入社，てこ入れ改革を行うこととなった。来場者の年齢層を広げる，すなわち子供の来場者数を増やすために，2012年（平成24年）にユニバーサル・ワンダーランドを開設，費用を少なくして効果を上げるために既存のアトラクションの改造として，2013年（平成25年）にハリウッド・ドリーム・ザ・ライドをバックドロップでの運行に変更，そして，満を持して大規模投資施設である，ウィザーディング・ワールド・オブ・ハリー・ポッターを2014年（平成26年）に開設，2015年（平成27年）に新ユニバーサル・ワンダーランドを開設，2016年（平成28年）にザ・フライング・ダイナソーを開設，任天堂エリア開設を発表，2017年（平成29年）にミニオン・パークを開設，Ｖ字回復を見届けて，森岡毅氏が退社，2021年（令和3年）にスーパー・ニンテンドー・ワールドが開設された。その間，日本の人気アニメを採用した期間限定の展示やアトラクションを展開，手ごたえを試す機会ともなっている。ウィザーディング・ワールド・オブ・ハリー・ポッターやスーパー・ニンテンドー・ワールドは，そのコンテンツと魅力の再現性が高く評価されるが，東京ディズニーリゾートで当初から行われている配置の妙や色彩にも注目したい。すなわち，前述したように当初はトータルバランスの面で，「テーマパークらしくない」側面があった。その点，この新たなアトラクションは，建物の高さや遠近感，色彩が効果的となっている。野外施設は，天候によってイメージが損なわれることがあるが，ウィザーディング・ワールド・オブ・ハリー・ポッターでは晴天に対して，スーパー・ニンテンドー・ワールドでは曇天に対して，路面加工や色彩によって，イメージの維持に効果的な役割を果たしている。勿論，人気映画である「ハリー・ポッター」，日本のアニメとゲームが有効なコンテンツとなっており，東京ディズニーリゾートの項目で指摘したように，異なる内容で，対抗できる状況を生み出すこととなった。

地形図　ユニバーサル・スタジオ・ジャパン①
2万5千分の1地形図「大阪西南部」昭和44年修正

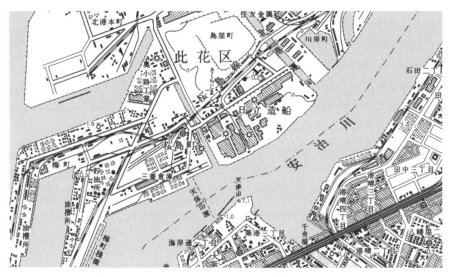

地形図　ユニバーサル・スタジオ・ジャパン②
2万5千分の1地形図「大阪西南部」昭和62年修正

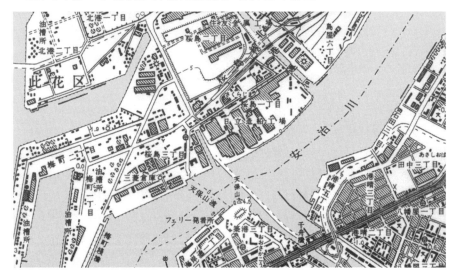

地形図　ユニバーサル・スタジオ・ジャパン③
２万５千分の１地形図「大阪西南部」昭和11年部分修正

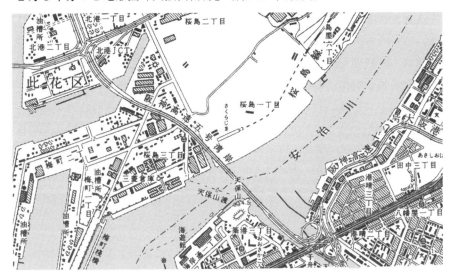

地形図　ユニバーサル・スタジオ・ジャパン④
２万５千分の１地形図「大阪西南部」平成13年修正

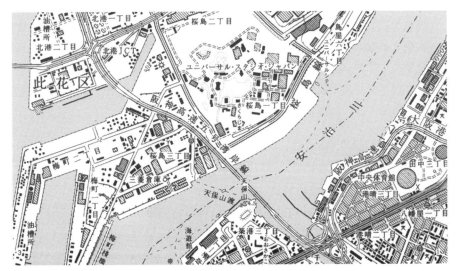

ユニバーサル・スタジオ・ジャパンについては，ハリー・ポッターやスーパー・ニンテンドー・ワールドなど，アトラクションに注目が行きがちだが，入場者数と収益の戦略に注目すべきである。キーワードは，年間パス・ユニバーサルエクスプレスパス・入場制限の３点で，通常入場券の「スタジオ・パス」で入園したが，混雑でアトラクションに入場できなかったので，また来ようかと一旦思う。そこで，差額を支払うことで年間パスにアップグレードできるとのことで，年間パスを購入すると，その時点でユニバーサル・スタジオ・ジャパンは収入増となる。再来すればリピーターとなり延べ入場者数増になり，再来しなければ差額分が実質的な純益になる。また，混雑でアトラクションに入場できなかったことから，優先入場のユニバーサルエクスプレスパスを購入することになれば，ユニバーサル・スタジオ・ジャパンは高収益になる。しかし，ユニバーサルエクスプレスパスを使用した優先入場者が多くなればなるほど，他の人々は混雑で入場できないこととなる。そこでどうするかというと，混雑でアトラクションに入場できなかったので，また来ようかと思うという最初の話に戻り，エンドレスの循環が生じることとなるのである。このように，ハード面のアトラクションと共に，ソフト面の戦略，収入増加戦略に着目することが必要となる。年間パスはリピーターによる延べ来場者数増となり，それが宣伝材料となる。年間実入場者数，すなわち年に一度しか来ない人を増やすのは大変である。リピーターによる延べ入場者数を増加させる方が，取り組みやすく，リピーターが重要といわれる所以である。端的に言えば，近所の人々が年間パスで来場を繰り返してくれれば，賑わいの演出となり，来場者が増加することとなるのである。また，ユニバーサル・ワンダーランドやミニオン・パークは，子供向けのアトラクションであり，当然，子供は大人と共に家族で来園することとなり，来場者数増となるわけである。延べ来場者数を見るとき，このような視点が必要となるのである。

　「地形図　ユニバーサル・スタジオ・ジャパン①　２万５千分の１地形図「大阪西南部」昭和44年修正」は，開園前の図で，住友金属や日立造船の工場が描かれている。ただし，1966年（昭和41年）に日立造船桜島工場は造船事業を廃止して機械工場に特化，ドック等が廃止されている。「地

形図　ユニバーサル・スタジオ・ジャパン②　2万5千分の1地形図「大阪西南部」昭和62年修正」は，鳥屋町が桜島2丁目となった場所に住友金属工場が拡張され，安治川に建設中の道路記号が描かれている。「地形図　ユニバーサル・スタジオ・ジャパン③　2万5千分の1地形図「大阪西南部」昭和11年部分修正」では，JR桜島線が移設され，ユニバーサル・スタジオ・ジャパン建設予定地が広大な更地となっている。「地形図　ユニバーサル・スタジオ・ジャパン④　2万5千分の1地形図「大阪西南部」平成13年修正」は，ユニバーサル・スタジオ・ジャパン開園後で，高速道路開通と桜島線移転・ユニバーサルシティ駅開業が描かれている。

- ・森田啓介（1996）：ユニバーサル・スタジオ・ジャパン，「月刊レジャー産業資料」，363：50-53.
- ・藤井剛彦（1996）：TDL唯一の脅威となるか　2001年開業ユニバーサル・スタジオ，『東京ディズニーランドの魔術商法'97』，エール出版，171-174.
- ・週刊東洋経済編集部（2001）：ユニバーサル・スタジオ・ジャパンの経済学，「週刊東洋経済」，5687：132-136.
- ・月刊レジャー産業資料編集部（2001）：ユニバーサル・スタジオ・ジャパンの全貌，「月刊レジャー産業資料［別冊］AM BUSINESS」，35：3-17.
- ・月刊レジャー産業編集部（2001）：特集　ユニバーサル・スタジオ・ジャパン，「月刊レジャー産業資料」，416：51-104.
- ・日経トレンディ編集部（2001）：ユニバーサル・スタジオ・ジャパン大旋風，「日経トレンディ」，181：80-85.
- ・熊谷樹一郎（2002）：大阪湾ベイエリア開発，『空から見る国土の変遷』，古今書院，196-197.
- ・月刊レジャー産業資料編集部（2004）：ユニバーサル・スタジオ・ジャパン　グレン・ガンベル氏，「月刊レジャー産業資料」，456：143-145.
- ・月刊レジャー産業資料編集部（2007）：変化する2大テーマパーク　ユニバーサル・スタジオ・ジャパン，「月刊レジャー産業資料」，491：32-35.
- ・岡本憲之（2014）：ユニバーサル・スタジオ・ジャパンの"知られざ

る鉄道"ポイント，『知られざる鉄道　決定版』，ＪＴＢパブリッシング，26-27.

・森岡　毅（2014）：『ＵＳＪのジェットコースターはなぜ後ろ向きに走ったのか？』，角川書店．

・月刊レジャー産業資料編集部（2014）：ユニバーサル・スタジオ・ジャパン　ウィザーディング・ワールド・オブ・ハリー・ポッター：約450億円を投資し，ハリー・ポッターの世界を忠実に再現した新エリアが誕生，「月刊レジャー産業資料」，576：6-9.

・週刊ダイヤモンド編集部（2014）：ＵＳＪ　Ｖ字回復＆450億円投資　ハリポタ開業までの全裏側，「週刊ダイヤモンド」，102（31）：26-28.

・週刊ダイヤモンド編集部（2014）：東の優等生ディズニー　西の商売人ＵＳＪ，「週刊ダイヤモンド」，102（31）：32-47.

・月刊ホテル旅館編集部（2015）：ザ　パーク　フロント　ホテル　アット　ユニバーサル・スタジオ・ジャパン：大阪市・此花区：「時空旅行」と「アメリカ旅行」をテーマにストーリー性あふれる館内デザインを実現（特集　東急ホテルズ）の成長戦略：創業以来の改革を推進する東京ホテルズの未来図），「月刊ホテル旅館」，52（9）：18-23,42-48.

・月刊レジャー産業資料編集部（2015）：ザ　パーク　フロント　ホテル　アット　ユニバーサル・スタジオ・ジャパン：本場アメリカのデザインを取り込み，パークでの体験価値を高めるＵＳＪオフィシャルホテル，「月刊レジャー産業資料」，588：20-23.

・森岡　毅（2016）：『ＵＳＪを劇的に変えた、たった１つの考え方　成功を引き寄せるマーケティング入門』，角川書店．

・森岡　毅（2016）：『確立思考の戦略論　ＵＳＪでも実証された数学マーケティングの力』，角川書店．

・森岡　毅（2016）：『ＵＳＪをＶ字回復させた森岡毅の実践マーケティング３部作』，日経ＢＰ．

・森岡　毅（2018）：『マーケティングとは「組織革命」である。個人も会社も劇的に成長する森岡メソッド』，日経ＢＰ．

・ＵＳＪのツボ（2018）：『ＵＳＪで出会った心温まる物語』，あさ出版．

・月刊レジャー産業資料編集部（2021）：ユニバーサル・スタジオ・ジャ
　パン　スーパー・ニンテンドー・ワールド：世界が注目する人気
　キャラクターの新エリアがＵＳＪに誕生，「月刊レジャー産業資料」，
　656：6-9.

（10）レゴランド・ジャパン ＜文献４点＞

　2017年（平成29年）４月１日に，レゴランド・ジャパンが名古屋市の
金城ふ頭に開設，東京大都市圏・大阪大都市圏に次いで，名古屋大都市圏
にも大都市内型のテーマパークが立地した。同年４月15日には体験型水
族館シーライフ名古屋が開園，同年４月28日にはレゴランド・ホテルも
開業，レゴランド・ジャパン・リゾートの陣容が揃った。

　ファクトリーでは，レゴブロックの製造過程見学のツアーがあり，レ
ゴショップもある。ブリックトピアでは，園内を一望できるオブザベー
ション・タワーやレゴニンジャゴーライブ，メリーゴーランドやコーヒー
カップ等のアトラクション，アドベンチャーでは，ロスト・キングダム・
アドベンチャーやサブマリン・アドベンチャーなどのアトラクション，ナ
イト・キングダムでは，ザ・ドラゴンやドラゴン・アプレンティスなどの
ローラーコースター型のアトラクション，パイレーツ・ショアでは，スプ
ラッシュ・バトルなどの海賊船と水鉄砲のアトラクション，レゴ・シティ
では，レスキュー・アカデミーの消防車，コースト・ガード・エイチキュー
の沿岸警備隊等のアトラクションがある。そして，ミニランドでは，レゴ
ブロックで作られた日本各地の建物がミニチュアで再現されており，レゴ
ランド・ジャパンらしい展示である。ナゴヤドームや名古屋城などの名古
屋，京都・大阪・神戸・宮島などの建物が並ぶ西日本，札幌・東京などの
建物が並ぶ東日本の各エリアがある。後述する東武ワールドスクウェアが
日本と世界の建物に対して，レゴランド・ジャパンは，日本の建物のみで
ある。

　レゴランドは，1968年（昭和43年）６月７日にレゴランド・ビルン・
リゾート（デンマーク・リーベ県ビルン）が最初で，1996年（平成８年）３月
14日にレゴランド・ウィンザー・リゾート（イギリス・バークシャー州ウィ

ンザー），1999年（平成11年）3月20日にレゴランド・カリフォルニア・リゾート（アメリカ合衆国・カリフォルニア州カールスバッド），2002年（平成14年）5月17日にレゴランド・ドイツ・リゾート（ドイツ・バイエルン州ギュンツブルク），2011年（平成23年）10月15日にレゴランド・フロリダ・リゾート（アメリカ合衆国・フロリダ州ウィンターヘイブン），2012年（平成24年）9月15日にレゴランド・マレーシア・リゾート（マレーシア・ジョホール州イスカンダルプテリ），2016年（平成28年）10月31日にレゴランド・ドバイ・リゾート（アラブ首長国連邦・ドバイ），2021年（令和3年）7月10日にレゴランド・ニューヨーク・リゾート（アメリカ合衆国・ニューヨーク州オレンジ郡ゴーシェン）と，世界に展開しており，レゴランド本社所在地のデンマーク以外，欧米ではアメリカ合衆国・イギリス・ドイツ，アメリカ合衆国では，ディズニーとカリフォルニア州・フロリダ州で重複するものの，ニューヨーク州にあり，特に，アジアの発展途上国であるマレーシアとアラブ首長国連邦ドバイにあるのが特色となっている。しかし，レゴ社の経営不振により，2005年（平成17年）6月にレゴランドの経営権は投資会社のブラックストーンに売却，マリーン・エンターテイメンツ社（ブラックストーンの傘下企業）とレゴ社の合弁企業で運営を担うこととなった。

　名古屋臨海部の開発としては，名古屋市営地下鉄名港線終点の名古屋港駅から徒歩5分の地に「名古屋港イタリア村」があった。2005年（平成17年）に名古屋市とイタリアのトリノ市が姉妹都市連携，その一環として，同年4月2日に開園した。日本通運倉庫跡地に，名古屋港管理組合が建物オーナーとなり，名古屋港イタリア村株式会社が開発した。イタリアのヴェネツィアの景観を再現した建物が並び，水路ではゴンドラが運行された。エントランスゾーンには飲食・物販の専門店，ショッピングゾーンにはショッピングモール，ヴェネチアンガラス美術館等があった。2008年（平成20年）5月7日に，運営元のイタリア村が経営難により倒産，閉園となった。同年5月10日〜13日の間は在庫処分セールで再開，同年12月16日に木造建築物の解体撤去が開始された。跡地は，コスプレイベント会場，立体巨大迷路，ドッグラン，バーベキュー場等の利用が行われている。

地形図　レゴランド・ジャパン①
2万5千分の1地形図「飛鳥」昭和55年第二回改測

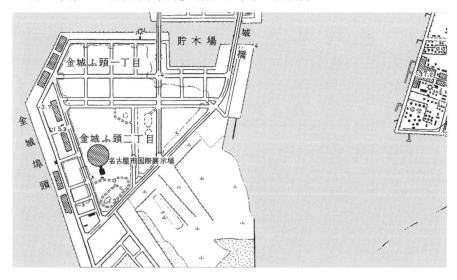

地形図　レゴランド・ジャパン②
2万5千分の1地形図「飛鳥」平成16年更新

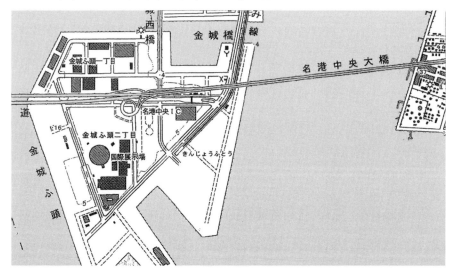

レゴランドの日本での開設は，当初，千葉県が幕張海浜公園（千葉市美浜区）に誘致したが，出資企業が集まらず，2003年（平成15年）に断念した。一方，2004年（平成16年）10月6日に，名古屋臨海鉄道西名古屋港線（あおなみ線）が旅客営業を開始（貨物線を旅客輸送にも活用）したが，利用者数が伸び悩んだ。2008年（平成20年）から名古屋市は，埋立地の金城ふ頭エリアを整備，2011年（平成23年）3月14日にリニア・鉄道館が開設，あおなみ線の利用者数が増加する契機となり，さらなる集客施設が求められた。そこで，2011年（平成23年）にマリーン・エンターテイメンツ社から名古屋市に要望書が提出されることとなり，2013年（平成25年）に運営会社のレゴランド・ジャパンが発足，名古屋市国際展示場北側駐車場跡地を利用，第二期工事として，国際展示場跡地を利用した施設が計画されている。

　大都市内型テーマパークとして空白地域であった名古屋大都市圏での立地だが，東京大都市圏・大阪大都市圏比べて，後背地人口規模が少なく，集客が心配される。また，日本での，レゴブロックの認知度，リアリティや精巧さをより求められる傾向に対して，ブロックによる表現は，「荒い」と捉えられる側面もある。外国発祥のテーマパークの場合，過去に当初はそのまま持ってきたが，日本の風土に合わせて変化して成功した場合もあるが，変化できず閉鎖となった事例もある。今後の展開には，日本で求められるもの，あるいは，名古屋でもとめられるものを考慮する必要があると考えられる。

　「地形図　レゴランド・ジャパン①　2万5千分の1地形図「飛鳥」昭和55年第二回改測」は，金城ふ頭には，金城埠頭と港湾倉庫，名古屋市国際展示場。「地形図　レゴランド・ジャパン②　2万5千分の1地形図「飛鳥」平成16年更新」は，名古屋臨海高速鉄道あおなみ線金城ふ頭駅開業，伊勢湾岸自動車道名港中央インターチェンジ開業，金城ふ頭二丁目，名港中央ICを降りてすぐ，国際展示場北側の駐車場にレゴランド・ジャパンを開設。

・井手信雄（2017）：「レゴランド・ジャパン」の開発・運営戦略にみる顧客獲得に向けた可能性と課題，「月刊レジャー産業資料」，607：100-103.

・月刊レジャー産業資料編集部（2017）：特集　レゴランド・ジャパン：
　　日本展開の勝算，608：28-51.

・島澤　論・難波了一（2017）：中部社研経済レポート　レゴランド・ジャ
　　パン開業の経済効果について，「中部圏研究　調査季報」，199：43-48.

・月刊ホテル旅館編集部（2018）：LEGOLAND　Japan　Hotel：レゴラ
　　ンド・ジャパンの隣接地にホテルと水族館が開業。テーマパークか
　　らリゾートへと進化（圧倒的な世界観を訴求する「キャラクターホ
　　テル」を解剖），「月刊ホテル旅館」，55（9）：9-13.

２．大都市郊外型テーマパーク地域とその文献 ＜文献73点＞

（1）博物館　明治村・野外民族博物館　リトルワールド ＜文献30点＞

　博物館明治村は，1965年（昭和40年）3月18日に開園（開村）した。
開園当初はテーマパークという感覚はなく，野外博物館としての位置付け
であるが，さまざまなイベントを開催，明治の扮装をした「キャスト」
が「ゲスト」を楽しませるなど，ソフト面での取り組みも行われ，明治を
テーマとして明治時代にタイムスリップした疑似体験ができるのは，テー
マパークと同様であり，いわば日本における「テーマパークの元祖」的存
在である。しかしながら，交通アクセスは名鉄犬山駅からのバスが中心で，
遠方からの集客には難がある。

　場所は，犬山市郊外の入鹿池（人造湖）のほとりで，本物の明治の移築
復元建物（一部，大正時代あり）を展示，その敷地面積は100万㎡である。
開園時は，聖ヨハネ教会堂・西郷従道邸・東山梨郡役所・東松家住宅・札
幌電話交換局・管島燈台付属官舎・品川燈台 ＜いずれも重要文化財＞・
名古屋衛戍病院 ＜愛知県有形文化財＞ など計16件であった。その後，
鉄道局新橋工場や三重県庁舎 ＜重要文化財＞ など3件が加わり，開園2
周年の1967年（昭和42年）3月18日には，距離770ｍを日本最古の市内
電車である軌間1067ｍｍの京都市電2輌の運行が開始された。さらにそ
の後，大井牛肉店・宇治山田郵便局・第八高等学校正門・呉服座 ＜重要
文化財＞・聖ザビエル天主堂など22件が加わり，開園9周年の1974年（昭

地形図　明治村①
２万５千分の１地形図「犬山」昭和30年資料修正

地形図　明治村②
２万５千分の１地形図「犬山」昭和45年改測

地形図　明治村③
２万５千分の１地形図「犬山」昭和48年修正

地形図　明治村④
２万５千分の１地形図「犬山」平成９年修正

和49年）3月18日には，距離774mを軌間1067mmのイギリス製とアメリカ製の明治期製造蒸気機関車2輛の運行が開始された。大正期の建築であるが帝国ホテル正面玄関なども加わって，開園12周年には50件に達し，開園22周年時点で60件に達したが，平成に入ってからは平成2年度に内閣文庫等3件，平成5年度に京都中井酒造，平成6年度に大明寺聖パウロ教会堂が加わっただけで，実にその後の13年間はまったく増加しなかった。すなわち，1995年（平成7年）の開園30周年から2005年（平成17年）の開園40周年に至るまで，全く陣容に変化がなかった。2007年（平成19年）9月22日に，ようやく新たな建造物として「芝川又右衛門邸」の一般公開（但し，特定時間のみ）が始まった。これは，30周年時の1995年（平成7年）に解体寄贈されたものを，2005年（平成17年）の開園40周年記念事業として移築復元作業が開始され，ようやく竣工したものである。蒸気動車が展示されていたが，2009年（平成21年）11月で公開終了，同年12月に搬出され修復，2011年（平成23年）開館のリニア・鉄道館に移された。2010年（平成22年）12月20日より，京都市電と蒸気機関車の運行が休止されたが，京都市電は2012年（平成24年）9月28日に，蒸気機関車は2012年（平成24年）11月8日より運行を再開した。

　様々なドラマの撮影に利用されるとともに，アニメ・ゲーム・コスプレなどのコラボも行われている。後述するリトルワールドと共に，グルメも楽しめる。謎解きイベントが好評である。新たな建物の移築は大変だが，駅舎については，可能性があるかもしれない。ターンテーブルでの作業も身近で見学できるようにしたい。他のテーマパークのイベントを参考に，イルミネーションやプロジェクションマッピング，名鉄とのコラボ，例えばラッピングによる専用特急なども考えられる。有力なのは，明治時代のみならず大正時代を舞台とした有名アニメとのコラボも有効であろう。当然，園内に関連した新たな展示が必要だが。勿論，リトルワールドとの連携も必要であろう。

　「地形図　明治村①　2万5千分の1地形図「犬山」昭和30年資料修正」は，開園前の図で，背後に尾張富士が聳える比較的起伏を有する地形である。「地形図　明治村②　2万5千分の1地形図「犬山」昭和45年改

測」は，開園後の図で，点在する建物と路面電車の鉄道線が描かれている。
「地形図　明治村③　2万5千分の1地形図「犬山」昭和48年修正」では，
建物群が北側に拡大しており，蒸気機関車鉄道が敷かれる予定地が破線道
路記号で描かれている。蒸気機関車鉄道が開設されたのは1974年（昭和
49年）であるため，地形図に登場するのは1976年（昭和51年）修正図か
らである。「地形図　明治村④　2万5千分の1地形図「犬山」平成9年
修正」は，ほぼ現状で蒸気機関車鉄道線も描かれている。旧・宇治山田郵
便局が郵便業務を行っているために郵便局記号が記され，旧・帝国ホテル
の建物が大型建物記号で表示されている。

　野外民族博物館リトルワールドは，テーマパーク元年の1983年（昭和
58年）3月18日に開園した。やはり犬山市郊外の丘陵上に立地（一部は岐
阜県，愛知県営パイロット農場に隣接）しており，その敷地面積は123万㎡で
ある。明治村同様，交通アクセスは名鉄犬山駅からのバスが中心で，遠方
からの集客には難がある。財団法人リトルワールドが事業主体で，本館
以外に，全周2.5㎞の野外展示場に，開園当初は17棟の建物が点在した。
その後，開園年に北海道・アイヌの家，1985年（昭和60年）にネパール仏
教寺院・台湾農家など4棟，1986年（昭和61年）にインド・ケララ州の村，
1987年（昭和62年）にインドネシア・バリ島貴族の家，1988年（昭和63
年）にペルー・アシェンダ領主の家など2棟，1993年（平成5年）にドイ
ツ・バイエルン州の村，1995年（平成7年）に南アフリカ・ンデベレ族の
家，1998年（平成10年）にイタリア・アルベロベッロの家が追加され，開
園時に比べれば，15年間で倍増した。以後の10年間において追加された
野外展示家屋はないが，世界22カ国の建物が33棟も立ち並び，見学は徒
歩以外に，途中で乗り降りできる一周のバスがある。沖縄・台湾・ペルー・
アフリカ・ドイツ・イタリア・インド・韓国・山形県月山等では，それぞ
れの地域に因むレストラン・軽食がある。また，沖縄・インドネシア・ド
イツ・フランス・インド・韓国では，民族衣装の試着ができる。世界をテー
マとして，ワールドトリップした疑似体験ができるわけで，建物のみなら
ず，周辺の環境や景観，例えば農家であれば畑や池を配置する，其の国の
土壌に似せた色の土を周囲に敷くなど，よく配慮されている。2003年（平

成15年）に名鉄インプレスが運営主体となり，2005年（平成17年）から世界の料理屋や民族衣装の試着が好評で入園者が増加傾向となった。2013年（平成25年）には開園30周年を記念して15年ぶりの新施設である「トルコ　イスタンブールの街」が開設された。

　東武ワールドスクウェアが縮小模型に対して，リトルワールドは実物大の魅力がある。しかし，明治村よりも知名度が低く，特に名古屋都市圏以外では比較的知名度が低い。ドラマの舞台やＳＮＳを活用した知名度向上が課題である。撮影ポイントとして自撮りができる台の設置が多く行われているが，展望台の設置など，俯瞰撮影ポイントも求められる。ドローン映像を駆使して，様々な角度からそれぞれの建物と，人物撮影ができれば，新たな展開が期待できる。敷地面積が日本のテーマパークで第2位であり，周囲に人家が少ないことを活用できる可能性がある。すなわち，他のテーマパークのイベントを参考に，イルミネーションやプロジェクションマッピング，名鉄とのコラボ，例えばラッピングによる専用特急なども考えられる。有力なのは，海外を舞台とした有名アニメとのコラボも有効であろう。民族衣装のみならず，コスプレによる園内周遊も効果があると思われる。当然，園内に関連した新たな展示が必要だが。勿論，明治村との連携も必要であろう。

　「地形図　リトルワールド①　2万5千分の1地形図「小泉」昭和53年修正」は，開園前の図で，県営パイロット農場の北側，岐阜県（可児郡可児町，現・可児市）との県境地帯が予定地である。「地形図　リトルワールド②　2万5千分の1地形図「小泉」平成10年修正」は，開園後の現状で，本館の建物と標高200ｍ前後の丘陵地に点在する建物群と破線道路記号で描かれた周回道路が記されている。有料道路の尾張パークウェイが描かれており，名鉄犬山駅からこの道路経由でリトルワールド行のバス便がある。

　博物館明治村・野外民族博物館リトルワールドと称するように，テーマパークと言うのにはやや違和感があるようで，実際，学術的評価は極めて高い。両者は同じ名鉄のバックアップによるが，明治村の点在的な配列に対して，リトルワールドは周回コースを設けて，さらにソフト面も充実し

地形図　リトルワールド①
２万５千分の１地形図「小泉」昭和 53 年修正

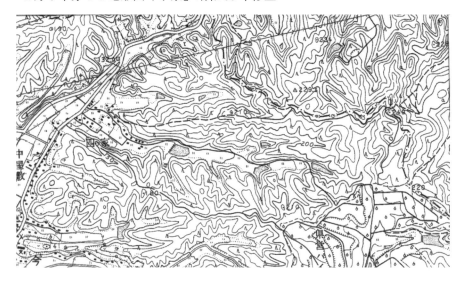

地形図　リトルワールド②
２万５千分の１地形図「小泉」平成 10 年修正

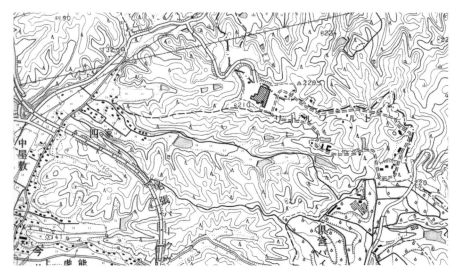

ているのが興味深い。老舗貫録の明治村，テーマパーク性を強めるリトル
ワールドと言える。リトルワールドは，当初，知名度が低く，集客が低迷
したこともあった。しかし，学校教育における国際理解学習の進展と小学
校を中心とした修学旅行先として明治村を上まわる集客を実現，世界地理
学習に最適のテーマパークとして，今後さらなる施設の充実が期待される。
また，明治村とリトルワールドは，後述の東武ワールドスクウェア・志摩
スペイン村とともに，電鉄系のテーマパークである。遊園地には電鉄系が
多いことはよく知られ，多くは駅前立地である。しかし，近年不振で，閉
鎖が相次いでいる。前述のごとく，明治村は日本のテーマパークの元祖，
リトルワールドはテーマパーク元年に開園，後述する東武ワールドスク
ウェア・志摩スペイン村はテーマパークブームを締めくくるがごとく開園
した。それぞれの母体の名古屋鉄道・東武鉄道・近畿日本鉄道は，私鉄の
中でも営業距離が長距離で観光路線の性格も有している。東武ワールドス
クウェアが駅前立地となったのに対して，明治村・リトルワールド・志摩
スペイン村は，駅前立地を確保していない。このことが，長期的な集客に
影響している。

・白井良和・権田純朗・桜井儀雄（1967）：Ｎ電復活と明治村このごろ，「鉄
　　道ファン」，交友社，71：51-53.
・水野時二（1974）：犬山，『日本図誌大系　中部Ⅰ』，朝倉書店，224-226.
・木村毅・野田宇太郎・谷口吉郎（1977）：『カラー明治村への招待』，淡交社.
・北大路健（1978）："明治"の面影ここにあり，『日本の山河　天と地
　　の旅　愛知』，国書刊行会，36-37.
・白井良和（1979）：明治村を訪ねる，「鉄道ピクトリアル臨時増刊号
　　名古屋鉄道特集」，鉄道図書刊行会，370：57-59.
・白井良和（1979）：明治村の生い立ちと現状，「鉄道ピクトリアル臨時
　　増刊号　名古屋鉄道特集」，鉄道図書刊行会，370：86-91.
・山口恵一郎（1981）：明治讃歌　甦った証言者　明治村，『地図の風景
　　中部編Ⅱ』，そしえて，107-111.
・中川浩一（1986）：博物館明治村と鉄道文化財，「鉄道ピクトリアル臨
　　時増刊号　特集　名古屋鉄道」，鉄道図書刊行会，473：36-40.

・月刊レジャー産業資料編集部（1989）：明治村，『テーマパーク・テーマリゾート企画・開発実務資料集』，総合ユニコム，126-131.

・月刊レジャー産業資料編集部（1989）：リトルワールド，『テーマパーク・テーマリゾート企画・開発実務資料集』，総合ユニコム，132-136.

・MEIJI-MURA FOUNDATION（1990）：『MUSEUM MEIJI-MURA』，NAGOYA RAIL ROAD.（英文）

・博物館明治村（1990）：『博物館明治村開村25周年記念ビデオ　明治村の四季』，名鉄エージェンシー，ビデオソフト，30分.

・小賀野実（1992）：博物館　明治村,「旅　B級列車で行こう！」，日本交通公社出版事業局，780：33.

・財団法人明治村（1992）：『博物館　明治村』，名古屋鉄道.

・財団法人リトルワールド（1992）：『野外民族博物館リトルワールド』，名古屋鉄道.

・日経リゾート編集部（1993）：野外の民族博物館リトルワールド,11年目の挑戦―"学術展示場"に娯楽性を加えたい―,「日経リゾート」，109：86-90.

・大野　敏（1993）：博物館　明治村,『民家村の旅』，株式会社ＩＮＡＸ，36-37.

・白川　淳（1993）：博物館　明治村,『全国保存鉄道』，ＪＴＢ，79-81.

・ソルト（1993）：全国必見テーマパーク大集合　博物館明治村,「旅　テーマパーク探検」，日本交通公社出版事業局，794：118.

・ソルト（1993）：全国必見テーマパーク大集合　野外民族博物館リトルワールド,「旅　テーマパーク探検」，日本交通公社出版事業局，794：128.

・野外民族博物館リトルワールド（1996）：『野外民族博物館リトルワールド』，名古屋鉄道.

・奥野一生（1997）：東京方面の集落関係の博物館・資料館,「大阪教育大学地理学会会報」，33：9-35.

・白川　淳（1998）：博物館　明治村,『全国保存鉄道Ⅳ西日本編』，ＪＴＢ，37-38.

・西尾雅敏（1998）：博物館・明治村，「まちなみ・建築フォーラム」，3：
　27-33.
・高橋　貢（1999）：野外博物館の試み：リトルワールドの場合，「民博
　通信」，83：14-21.
・広岡　祐（2000）：博物館　明治村，『たてもの野外博物館探見』，ＪＴＢ，
　6-25.
・白川　淳（2007）：博物館　明治村，『全国鉄道博物館』，ＪＴＢ，134-135.
・白川　淳（2008）：博物館　明治村，『全国歴史保存鉄道』，ＪＴＢ，
　104-105.
・月刊レジャー産業資料編集部（2010）：博物館明治村　野外博物館リ
　トルワールド　体験型施設への転換を図り堅調に集客増を実現　次
　なる飛躍へのステージに向けたチャレンジに取り組む，「月刊レ
　ジャー産業資料」，528：18-21.
・石井里枝（2014）：名古屋鉄道と観光施設の開発　明治村の事例を中
　心として，「日本観光学会誌」，55：10-20.

（2）北海道開拓の村　＜文献13点＞

　北海道開拓の村は，テーマパーク元年の1983年（昭和58年）4月16日
に開園した。東京ディズニーランド開園日の翌日である。場所は，北海道
立自然公園の野幌森林公園内で，北海道百年記念北海道開拓記念館に隣接
している。北海道庁が施設を設置したもので，担当部局は環境生活部生活
局道民活動文化振興課文化振興・スポーツグループ，指定管理者は財団法
人北海道開拓の村である。

　明治・大正期の北海道の建造物約60棟を移築や復元したもので，市街
地群・漁村群・農村群・山村群に分けて展示されている。建物内には関連
した資料や，人形ロボットを導入して当時の情景を再現していた。市街地
群のメインストリートには距離約420ｍを軌間762ｍｍの馬車鉄道が走り
（日本車輌製で明治末から大正の札幌馬車鉄道を参考に復元，冬季は馬橇となる），
2018年（平成30年）より旧札幌停車場すぐに位置まで約80ｍ延伸された。
メインストリートの両側には旧開拓使札幌本庁舎（1873年建築，以下同様）・

地形図　北海道開拓の村①
　　2万5千分の1地形図「札幌東部」昭和54年修正・「野幌」昭和52年第2回改測

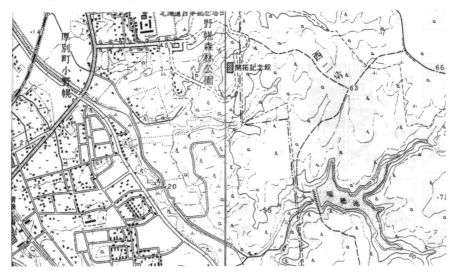

地形図　北海道開拓の村②
2万5千分の1地形図「札幌東部」平成18年更新

旧手宮駅長官舎（1884年）・旧浦河支庁庁舎（1919年）・旧小樽新聞社（1909年）・旧開拓使工業局庁舎（1877年）・旧北海中学校（1909年）・旧札幌警察署南一条巡査派出所（1911年）・旧歌島郵便局（1902年）・旧浦河公会会堂（1894年）・旧楽正旅館（1919年）・近藤医院（1919年）・旧広瀬写真館（1924年）・旧札幌農学校寄宿舎（1903年）・旧札幌師範学校武道場（1929年）等，30余の建物が並ぶ。漁村群では，旧青山家漁家住宅（1919年）・旧秋山家漁家住宅（1920年）等，4施設が池のほとりに配置されて漁村の雰囲気を表し，農村群では，旧田村家北誠館蚕種製造所（1905年）・旧岩間家農家住宅（1882年）・旧樋口家農家住宅（1897年）等，14の建物が並び，山村群では，再現ながら，森林鉄道機関庫や炭焼小屋等がある。補修が進まない建物もあり，2階に上がれなくなったものもあり，人形ロボットも，終了した。

　北海道の「明治村」という形容がぴったりで，規模は博物館明治村とほぼ同等であり，建物のみならず，その建物配列自体も当時をよく再現しており，明治村以上にタイムスリップ気分が味わえる。冬は当然ながら雪に埋もれるが，その情景もかつてを髣髴させるものがある。北海道以外での知名度は不十分で地味ではあるが，大都市郊外型と言っても札幌市街地に連続しており，集客を考慮した新規建築物や鉄道施設（入口建物は旧札幌駅を再現したもの）の導入とソフト面の充実で，魅力向上が可能と思われる。交通アクセスは，ＪＲ新札幌駅または森林公園駅からバスで，遠方からの集客には難がある。

　「地形図　北海道開拓の村①　2万5千分の1地形図「札幌東部」昭和54年修正・「野幌」昭和52年第2回改測」は，開園前の図で，広大な野幌森林公園に開拓記念館と北海道百年記念塔が建つ。森林公園駅は未開業である。「地形図　北海道開拓の村②　2万5千分の1地形図「札幌東部」平成18年更新」は，開園後で，メインストリートに面して建物群が並び，方角が変って南に建物群が続く。但し，馬車鉄道は地形図に描かれていない。最寄り駅の森林公園駅が開業，森林公園そばまで宅地開発が迫っている。

　・中村　斎（1981）：北海道開拓の村の構想，「博物館研究」，16（5）：
　　12-18.

・中田幹雄（1984）：野外博物館のあり方　北海道開拓の村，「月刊　地理」古今書院，29（10）：17-25.

・北海道開拓記念館（1989）：『北海道開拓の村ガイド』，社団法人北海道開拓記念館開拓の村文化振興会．

・岩堀春夫（1992）：馬車鉄道（北海道開拓の村・北海道札幌市），「旅　B級列車で行こう！」，日本交通公社出版事業局，780：21.

・ソルト（1993）：全国必見テーマパーク大集合　北海道開拓の村，「旅　テーマパーク探検」，日本交通公社出版事業局，794：117.

・白川　淳（1993）：馬車鉄道　北海道開拓の村，『全国保存鉄道』，ＪＴＢ，67.

・奥野一生（1997）：東京方面の集落関係の博物館・資料館，「大阪教育大学地理学会会報」，33：9-35.

・白川　淳（1998）：北海道開拓の村，『全国保存鉄道Ⅲ東日本編』，ＪＴＢ，22.

・広岡　祐（2000）：北海道開拓の村，『たてもの野外博物館探見』，ＪＴＢ，26-33.

・せんろ商會（2003）：北海道開拓の村，『知られざる鉄道Ⅱ』，ＪＴＢ，106.

・白川　淳（2008）：札幌石材馬車鉄道　北海道開拓の村，『全国歴史保存鉄道』，ＪＴＢ，28.

・中島宏一（2021）：世界に誇る野外博物館北海道開拓の村（第１回）北海道開拓の村の誕生，「開発こうほう」，699：22-25.

・中島宏一（2022）：世界に誇る野外博物館北海道開拓の村（第２回）欧米文化による北海道の近代化，「開発こうほう」，702：18-21.

（3）東京セサミプレイス ＜文献４点＞

　東京セサミプレイスは，1990年（平成２年）10月10日に開園した。運営会社の東京セサミプレイスは，1988年（昭和63年）に東京サマーランドやＮＨＫの関連会社等が出資して設立され，場所は東京サマーランドの親会社である東京都競馬株式会社が所有していた東京サマーランドの隣接地

の，秋川市と五日市町（現・あきる野市）にまたがる丘陵上で，丘陵斜面を野外設置の極めて長いエスカレーターで登っていった。

　東京セサミプレイスは1980年（昭和55年）にペンシルヴァニア州ラングホーン（フィラデルフィア郊外）にて開設されたセサミプレイスに次ぐ2番目の施設で，基本的に機械じかけのアトラクションはなく，テレビでおなじみの英語劇と自ら遊ぶ遊具が中心で，当初は子供料金が大人料金より高い料金設定であった。しかし，マシンアトラクションがなく，子供が高料金というのは日本のレジャー感覚に合致しないようで，1996年（平成8年）春より料金を下げ，子供料金の方が安くなった。アミューズメント施設中心の遊園地の代表である東京サマーランドに隣接しており，その遊園地と対照的にアミューズメント施設がないテーマパークだが，やはりサンリオ同様，米国のテレビ番組で日本でも放映されている「セサミストリート」のキャラクターが重要な位置を占めていた。

　東京駅から八王子駅まではJR中央線特別快速で約50分，八王子駅からバスで通常でも約40分，合計で通常でも約2時間かかるが，東京サマーランドの多客時は渋滞が慢性化していて，2時間以上かかることはまれではなかった。JR五日市線秋川駅からは近く，東京駅から青梅行き快速で拝島乗り換えのルートがあるものの，五日市線が単線なので，所要時間は八王子経由と同様である。このような日本の文化風土とアクセスの問題から，低調な集客状況が続き，当初予定していた北海道恵庭と大阪に展開する計画は延期されたままとなった。

　東京セサミプレイスの位置するあきる野市に隣接する八王子市の人口増加率は9％（1985-90年）である。東京都下の各市町では多摩市18％，稲城市16％，瑞穂町15％，青梅市14％，福生市13％，羽村市・秋川市（1995年に五日市町と合体してあきる野市に）10％の順でこれに次ぎ，またこれらの市町は連続しており，この時期の東京郊外の人口増加前線を示している。さらに，八王子市は大学の郊外移転先でもあり，住宅都市や郊外中心都市の性格以外に学園都市の側面ももつ。これら郊外都市にテーマパークや大学が立地する理由としては，敷地の確保（面積と地価）や交通の便からみて，適度であることが指摘されるが，より広域の集客を必要とする状況になっ

地形図　東京セサミプレイス①
２万５千分の１地形図「拝島」平成３年部分修正

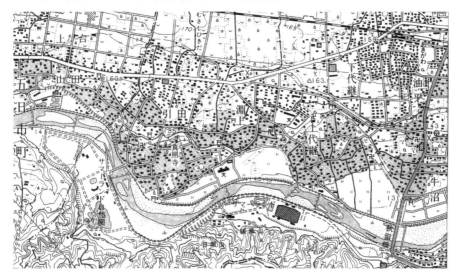

地形図　東京セサミプレイス②
２万５千分の１地形図「拝島」平成 19 年更新

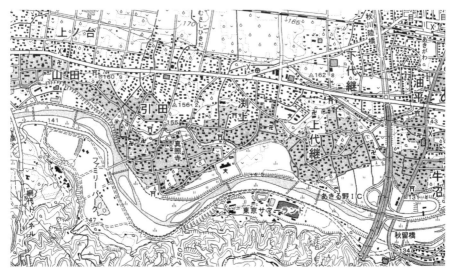

た場合，郊外であることが時間距離を増大させるため，大都市郊外立地は必ずしも集客に有利な立地とはならなかった。かつて，大学の都市内から都市郊外への移転に伴って，受験者の減少と難易度の低下がもたらされたことと同様の現象であると指摘できる。ただ，大都市郊外，特に東京郊外はその人口集積が大きく，来園者数の減少をみても，魅力向上と水準の維持によって一定の来園は期待できた。しかし，アトラクション追加等の施設内容の大幅な変更が行われず，来客数の減少傾向が継続，2006年（平成18年）12月31日に閉園した。

「地形図　東京セサミプレイス①　2万5千分の1地形図「拝島」平成3年部分修正」は，開園前の図で，サマーランド自然園背後の台地上が予定地である。「地形図　東京セサミプレイス②　2万5千分の1地形図「拝島」平成19年更新」では，すでに閉園しているものの，ゴルフ場やテニスコートがあるファミリーパーク背後の台地上に施設の建物群が描かれている。かつて秋川市と五日市町の境界に位置していたが，合併してあきる野市となったため，境界記号はなくなった。

- ・月刊レジャー産業資料編集部（1990）：事例　東京セサミプレイス，「月刊レジャー産業資料」，282：90-91.
- ・日経リゾート編集部（1991）：東京セサミプレイス　大人の方が料金安い児童専用パーク　東京都五日市町，「日経リゾート」，66：60-63.
- ・日経リゾート編集部（1993）：特集　お子様リゾート　東京セサミプレイス（東京・五日市町）―商売離れた教育的な性格を打ち出す―，「日経リゾート」，117：62-63.
- ・ソルト（1993）：全国必見テーマパーク大集合　東京セサミプレイス，「旅テーマパーク探検」，日本交通公社出版事業局，794：127.

（4）サンリオピューロランド ＜文献17点＞

サンリオピューロランドは，1990年（平成2年）12月7日，京王帝都相模原線・小田急多摩線多摩センター駅徒歩5分の地に開園した。多摩センター駅は，洪積台地の丘陵上に建設された多摩ニュータウンの中心駅である。キャラクター商品で知られるサンリオの創始者辻信太郎氏が，アメリ

カ合衆国のディズニーランドの影響を受けて，1978 年（昭和 53 年）にテーマパーク開設の構想を抱き，東京ディズニーランド開園後の 1985 年（昭和 60 年）に土地を住宅都市整備公団から取得，1987 年（昭和 62 年）に建設工事を始めた。東京ディズニーランドが雨天時に来園者が減少するのを見て，雨の多い日本の気候を考慮した全天候型の屋内施設となっている。典型的な大都市郊外型の立地で，新宿から最速列車で約 30 分だが，東京駅からは 1 時間を要し，その結果，東京周辺以外の遠方客にとって来訪しにくい状況がある。また，屋内施設であることから新たなアトラクションの建設が難しく，リピーター確保上，問題がある。パークの中心広場を囲むように 5 つのアトラクション，4 つのレストラン・ショッピング施設でスタートした。

　テーマパークにおいては，キャラクター商品の売り上げは運営上重要な位置を占める。遊具利用料収入が圧倒的に中心を占める遊園地に対して，入場料収入（テーマパークの入場料は高価）と商品売り上げが比較的中心のテーマパークと差異が指摘され，特にオリジナル商品・キャラクター商品などの物販部門の売り上げがテーマパークの象徴であるとされる。サンリオや次に紹介するセサミプレイスといったテーマパークは，キャラクター先行型テーマパークの代表例である。キャラクター商品の代表といわれるのがサンリオの製品で，そのテーマパークがサンリオピューロランドと後述するサンリオ・ハーモニーランドである。特にサンリオピューロランドは遊園地によくある私鉄沿線郊外立地型で，すでに終了したが若者に人気のあった某テレビ番組のロケ会場によく利用されたため，大阪でも東京ディズニーランドに次ぐ知名度がある。キャラクター先行型テーマパークは，そのキャラクターの人気に左右され，サンリオの場合は，特に「キティブーム」が集客に大きな影響を与えている。2009 年（平成 21 年）にサンリオエンターテイメントの運営となった。2013 年（平成 25 年）に開園以来初となる大規模な改修が行われ，4 つのアトラクションと一つのレストランからなる「サンリオタウン」が開設された。2014 年（平成 26 年）に顧問としてのちに館長となる小巻亜矢氏を迎えて，改革が行われた。2018 年（平成 30 年）にはディスカバリープラザの化粧室の改修が行われ，「レ

地形図　サンリオピューロランド①
２万５千分の１地形図「武蔵府中」昭和63年修正

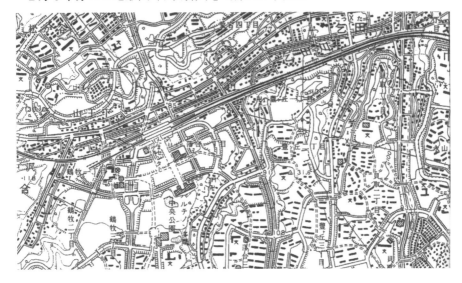

地形図　サンリオピューロランド②
２万５千分の１地形図「武蔵府中」平成11年部分修正

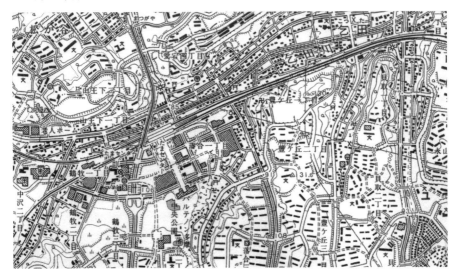

トロフューチャーな宇宙船」のイメージとなった。

　サンリオピューロランドの位置する多摩市の人口増加率は18％（1985
−90年）で，東京都内各市町で最も人口増加率が高かった。しかし，1995
年の14万8千人増加をピークにその後は減少し，人口減少率は1.5％（1995
−2000年）となっている。人口増加前線が通りすぎたためで，その後は隣
接する稲城市の人口増加率が10.3％（1995−2000年）と高く，この年度で
は区部や島嶼部を除く東京都内各市町で最も人口増加率が高かった。

　「地形図　サンリオピューロランド①　2万5千分の1地形図「武蔵府
中」昭和63年修正」は，開園前の図で，駅前にも未利用地が残り，小
田急線はこの多摩センター駅が当時の終点であった。「地形図　サンリオ
ピューロランド②　2万5千分の1地形図「武蔵府中」平成11年部分修正」
では，サンリオピューロランドを含めて大型の建物が並び，2000年（平成
12年）1月10日に多摩都市モノレール線多摩センター駅～立川北駅間も
開通している。

・月刊レジャー産業資料編集部（1990）：事例　サンリオピューロランド，
　　「月刊レジャー産業資料」，282：92-93.

・根本祐二（1990）：ピューロランド・ハーモニーランド，『テーマ・パー
　　ク時代の到来』，ダイヤモンド社，149-150.

・西沢正史（1990）：『サンリオ物語―こうして一つの企業は生まれた―』，
　　サンリオ．

・サンリオ（1991）：『JAPANESE DREAM サンリオ ピューロランド
　　ガイドブック』，サンリオ．

・月刊レジャー産業資料編集部（1991）：サンリオピューロランド―年
　　間225万人の集客を目指す屋内型テーマパーク―，「月刊レジャー
　　産業資料」，286：111-116.

・日経リゾート編集部（1991）：サンリオ　キャラクター商品業界の横
　　綱“成長の限界”への挑戦，「日経リゾート」，50：50-60.

・宮沢　洋（1991）：サンリオピューロランド，「日経アーキテクチュア」，
　　日経ＢＰ社，390：68-77.

・富川怜子（1991）：箱に凝縮されたファンタジー「サンリオピューロ

ランド」に見る　新しいテーマパークの手法,「月刊アミューズメント産業」, アミューズメント産業出版, 229：84-95.

・月刊レジャー産業資料編集部（1992）：ケーススタディ　サンリオピューロランド―多彩なソフト戦略で集客アップを図る―,「月刊レジャー産業資料」, 314：90-94.

・ソルト（1993）：全国必見テーマパーク大集合　サンリオピューロランド,「旅　テーマパーク探検」, 日本交通公社出版事業局, 794：127.

・月刊レジャー産業資料編集部（1998）：ケーススタディ　サンリオピューロランド,「月刊レジャー産業資料」, 387：97-99.

・椿真智子（2008）：多摩ニュータウン,『地図で読み解く　日本の地域変貌』, 海青社, 88-89.

・小巻亜矢（2019）：『来場者４倍のＶ字回復！サンリオピューロランドの人づくり　笑顔とモチベーションを引き出す館長の30カ条』, ダイヤモンド社.

・小巻亜矢（2019）：『逆境に克つ！サンリオピューロランドを復活させた２５の思考』, ワニブックス.

・小巻亜矢（2019）：『サンリオピューロランドの魔法の朝礼』, 総合法令出版.

・小巻亜矢・藤本江里子（2020）：株式会社サンリオエンターテイメント代表取締役社長　サンリオピューロランド館長　小巻亜矢さん「皆仲良く」で苦境を乗り切るウィズコロナ時代のテーマパークとは,「企業診断」, 67（10）：71-74.

・月刊レジャー産業資料編集部（2021）：サンリオピューロランド　「サンリオキャラクターボートライド」：設備更新対応にとどまらない運用の拡張性にも優れるリニューアル,「月刊レジャー産業資料」, 652：18-21.

（5）ラグーナテンボス（ラグナシア）＜文献５点＞

　1991年（平成３年）11月25日に，愛知県・蒲郡市・ＪＲ東海・トヨタ自動車・ヤマハ発動機などの民間企業９社が出資し，第三セクターの蒲

郡海洋開発株式会社が設立された。愛知県蒲郡市大塚町の海浜約 120ha
を埋め立てて，海洋リゾート開発を行うこととした。2000 年（平成 12 年）
〜 2001 年（平成 13 年）にヨットハーバーのラグナマリーナが開設された。
2002 年（平成 13 年）4 月 25 日に，ラグナシアが開園，蒲郡海洋開発によ
る埋立地のラグーナ蒲郡の主要施設で，同年 5 月 26 日にレストラン・ア
ウトレットモール・おさかな市場からなるフェスティバルマーケットも開
設された。海をテーマとしたテーマパークで，宮殿エリア・神殿エリア・
ステラパーク・ビバピアッツァエリアなどのテーマエリアとウォーター
パークエリアのジュラグーンから構成される。2003 年（平成 15 年）4 月
10 日に，ホテルラグーナヒルが開業，本格的なタラソテラピー施設，天
然温泉施設が設けられた。2009 年（平成 21 年）3 月 19 日にフェスティバ
ルマーケットが全面改装された。

　2014 年（平成 26 年）8 月 1 日に，ラグーナテンボス（ＨＩＳが設立）が
蒲郡海洋開発から「ラグナシア」「フェスティバルマーケット」を引き継
ぎ，「ラグーナテンボス」に名称を変更，「ハウステンボス」の姉妹施設と
位置付けた。また，イルミネーション・プロジェクションマッピングを導
入，2015 年（平成 27 年）にワンピースのサウザンドサニー号を停泊（ハウ
ステンボスより移動）させた。2016 年（平成 28 年）4 月 29 日にラグーナテ
ンボスアートシアターを開設，ハウステンボス歌劇団（歌劇ザ・レビューＨ
ＴＢラグーナ）の公演を行い，2017 年（平成 29 年）8 月 1 日には変なホテ
ルラグーナテンボスが開業した。

　2020 年（令和 2 年）6 月 20 日に「しまじろうと海の大冒険」がテーマ
の新たなキッズ施設「しまじろうシーパーク」を開設，同年 11 月 23 日に，
歌劇ザ・レビューＨＴＢラグーナのアートシアターでの公演を終了，2021
年（令和 3 年）3 月 31 日に，ホテルラグーナヒル（タラソテラピー施設・天
然温泉施設併設）が閉館となった。

　ラグーナテンボスがある愛知県蒲郡市は，ＪＲ東海道本線蒲郡駅と共
に名鉄蒲郡線終点の蒲郡駅があり，1965 年（昭和 40 年）には蒲郡線に本線
直通特急（2005 年廃止）を運転，三谷温泉や西浦温泉がある観光地の側面
も持った都市であった。特に，かつて大塚海岸海水浴場があり，1953 年

地形図　ラグーナテンボス①
2万5千分の1地形図「小坂井」平成11年修正

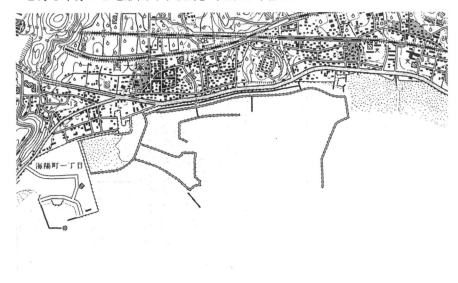

地形図　ラグーナテンボス②
2万5千分の1地形図「小坂井」平成19年更新

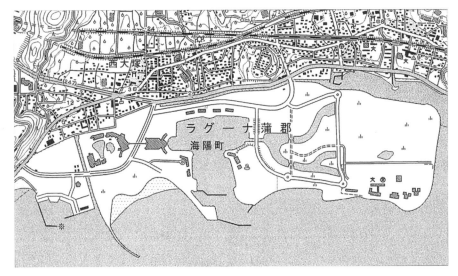

（昭和28年）に三河大塚駅が季節駅として開業，1960年（昭和35年）には常設駅となった。このように蒲郡は，かつて三河湾観光の拠点的存在であったが，1980年代には衰退，新たな集客力のある施設開設による観光開発が期待されたという，時代的・地域的背景があった。

「地形図　ラグーナテンボス①　2万5千分の1地形図「小坂井」平成11年修正」は，大塚海岸でのラグーナ蒲郡予定地埋め立て前。三河大塚駅が大塚海岸最寄り駅。「地形図　ラグーナテンボス②　2万5千分の1地形図「小坂井」平成19年更新」は，ラグーナ蒲郡の埋め立てが完了，図左手の建物が開園・開業したラグナシアとフェスティバルマーケット，図右手が海陽学園。

・中部財界編集部（2002）：4月25日「ラグナシア」オープン　マリンリゾート「ラグーナ蒲郡」の期待度，「中部財界」，45（5）：18-21.
・月刊レジャー産業資料編集部（2002）：ラグナシア／ラグーナフェスティバルマーケット　海洋リゾート「ラグーナ蒲郡」に集客の核を担う2施設がオープン，「月刊レジャー産業資料」，430:8-13.
・月刊レジャー産業資料編集部（2004）：ケーススタディ　ラグナシア　多世代の満足度向上と新規顧客の開拓に向け着実な追加投資を実施，「月刊レジャー産業資料」，453：76-79.
・週刊ダイヤモンド編集部（2014）：大きな挑戦となるラグーナ蒲郡で澤田社長の描く勝算，「週刊ダイヤモンド」，102（31）：51.
・アミューズメント産業編集部（2020）：ラグーナテンボスに新登場！「しまじろうシーパーク」：「しまじろうと海の大冒険」がテーマの新たなキッズ施設，「アミューズメント産業」，49（4）：10-13.

（6）ムーミンバレーパーク ＜文献4点＞

1997年（平成9年）7月1日に，「あけぼの子どもの森公園」が開園した。ムーミンの世界観が体験できる公園で，場所は埼玉県飯能市の加治丘陵北側である。きっかけは，飯能市の職員がトーベ・ヤンソンに手紙を送り，建設省の平成記念こどものもり公園事業の指定を受けて整備されたものである。ムーミン屋敷や森の家（トーベ・ヤンソンの資料展示，ムーミン関係の

書籍を所蔵）がある。2017年（平成29年）6月1日に，トーベ・ヤンソンの姪でムーミンキャラクターズ社長であるソフィア・ヤンソン氏の承認により，「トーベ・ヤンソンあけぼの子どもの森公園」と改称した。

2018年（平成30年）11月9日に，ムーミンバレーパークの無料のパブリックゾーンである「メッツァビレッジ」が先行開業した。場所は埼玉県飯能市の宮沢湖南側の湖に隣接した部分である。北欧のライフスタイルがテーマで，宮沢湖に面して，地元食材を使用したレストラン棟，地元埼玉県の物産が販売されるマーケット棟以外に，カヌー工房や北欧製品の売店等がある。メッツァはフィンランド語で森の意味である。事業主体は，フィンテックグローバルで，2015年（平成27年）6月30日に事業計画が発表された。

2019年（平成31年）3月16日に，ムーミンバレーパークの有料の「ムーミンゾーン」が宮沢湖畔に開園した。ムーミンの物語が体験でき，「はじまりの入り江エリア」（ゲートとパンケーキレストラン等），「ムーミン谷エリア」（ムーミン屋敷・水浴び小屋・海のオーケストラ号・エンマの劇場・リトルミイの店等），「コケムスエリア」（ムーミン谷の売店・食堂等），「おさびし山エリア」（ジップラインアドベンチャー・遊園地・スナフキンのテント・灯台等）がある。ムーミン屋敷は見学ガイドツアーがあり，劇場ではムーミンの物語のキャラクターが出演，海のオーケストラ号では映像を伴うアトラクションが楽しめる。スナフキンのテントにはスナフキンがいたり，ムーミンのパパが撮影に応じてくれたりする。キャラクターグッズも豊富で，2021年（令和3年）12月10日に施設が新装改装された。入口のパンケーキレストランはレットゥララウンジとなってシナモンロールとコーヒーが楽しめ，「コケムス」の2階にはムーミン関連の書籍が揃うライブラリーカフェとなり，キッズスペースも設けられた。エンマの劇場のショーも新しくなった。冬季には，イルミネーションやサウンドウォークも開催される。

「あけぼの子どもの森公園」の開園に見るように，ムーミンバレーパークも，地元の飯能市の熱心な誘致の賜物である。また，地元の西武鉄道も，宮沢湖周辺に所有していた土地を譲渡し，最寄り駅の飯能駅を改修するなどの協力もあった。また，建設工事の市内事業者への発注，市民の優先雇用，

地形図　ムーミンバレーパーク
２万５千分の１地形図「飯能」平成 23 年更新

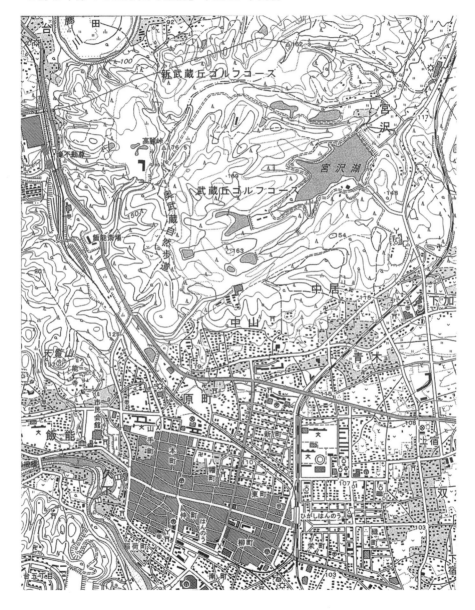

市内からの物資調達など，地元貢献につながるテーマパークとなっている。いわば，「テーマパーク地域」を考える模範的な事例となっている。これを継続するためにも，集客が重要で，そのためにもアクセスの利便性向上が欠かせない。必ずしも，飛躍的な改善とは限らないが，傍をＪＲ八高線が通過している。臨時駅でも開設できないか，あしかがフラワーパークの先例があるので，検討課題であろう。勿論，パークが西側に拡大されれば，西武池袋線武蔵丘車両基地南側に新駅も考えられる。ちなみに，かつて宅地開発と「武蔵丘駅」が計画されたことがあったものの，実現しなかった。

「地形図　ムーミンバレーパーク　２万５千分の１地形図「飯能」平成23年更新」は，開園前で，宮沢湖の周辺が予定地である。

- ＪＴＢパブリッシング編集部（2019）：『メッツァ公式ガイドブック　るるぶ　ムーミンバレーパーク　飯能で北欧ライフを体感』，ＪＴＢパブリッシング．
- 月刊レジャー産業資料編集部（2019）：ムーミンバレーパーク：埼玉県・飯能市のｍｅｔｓａに自然を生かし，世界観を形成するテーマパークが誕生，「月刊レジャー産業資料」，631：12-15．
- 星山貫一（2020）：埼玉県のムーミンバレーパークとその周辺の自然環境：自然の森と湖になかに万人が楽しめる独特の世界観を構築，「用水と廃水」，62（8）：541-545．
- 月刊レジャー産業資料編集部（2020）：ムーミンバレーパーク：キャラクターの集客力と独自のポジショニングに確かな手応えを得る，「月刊レジャー産業資料」，648：42-45．

３．観光温泉地型・有名観光地型テーマパーク地域とその文献
＜文献 185 点＞

（１）観光温泉地型テーマパーク集積地である鬼怒川温泉の立地前史と鉄道路線の発達 ＜文献 19 点＞

鬼怒川温泉は，有数の観光温泉地型テーマパーク集積地である。その各テーマパークを検討する前に，東武鉄道鬼怒川線と鬼怒川温泉について，

述べておきたい。

　東武鉄道鬼怒川線下今市駅〜新藤原駅間の前身は，鬼怒川水力発電所建設の資材運搬用馬車鉄道を転用した下野軌道（軌間 762 mm）で，1917 年（大正 6 年）1 月 2 日に大谷川北岸の大谷向今市駅〜鬼怒川南岸の中岩駅まで開通，1920 年（大正 9 年）1 月 1 日に新今市駅〜藤原駅間が全通した。静岡県の大井川鉄道井川線や富山県の黒部峡谷鉄道など，ダム・発電所建設用鉄道の転用例はよく見られる。開業当初は沿線の木戸ヶ沢鉱山の鉱石輸送を中心としており，木戸ヶ沢鉱山は下野軌道（後の下野電気鐵道）の筆頭株主であった。今日と違って戦前は日本各地に中小の鉱山が多くあり，鉱石輸送が鉄道建設の契機となった例を多く見ることができる。1921 年（大正 10 年）6 月 6 日に下野電気鐵道と改称，1922 年（大正 11 年）3 月 19 日に直流 550 V 電化をはたした。1927 年（昭和 2 年）に東武鉄道傘下に入り，東武鉄道は鬼怒川・川治温泉の開発に着手，同年 2 月 19 日に大滝駅を鬼怒川温泉駅に改称した。1929 年（昭和 4 年）10 月 1 日の東武鉄道日光線全通に伴い，現在の東武鉄道下今市駅を起点とし，当初の起点である省線今市駅（現・JR 今市駅）〜東武鉄道下今市駅間を 1929 年（昭和 4 年）10 月 22 日に廃止した。その廃線跡は道路となり，地形図上で読み取ることができる。1930 年（昭和 5 年）5 月 9 日に東武鉄道と同じ軌間の 1067mm に全線が改軌し，東武鉄道からの貨車が直通した。1931 年（昭和 6 年）2 月に電圧を東武鉄道と同じ直流 1500 V に昇圧，東武電車の臨時乗り入れが始まった。昭和初期の景気低迷の影響を受けたが，1935 年（昭和 10 年）には，東武デハ 10 系電車の登場により，週末に東武浅草駅から直通特急電車が運転され，藤原村は町制を施行して藤原町となった。1943 年（昭和 18 年）5 月 1 日に東武鉄道に買収され，東武鉄道の日光線と並ぶ観光路線として，今日に至っている。もっとも，1938 年（昭和 13 年）以降の特急運転は減少，1945 年（昭和 20 年）11 月を最後に特急運転は中止，再開は 1948 年（昭和 23 年）8 月 6 日で金土日のみの運転，毎日の運転となるのは 1949 年（昭和 24 年）4 月 1 日からである。1951 年（昭和 26 年）11 月には新製の流線型特急電車 5700 系が就役した。このように，発電資材や鉱石運搬鉄道が観光鉄道に転身したわけである。なお林産資源と鉱産資源輸送を当初の主

目的として，1924年（大正13年）3月1日に一部開通，1929年（昭和4年）10月22日全通の鬼怒川線新高徳駅～国鉄東北本線矢板駅間の路線もあったが，1959年（昭和34年）7月1日に廃止された。廃止直前まで蒸気機関車が走る路線であり，その廃線跡は，道路転用や未利用で築堤が残存して，地形図上で読み取ることができる。

　かつての私鉄は，産業鉄道や参詣鉄道として成立した例が多い。いずれもその後に観光鉄道（もしくは観光利用の絶対量の増加）や通勤鉄道等に転身できたかどうかが鉄道存続の大きなポイントとなった。当然，観光鉄道へは観光開発，通勤鉄道へは宅地開発が必要で，地域開発と鉄道の連携が，その後の鉄道存続に大きく影響するのである。モータリゼーションの進展が鉄道を衰退へと向かわせたものの，全ての鉄道が打撃を受けたわけではない。この連携構築が鉄道の運命を左右したことを指摘しておきたい。単に，モータリゼーションの進展だけで，単純に鉄道の衰退を語れるものではない。

　鬼怒川温泉（旧・藤原町，現・日光市）は，東京の奥座敷として，過去には1泊の会社の慰安旅行の定番として，関東ではよく知られる存在である。鬼怒川温泉のある旧・藤原町は第3次産業就業者数の比率が84％（1995年）と，栃木県下では最も高い。隣接する旧・栗山村（湯西川温泉や奥鬼怒温泉郷がある）が78％，（旧）日光市・塩原町・宇都宮市がそれらに次ぎ，それぞれ60％台である。鬼怒川温泉は，1927年（昭和2年）に，下野電気鐵道が東武鉄道傘下に入ったのを契機として，東武鉄道が売り出すために，もとの下瀧温泉を川の名前に因んで改称したもので，大正期まではわずかな宿しかない無名の温泉だった。なお，ペアとなる上瀧温泉は現在の新藤原駅近くである。前述のとおり東武鉄道の開発で，1931年（昭和6年）3月に東武鉄道が鬼怒川温泉ホテルを建設し，他の旅館用地の分譲等を行い，「元湯通り」（旧・藤原町役場のすぐ北，「くろがね橋」周辺，かつての鬼怒川温泉駅前）を中心として温泉旅館街ができた。昭和初期以降に建設された高層ホテルや旅館の客室の窓から，鬼怒川の渓谷美を見ることができるのが魅力のひとつである。1956年（昭和31年）4月1日には軽量高性能特急電車1700系が登場して東武浅草～東武日光間の所要時間が2時間を切

り，1960年（昭和35年）10月9日には1720系特急電車デラックスロマンスカーが登場，後述する特急スペーシア登場まで日光・鬼怒川への看板特急であった。その後，鬼怒川温泉駅が手狭なため，1964年（昭和39年）10月8日に駅が南の現在の鬼怒川温泉駅に移転し，新興旅館街がその駅前に発達した。

　筆者は鬼怒川温泉駅移転後の昭和40年代に，くろがね橋脇の土産物屋「おおあみ」（当時，鬼怒川温泉で一番大きい土産物屋。鬼怒川温泉の草創期，茨城県大洗町出身の初代が開店）に長期滞在して，観光地としての鬼怒川温泉の盛況ぶりを見る機会を得た。旧駅ホーム等はまだそのまま（現在は跡形もなく，跡地に公衆トイレがあるのみ）で，当時はまだ現・駅前の旅館が少なかった。かつての「元湯通り」では，夜ともなると浴衣姿の観光客が高下駄の音を鳴らし，土産物屋や遊戯場の街に繰り出す光景が，温泉街の情緒を醸し出していた。しかし，今日では現・駅前の旅館の発達による宿泊客の分散化，ホテルの大規模化による土産物購入や娯楽のホテル内施設利用が進み，さらに昭和50年代の観光客数の低迷や昭和初期に開店した店の経営者の高齢化と後継者不足などにより，「元湯通り」温泉街の様子も変化し，また観光客の宿泊スタイルも以前とかなり異なってきている。

　1984年（昭和59年）3月に「ウェスタン村」が改称により誕生，1986年（昭和61年）4月23日に日光江戸村が開園した後，1986年（昭和61年）10月9日，野岩鉄道会津鬼怒川線新藤原駅〜会津高原駅（現・会津高原尾瀬口駅）間が開業，会津高原駅でJR会津線（西若松駅〜会津高原駅）と接続した。東武鉄道鬼怒川線はトンネルらしいトンネルがほとんどないのに対して，極めて対照的に，野岩鉄道はトンネルばかりである。これは，鬼怒川線のみならず東武鉄道の路線全体が同様で，これは東武鉄道の開通が古く，当初は蒸気機関車による列車運行で，トンネルを避けるためにトンネルを必要とする路線経路を選択しなかったことによる。それに対して下野（栃木県）と岩代（福島県）を結ぶところから命名された野岩鉄道は，山がちの地形を通過し，大規模なトンネル工事も対費用効果から可能となり，最初から電化鉄道でスピードアップのために直線の線形が求められるとともに，積雪地帯を通過することからむしろトンネル通過が望ましいという

（非電化だが神岡鉄道も同様である），地形の差異や土木技術の進歩，電化・直線化と冬季の雪対策等からくる，開業時期の違いを反映している。1987年（昭和62年）7月16日にＪＲ会津線が会津鉄道に転換され，会津鉄道の全列車がＪＲ会津若松駅まで乗り入れた。1990年（平成2年）6月1日には特急スペーシアが登場，翌年の1991年（平成3年）9月1日までにはすべての特急がスペーシアとなった。1990年（平成2年）10月12日に会津鉄道会津高原駅〜会津田島駅（福島県田島町）間が電化され，東武浅草駅〜会津田島駅間の電車急行「南会津」の運転が開始された。会津鉄道沿線から東京へ行くのには，このルートが便利であり，鬼怒川温泉からの新しい観光ルートが開発された。名古屋鉄道のＪＲ高山線乗り入れ用特急用ディーゼルカーであった車輌が2001年（平成13年）9月30日で廃止されたのに伴い，同年12月に会津鉄道へ譲渡された。2002年（平成14年）3月23日から電車急行「南会津」に連絡する会津田島駅〜会津若松駅間の快速「ＡＩＺＵマウントエクスプレス」（愛称）として運行を開始，2003年（平成15年）10月1日にはＪＲ磐越西線喜多方駅まで乗り入れを開始した。名古屋鉄道時代と同様，私鉄とＪＲの相互乗り入れが継続した。さらに，2005年（平成17年）3月1日には電車急行「南会津」の廃止に伴い，東武鬼怒川線鬼怒川温泉駅まで乗り入れ，鬼怒川温泉駅で特急列車に連絡する快速「ＡＩＺＵマウントエクスプレス」として運行されることになった。2003年（平成15年）6月発行の旧著で「かつて名古屋鉄道の犬山線を走っていた車輌である。もし運転区間が延長されて東武鉄道鬼怒川線を走ることになれば，再びテーマパーク至近を通ることになる」と記したが，ＪＲとの相互乗り入れ同様，テーマパーク至近を通ることも再現された。しかし，会津鉄道での運転特性と車輌性能が合わず，2010年（平成22年）5月30日にこの車輌による営業運転は終了となった。2017年（平成29年）4月21日より，特急「リバティ会津」が東武浅草駅〜会津田島駅間で運転開始となった。

鬼怒川温泉では，年配層に「日光江戸村」，若者に「ウェスタン村」，幼児に「日光猿軍団」（1992年1月劇場開設），そこへ教養指向の中年層と学生生徒向けの「東武ワールドスクウェア」が加わり，各年齢層にあった観

光施設が備わっていた。いわば，各テーマパークが棲み分けをして共存している状況であった。東武ワールドスクウェアは，テーマパークブームを締めくくる時期の開園で，すでに他のテーマパークがあり，相乗効果が期待できるとともに，観光客の創造によって，本体の鉄道客の増加を狙ったものである。

　観光旅行の多様化により，昭和50年代の一時期，日光・鬼怒川地区の観光客が減少した。その後，前述の野岩鉄道の開通による新しい観光ルートの開拓や後述の日光江戸村の開園により，観光客が再び増加し，さらにテーマパークの充実により，鬼怒川温泉は新しい時代に入ったかにみえた。休日ともなると，便利な時間帯の東武特急スペーシアは満席，鬼怒川温泉へ入る道路は渋滞が慢性化する現象も見えた。さらに新宿駅からのバス便や2006年（平成18年）3月18日にはJRからの直通特急も加わり，交通は便利になった。しかしながら，後述するように，テーマパークの一角をなすウェスタン村が事実上の閉鎖状態であり，日光江戸村も運営企業が変わり，東武ワールドスクウェアも2000年代は大きな内容変化がない状況が続いた。旧来の鬼怒川温泉と駅との間が離れているうえに，テーマパークへの移動も手間取り，都会客を中心とするには，交通上の問題が解消されておらず，さらには鬼怒川温泉の旅館スタイルが従来どおりのために，テーマパークとの相乗効果に限界がある。鬼怒川温泉の旅館に融資していた地元金融機関の経営危機から，融資を継続して受けられず，閉鎖された旅館も出現している。鬼怒川温泉は，更なる時代へ向けて，模索と対策が求められることとなった。そこで東武鉄道は，2017年（平成29年）4月21日より新型特急「リバティ」の運転を開始，同年8月10日から，東武鬼怒川線下今市駅〜東武ワールドスクウェア駅〜鬼怒川温泉駅間で，C11型蒸気機関車牽引によるSL大樹を運転開始，鬼怒川温泉の魅力向上を目指すこととなった。特に，JRから譲り受けた転車台を下今市駅と共に鬼怒川温泉駅前にも設置，SLの方向転換作業が人気となっている。2020年（令和2年）にはSL大樹ふたらが，東武日光駅〜下今市駅〜東武ワールドスクウェア駅〜鬼怒川温泉駅間で運転開始した。

　なお，藤原町は，2006年（平成18年）3月20日に(旧)日光市・今市市・

地形図　鬼怒川①
５万分の１地形図「日光」大正14年鉄道補入

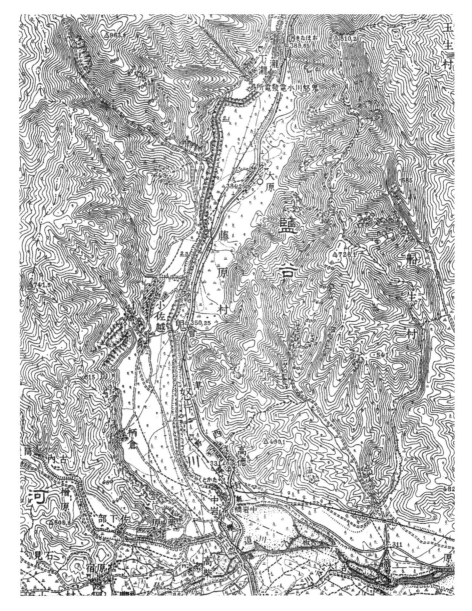

地形図　鬼怒川②
５万分の１地形図「日光」昭和４年修正

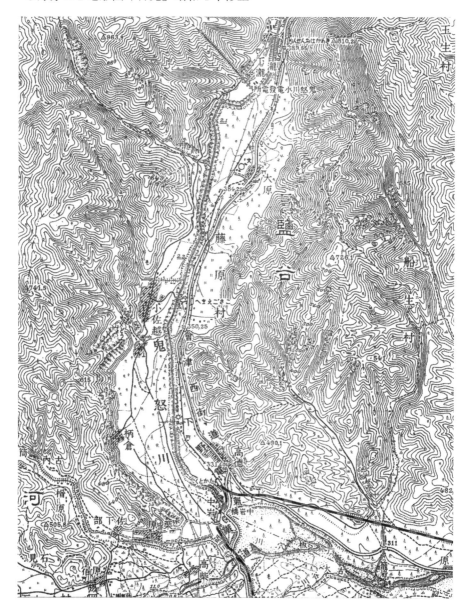

地形図　鬼怒川③
5万分の1地形図「日光」昭和37年資料修正

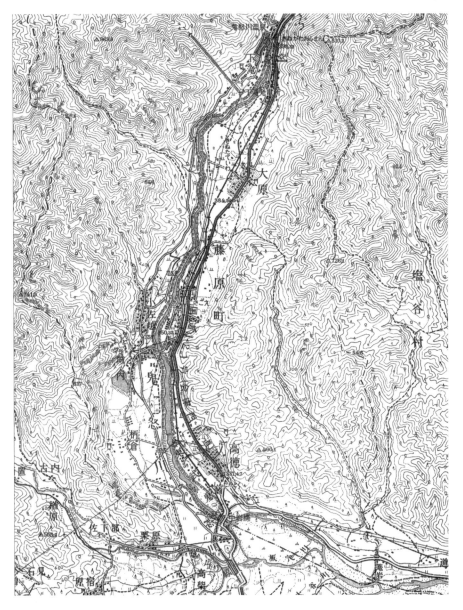

地形図　鬼怒川④
5万分の1地形図「日光」平成14年修正

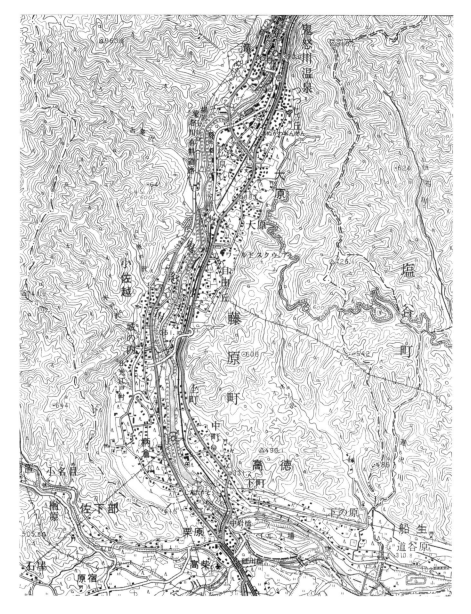

栗山村と合併，（新）日光市の一員となり，日光江戸村も名前どおりの日光所在となった。

「地形図　鬼怒川①　5万分の1地形図「日光」大正14年鉄道補入」では，下野電気鐵道・鬼怒川水電発電所・小佐越の木戸ヶ沢鉱山が描かれ，旧・鬼怒川温泉駅は大瀧駅であった。「地形図　鬼怒川②　5万分の1地形図「日光」昭和4年修正」では，1929年（昭和4年）に高徳駅までが東武鉄道と同じ軌間に改軌されたので「鐵道」記号となり，高徳駅以北は翌年の改軌のためにまだ「特殊鐵道」記号である。東武鉄道傘下に入り，鬼怒川温泉開発が開始されたため，大瀧駅は鬼怒川温泉駅に改称されている。小佐越駅が開業，鉱山記号に「どう」の注記が記された木戸ヶ沢鉱山も描かれている。「地形図　鬼怒川③　5万分の1地形図「日光」昭和37年資料修正」では，旧・鬼怒川温泉駅対岸の温泉街，木戸ヶ沢鉱山の沈殿池や対岸との索道が描かれている。新高徳駅から分岐した矢板への路線は，1959年（昭和34年）廃止により消えている。「地形図　鬼怒川④　5万分の1地形図「日光」平成14年修正」では，移転した鬼怒川温泉駅とその駅前の新興旅館街，東武ワールドスクウェアや木戸ヶ沢鉱山跡の日光江戸村が描かれている。また，鬼怒川有料道路など，道路網の整備も進んでいる。

・中村精一・豊島勉（1961）：東武鉄道の線路概要，「鉄道ピクトリアル特集　東武鉄道」，鉄道図書刊行会，115：15-22.

・東武鉄道株式会社（1964）：『東武鉄道六十五年史』，東武鉄道株式会社.

・山村順次（1969）：伊香保・鬼怒川における温泉観光集落の発達と経済的機能，「地理学評論」，42（5）：295-313.

・山村順次（1972）：今市・鬼怒川・川治，『日本図誌体系　関東Ⅱ』，朝倉書店，164-166.

・小林　茂（1972）：下野電気鉄道，「鉄道ピクトリアル臨時増刊　東武鉄道特集」，鉄道図書刊行会，No.263，pp.126〜131.

・東京出版企画社（1974）：下野軌道　下野電気鉄道，『日本の軽便鉄道』，立風書房，89.

・日本社史全集刊行会編纂（1977）：『日本社史全集　東武鉄道六十五年

史』，常盤書院．

- ・青木栄一（1981）：東武鉄道の歩み　その路線網の建設と地域開発，「鉄道ピクトリアル臨時増刊号　東武鉄道特集」，鉄道図書刊行会，392：10-20．
- ・花上嘉成（1990）：1700・1720系あれこれ，「鉄道ピクトリアル臨時増刊　特集　東武鉄道」，鉄道図書刊行会，537：128-136．
- ・森　彰英（1995）：『元気を乗せて東武は走る』，日本能率協会マネジメントセンター．
- ・中西正紀（1996）：野岩鉄道，「鉄道ピクトリアル増刊　特集　関東地方のローカル私鉄」，鉄道図書刊行会，620：171-173．
- ・奥野一生（1996）：東武鉄道沿線（栃木・群馬）巡検案内，「大阪教育大学地理学会会報」，31：8-18．
- ・中西正紀（1997）：会津鉄道，「鉄道ピクトリアル臨時増刊　特集　東北地方のローカル私鉄」，鉄道図書刊行会，636：204-208．
- ・東武鉄道営業部営業課（1997）：東武鉄道と観光輸送，「鉄道ピクトリアル臨時増刊　特集　東武鉄道」，647：38-39．
- ・今尾恵介（2000）：今市付近　下野軌道　東武鬼怒川線，『地形図でたどる鉄道史　東日本編』，ＪＴＢ，63-67．
- ・花井正弘（2004）：下野軌道　下野電気鉄道の機関車，「鉄道ファン」，交友社，513：140-146．
- ・花上嘉成（2004）：『東武デラックスロマンスカー』，ＪＴＢ．
- ・東武鉄道営業部開発宣伝課（2008）：近年における観光輸送の展開，「鉄道ピクトリアル臨時増刊号　特集　東武鉄道」，鉄道図書刊行会，799：30-35．
- ・金野　智（2008）：回想の東武ロマンスカー，「鉄道ピクトリアル臨時増刊号　特集　東武鉄道」，鉄道図書刊行会，799：144-148．

（2）ウェスタン村 ＜文献９点＞

　1973年（昭和48年）10月13日に，カントリーウェスタン調の「鬼怒川ファミリー牧場」が開園，これが「ウェスタン村」の前身である。動物と

遊べるというのが売りものだったが，後に動物が減少したため業態を変更し，テーマパーク元年の翌年である 1984 年（昭和 59 年）3 月に「ウェスタン村」と改称した。テーマパークが多い鬼怒川地区にあって，いわば最初に開園したのが，当初「牧場」という呼称であった，この「ウェスタン村」ということになる。行政上は今市市（現・日光市）であったが，鬼怒川温泉のある藤原町（現・日光市）内の東武鉄道鬼怒川線新高徳駅からは徒歩圏内で，地形上は鬼怒川の谷口に位置し，道路も東京方面からは必ずここの前を通るため（したがってボトルネックの一番の渋滞地点），鬼怒川温泉からはやや遠いが，自動車交通上の立地地点としては優れていた。電車・自動車の車窓から，目印の幌馬車と西部劇の砦のような外観を見ることができ，入り口すぐの建物が「ファミリー牧場」以来の建物で，当初はそれ以外にウェスタンショーのライブステージと観客席，西部の町並み等であった。後述の日光江戸村開園に対して，1986 年（昭和 61 年）8 月に「メキシカンタウン」を川の対岸での敷地拡大により建設，1988 年（昭和 63 年）5 月 1 日からハワイの精糖工場で使用していた蒸気機関車を譲り受け，距離約 700 m を「ワイパウ号」として走行を開始した。ついで在来の施設展示内容の充実を図り，1992 年（平成 4 年）4 月に「ストリート・ミュージアム」（アメリカ合衆国の有名俳優を模した人間ロボットを配置）を既存の西部の町並み部分に開設，1993 年（平成 5 年）5 月にはアメリカンスタイルの蒸気機関車「バージニア号」が走行を開始した（同時に，「ワイパウ号」はオーバーホール）。さらに敷地の拡大を図り，1995 年（平成 7 年）4 月に「マウント・ラシュモア」（アメリカ合衆国歴代大統領 4 人の彫刻）を縮尺 3 分の 1 で建設，併設の「アメリカンドーム」内で通年 1 州を紹介し，毎年州替展示をする予定であった。1998 年（平成 10 年）5 月 3 日に「ワイパウ号」がリニューアルデビューを飾った。最初から本格的なテーマパークであったわけではないが，絶えず手直しをしながら施設を充実させ，リピーターを増やす努力を行ってきた。日本では特異な軌間である 914 mm 軌間（日本では他に前述した東京ディズニーランドのジョリートローリー等があり，保存鉄道線では小樽交通記念館のアイアンホース号とともに珍しい存在であった）を走行する蒸気機関車，アメリカンスタイルのカブース（車掌車），貴重な本物

の駅馬車，小道具類など，アメリカから輸入した本物の実物をさりげなく配し，ライブのウェスタンショーもあって手軽に西部劇の世界を味わえる，比較的，若者に人気のあったテーマパークである。

　しかし，1995年（平成7年）の「アメリカンドーム」建設のために受けた融資の返済が順調に行かず，2002年（平成14年）に入場料金を大人2300円から1500円に値下げしたが集客状況は好転しなかった。アトラクションの追加，ショー内容の更新，そしてメンテナンスの費用がまかなえず，2006年（平成18年）9月には土地建物の競売が決定され，同年12月7日より休業となり，その後再開されず，事実上の閉園状態となっている。ワイパウ号は，一旦，個人に引き取られたのち，2017年（平成29年）7月22日より，東武ワールドスクウェアの入り口に置かれている。敷地の大部分はそのままで，廃墟となっているが，鉄道が走っていた「メキシカンタウン」の場所は，葛生町小径木加工協同組合「バイオマスホフ日光」の原木置き場に転用されている。

　「地形図　日光江戸村・ウェスタン村①　2万5千分の1地形図「鬼怒川」昭和40年改測」は，鬼怒川図名最初の図で，ウェスタン村開園前のため，まだ描かれていない。「地形図　日光江戸村・ウェスタン村②　2万5千分の1地形図「鬼怒川」平成13年修正」では，東武鉄道鬼怒川線横，川の両側に転記するウェスタン村が描かれている。このウェスタン村の前で，東京方面から来た道路は鬼怒川両岸へと分岐する。

　・岩堀春夫（1992）：ワイパウ号（ウェスタン村・栃木県今市市），「旅
　　　B級列車で行こう！」，日本交通公社出版事業局，780：23.
　・ソルト（1993）：全国必見テーマパーク大集合　ウェスタン村，「旅
　　　テーマパーク探検」，日本交通公社出版事業局，794：131.
　・白川　淳（1993）：ウェスタン村鉄道　ウェスタン村，『全国保存鉄道』，
　　　JTB，72-73.
　・白川　淳（1994）：バージニア号　ウェスタン村，『全国保存鉄道Ⅱ』，
　　　JTB，10.
　・月刊レジャー産業資料編集部（1995）：マウントラシュモア　ウェス
　　　タン村，「月刊レジャー産業資料」，346：46-49.

地形図　日光江戸村・ウェスタン村①
２万５千分の１地形図「鬼怒川」昭和40年改測

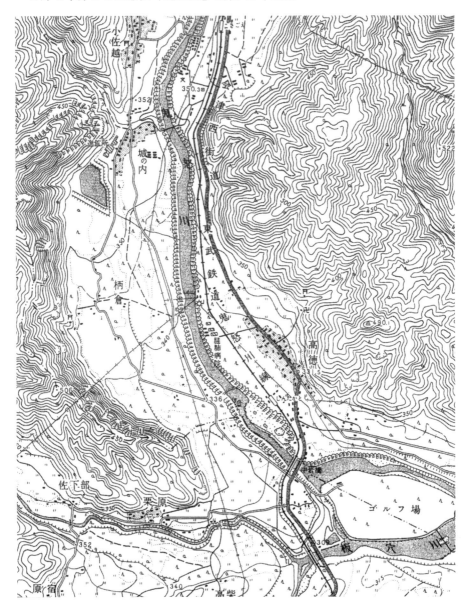

地形図　日光江戸村・ウェスタン村②
２万５千分の１地形図「鬼怒川」平成13年修正

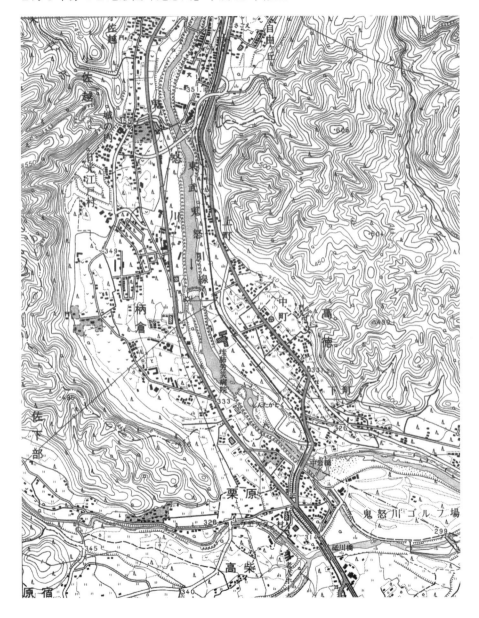

・奥野一生（1996）：東武鉄道沿線（栃木・群馬）巡検案内，「大阪教育大学地理学会会報」，31：8-18.
・白川　淳（1998）：ウェスタン村，『全国保存鉄道Ⅲ東日本編』，ＪＴＢ，103-105.
・せんろ商會（2003）：ウェスタン村，『知られざる鉄道Ⅱ』，ＪＴＢ，112-113.
・佐々木隆（2018）：ウェスタン村，『日本懐かし遊園地大全』，辰巳出版，47・51.

（3）日光江戸村・登別伊達時代村・伊勢戦国時代村（伊勢・安土桃山文化村）・加賀百万石時代村 ＜文献 21 点＞

　「テーマパーク元年」の前年，東京ディズニーランドの竣工が近づく中，1982 年（昭和 57 年）9 月 30 日に大新東株式会社が出資して新東地域開発が設立された。大新東株式会社は，野口勇氏が当時はオーナーで，もともと自動車運転代行業の会社である。新東地域開発は，後年に株式会社時代村と社名変更された。

　日光江戸村は，1986 年（昭和 61 年）4 月 23 日，栃木県塩原郡藤原町（現・日光市）に開園した。日光・鬼怒川地区の観光客の減少をくい止めるためと，日本鉱業の木戸ヶ沢鉱山跡地の有効利用を図るため建設されたもので，大新東グループの新東地域開発が所有・経営・運営を行う。なお，日光江戸村の用地が鉱山跡地であることはあまり知られておらず，その木戸ヶ沢鉱山は下野軌道・下野電気鐵道の筆頭株主であった。言わば，鉱山で鉄道が成立し，鉱山跡地が鬼怒川復興に貢献したわけである。日光江戸村は芸達者な役者による芝居と若者を中心とした忍者ショーが売り物であり，人海戦術のテーマパークの代表と言えるだろう。多くのテーマパークはハイテク技術を導入，そのため初期投資に多大の資金を必要とし，その回収に長期間を要することが多いが，ここはさしたるハイテク技術はなく，むしろ反対の人手をかけた演出が好評で，開業初年度から黒字を計上，地元観光客の増加に貢献している。1991 年（平成 3 年）に大忍者劇場をオープンさせ，ジャパンアクションクラブと合併，魅力向上と人材確保をおこなった。

後述するように，登別伊達時代村・伊勢戦国時代村・加賀百万石時代村と，同系列で次々と全国展開した。1995年（平成7年）のNHK大河ドラマ「吉宗」やテレビ東京の時代劇のロケ地等でも，知られた存在となった。事務担当も含めて，キャスト全員が時代劇衣装である。時代村としては，比較的規模が大きく，当初からのスタイルが維持されているのは，立地条件の良さからの集客が見込めることによる。ただ，時代の変化もあり，新たな魅力づくりも求められるであろう。

「地形図　日光江戸村・ウェスタン村①　2万5千分の1地形図「鬼怒川」昭和40年改測」は，鬼怒川図名最初の図で，選鉱所と沈殿池が描かれている場所がのちに日光江戸村となる場所である。「地形図　日光江戸村・ウェスタン村②　2万5千分の1地形図「鬼怒川」平成13年修正」では，選鉱所と沈殿池の跡地に日光江戸村が開園，対岸から自動車で渡れる道路が新設されている。

大新東グループは時代村テーマパークのチェーン展開を進めたが，関連文献として以下に示したように単行本はほとんどなく，業界誌の記事がほとんどというのもその特色を示しているともいえる。多くのテーマパークがリゾート法による成立だが，日光江戸村はそれ以前からの開園であり，他のテーマパークが無名観光地に立地して新たな観光地作りをしている例があるのに対して，在来観光地に立地するといういわゆる小判鮫商法である。またテレビドラマのロケ地になっているように，映像との連携を目指しており，その特色ある展開から和製ディズニーと称され，四箇所のテーマパークを開園させた。栃木県鬼怒川温泉の日光江戸村は東京の東武浅草駅から東武特急で2時間，北海道登別温泉の登別伊達時代村は札幌駅からJR特急で1時間，三重県二見浦の伊勢戦国時代村は大阪の近鉄上本町駅や近鉄名古屋駅から近鉄特急で1時間半前後，石川県加賀温泉の加賀百万石時代村（加賀市）は大阪駅からJR特急で2時間強の位置にある。次に二箇所の開園が予定されていた。東京駅からJR特急で2時間の静岡県中伊豆には伊豆時代歴史村（大仁町），大分県筑後川上流日田には九州日田明治維新村（日田市）で，最終的にはさらに，八戸世界名湯100選村・米子室町時代村・備前ヨーロッパ時代村・宮城独眼流時代村・薩摩藩時代村

と，全国に11箇所開園する予定が立てられ，お土産物の包装紙にそれら
のテーマパーク名が印刷されていたが，計画は中断している。九州明治維
新村は当初別府市に建設される予定だったが日田市に計画変更された。日
田は福岡・博多から人気観光地である湯布院（今日，若者の間では大分県の
温泉の中で別府よりも有名）にいたる動線上の中間地点に位置し，ＪＲ久大
本線で博多駅から別府駅まで特急で3時間強（鹿児島・日豊本線特急では2
時間）に対して，湯布院駅までは2時間強，日田駅までは1時間半弱で到
着でき，北九州の小倉駅からも当時はＪＲ日田彦山線快速利用2時間で到
着できるということであった。テーマパークにとって，大都市から時間距
離2時間が大きなポイントである。もちろん，高速道路の大分自動車道が
すでに日田インターチェンジまで開通しており，自動車交通の便もある。
大新東グループのテーマパークの運営特色は，必ず運営主体の本社を地元
において税金が地元自治体に入るようにし，地元優先の雇用・出入業者も
地元優先など，地域経済に与える影響が大きいことである。

　旧著を発行した2003年（平成15年）には，「世界の中の日本のテーマパー
ク」というところから時代村グループを「ＥＤＯ　ＷＯＮＤＥＲＬＡＮＤ」
（江戸ワンダーランド）と称し，時代村の各パークにおいて修学旅行の体験
学習アトラクション「社会学学問所」を開設していると記した。しかしな
がら，2004年（平成16年）11月26日に親会社の大新東株式会社が，大幅
な債務超過を解消するために，観光芸能事業から撤退することになった。
同年12月21日に大新東の創業オーナー一族は保有する株式を無償譲渡す
るとともに経営から引退，時代村の株式・債務は創業オーナーに備忘価格
譲渡することになった。これにより，大新東との資本的関係はなくなり，
創業オーナーの個人経営による「株式会社時代村」となった。2005年（平
成18年）4月1日には各時代村は分割分離独立，独立法人で独立採算を進
めることになった。

　登別伊達時代村は，1992年（平成4年）4月23日，登別温泉とＪＲ室
蘭本線登別駅の中間点に開園した。大新東グループの北日本大新東が開園
当時の事業主体で，日光江戸村に続く二番目の施設であった。日光江戸村
と同様の，役者による各種の芝居が中心であるが，「伊達家老屋敷」の映

像とジオラマ，「忍者屋敷」での装置多様，「忍者迷宮窟」でのライド利用等，人員確保の関係から機械化の推進と，1995年度よりの冬季休業が日光江戸村と異なっている。伊達藩300年の歴史・風俗・文化を再現しており，特に片倉小十郎屋敷の再現が圧巻である。仙台遊郭もみ屋・忍者かすみ屋敷・江戸怪談屋敷，商家街では土産店や食事処があり，イベント広場ではショーも行われる。冬季休業時期もあったが，夏季には加賀百万石時代村を上まわる入込み客があった。2005年（平成18年）4月1日に分割分離独立により「登別伊達時代村」が経営を引き継ぎ，地元密着型の運営となった。

　「地形図　登別マリンパークニクス・登別伊達時代村①　2万5千分の1地形図「登別温泉」昭和61年修正」は，開園前の状況が示されている。「地形図　登別マリンパークニクス・登別伊達時代村②　2万5千分の1地形図「登別温泉」平成3年修正」は，開園後で，駅やインターチェンジから登別温泉に向かう道路の途中に進入路がある。（本書236頁）

　伊勢戦国時代村は，1993年（平成5年）4月27日，三重県二見町（現・伊勢市）に開園した。大新東グループの伊勢戦国時代村が開園当時の事業主体で，日光江戸村・登別伊達時代村に続く三番目の施設である。旧・伊勢市や鳥羽市も候補地として検討されたこともあったが，旧・二見町の熱心な誘致要請により決定された。山頂に，織田信長の安土城天守閣が再現され，麓には城下町という立体的な構成で，絶好の写真撮影ポイントとなっている。戦国時代をテーマとして，戦国砦・洛中洛外ゾーン・武家屋敷・忍者の里等が配置されて，15のアトラクションが用意されていた。夜ともなると，天守閣がライトアップされて二見浦の背後にそびえていた。四箇所の時代村中，日光江戸村に次ぐ集客であった。2003年（平成15年）4月1日に伊勢・安土桃山文化村へと改称され，以前より，大阪や名古屋からの小学校修学旅行先であることを活用して，歴史学習施設の側面を強調し，修学旅行等の団体客集客に力を入れていた。2005年（平成18年）4月1日に分割分離独立により「伊勢・安土桃山文化村」が経営を引き継いだ。なお，二見町は，2005年（平成17年）11月1日に（旧）伊勢市・小俣町・御園村と合併，（新）伊勢市の一員となり，伊勢戦国時代村，伊勢・安土桃山文化村も名前どおりの伊勢所在となった。2016年（平成28年）に伊勢・

地形図　伊勢戦国時代村（伊勢・安土桃山文化村）①
2万5千分の1地形図「二見」平成元年修正・「鳥羽」平成元年修正

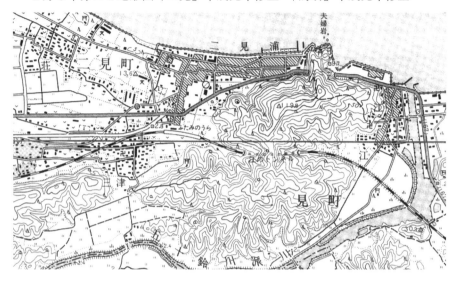

地形図　伊勢戦国時代村（伊勢・安土桃山文化村）②
2万5千分の1地形図「二見」平成19年更新

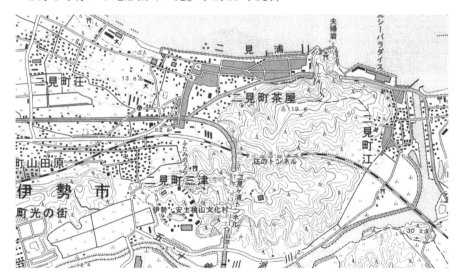

地形図　加賀百万石時代村①
２万５千分の１地形図「片山津温泉」昭和61年修正

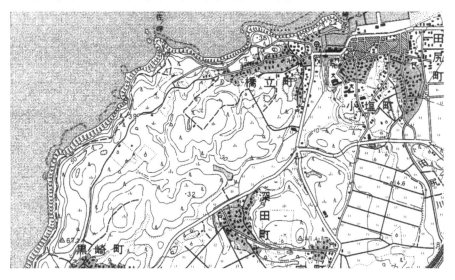

地形図　加賀百万石時代村②
２万５千分の１地形図「片山津温泉」平成８年修正

安土桃山文化村は共生バンクグループに買収され，2017年（平成29年）に伊勢・安土桃山城下町に，さらに2019年（平成31年）3月1日にともいきの国伊勢忍者キングダムに，施設名が変更された。忍者と飲食部門が中心となり，その立ち寄りが期待されることとなった。

　「地形図　伊勢戦国時代村（伊勢・安土桃山文化村）①　2万5千分の1地形図「二見」平成元年修正・「鳥羽」平成元年修正」は，開園前の状況が示されている。「地形図　伊勢戦国時代村（伊勢・安土桃山文化村）②　2万5千分の1地形図「二見」平成19年更新」は，開園後で，伊勢・安土桃山文化村と改称された名称が表示されている。ＪＲ参宮線二見浦駅の南に開設されたものの，入り口進入路は南側に設けられたため，駅からは大きく迂回，駅前立地とはなっていない。海抜90ｍの地に安土城が再現されている。

　加賀百万石時代村は，1996年（平成8年）4月22日，石川県加賀温泉郷である加賀市黒崎町に開園した。大新東グループの新東地域開発が事業主体で，日光江戸村・登別伊達時代村・伊勢戦国時代村に続く四番目の施設である。加賀百万石をテーマとして，加賀鳶のはしごのりの劇が見られる「百万石伝統劇場」，おいらん道中の「遊郭劇場百華楼」，激しいアクションの「忍者劇場」・日本海の荒波を行くシミュレーションシアターの「激戦北前船」・渡ると音楽が流れる「鳴り物大橋」などがあった。全体として，従来の地形や植生を生かして，自然の中に点在する構成となっていた。しかし，アトラクション追加等の施設内容の大幅な変更は行われず，大阪・名古屋方面からは伊勢戦国時代村（伊勢・安土桃山文化村）と競合し，4施設の中では，観光シーズンの夏季でも集客数は最も低迷，2005年（平成17年）4月1日に分割分離独立により従業員らを主体として設立された「加賀百万石時代村」が経営を引き継いだが，同年開催の愛知万博（愛地球博）や大雪の影響を受けて大幅に入場者数減となって資金繰りが悪化，運営継続を断念，2006年（平成18年）1月30日でもって閉園した。同年5月に東京都江東区台場地区で2003年（平成15年）開設の温泉レジャー施設を運営する「大江戸温泉物語」が跡地を取得することになり，既存施設を活用して，2008年（平成20年）に「大江戸温泉加賀物語」として開業するこ

とになった。加賀温泉郷に位置するという，立地条件の有利性から再活用が可能となったものである。但し，敷地内で温泉を掘削したが，期待した湯量が得られないため，宿泊施設の設置は当面見送り，足湯を中心とした施設が予定された。「大江戸温泉物語」は，近くの片山津温泉の旅館を買収，グループの宿泊施設としている。2008 年（平成 20 年）に大江戸温泉物語「日本元気村」となったが，2013 年（平成 25 年）に休園となった。戦艦三笠のレプリカを展示，2009 年（平成 21 年）〜 2011 年（平成 23 年）に放映されたＮＨＫドラマ「坂の上の雲」のロケ地となった。

　「地形図　加賀百万石時代村①　2 万 5 千分の 1 地形図「片山津温泉」昭和 61 年修正」は，開園前の状況が示されている。「地形図　加賀百万石時代村②　2 万 5 千分の 1 地形図「片山津温泉」平成 8 年修正」では，建物や破線表示の園内道路は描かれているが名称は記されていない。開園中の間に修正測量等は行われず，地形図中で名称が表記されることなく閉園となった。加賀温泉郷といっても，海岸沿いに近い場所であった。

・月刊レジャー産業資料編集部（1989）：日光江戸村，『テーマパーク・テーマリゾート企画・開発実務資料集』，綜合ユニコム，120-125.

・月刊レジャー産業資料編集部（1990）：順調に推移する日光江戸村，「月刊レジャー産業資料」，282：72.

・月刊レジャー産業資料編集部（1990）：事例　登別伊達時代村　伊勢戦国時代村，「月刊レジャー産業資料」，282：98-101.

・日経リゾート編集部（1991）：日光江戸村　人が「命」の劇場時代村　栃木県藤原町，「日経リゾート」，66：72-75.

・日経リゾート編集部（1992）：大新東　和製ディズニーの秘密，「日経リゾート」，78：32-44.

・日経リゾート編集部（1992）：「安土城」目玉に，伊勢戦国時代村オープン─ 1 万枚の黄金瓦が話題呼ぶ─，「日経リゾート」，108：32-36.

・月刊レジャー産業資料編集部（1992）：登別伊達時代村─道央観光の中継拠点を目指す─，「月刊レジャー産業資料」，306：119-122.

・月刊レジャー産業資料編集部（1992）：ケーススタディ　日光江戸村─独自の運営手法でマルチチャンネルビジネスを模索─，「月刊レ

　ジャー産業資料」，314：79-83.

・月刊レジャー産業資料編集部（1993）：伊勢戦国時代村―大新東グルー
　　プ三番目の時代村―，「月刊レジャー産業資料」，321：60-63・77-79.

・土田よしこ（1993）：日光江戸村　姫は大満足でござる，「旅　テーマ
　　パーク探検」，日本交通公社出版事業局，794：38-47.

・ソルト（1993）：全国必見テーマパーク大集合　伊勢戦国時代村，「旅
　　テーマパーク探検」，日本交通公社出版事業局，794：113.

・ソルト（1993）：全国必見テーマパーク大集合　登別伊達時代村，「旅
　　テーマパーク探検」，日本交通公社出版事業局，794：113.

・森　彰英（1995）：日光江戸村が示した逆転の発想，『元気を乗せて東
　　武は走る』，日本能率協会マネジメントセンター，134-139.

・野口　勇（1996）：「歴史」こそ地域活性化の切り札―時代村チェー
　　ンを全国展開．『いこい―リゾート，テーマパーク』，ぎょうせい，
　　139-149.

・月刊レジャー産業資料編集部（1996）：大新東「時代村」，「月刊レジャー
　　産業資料」，363：84-87.

・月刊レジャー産業資料編集部（1996）：加賀百万石時代村，「月刊レ
　　ジャー産業資料」，357：42-45.

・月刊レジャー産業資料編集部（1996）：加賀百万石時代村，「月刊レ
　　ジャー産業資料［別冊］AM BUSINESS」，16：8-13.

・アミューズメント産業編集部（1996）：大新東グループ4つ目の時代村、
　　「加賀百万石時代村」4月22日オープン，「アミューズメント産業」，
　　25（6）：41-44.

・野口　勇（1998）：時代村は芸能と礼節の道場，「まちなみ・建築
　　フォーラム」，3：34-35.

・月刊レジャー産業資料編集部（1998）：ケーススタディ　日光江戸村，「月
　　刊レジャー産業資料」，387：94-96.

・月刊レジャー産業資料編集部（2010）：日本元気劇場　脱・装置産業
　　を目指したテーマパーク再生の試金石，「月刊レジャー産業資料」，
　　520：38-40.

（4）東武ワールドスクウェア ＜文献９点＞

　東武ワールドスクウェアは，1993 年（平成 5 年）4 月 23 日に開園，鬼怒川地区 3 番目の本格的テーマパークとして，東武鉄道が建設したものである。鬼怒川温泉駅からテーマパークを巡回するバスが出ており，他のテーマパークより鬼怒川温泉に近くて最初にバスが寄るところで，当初の最寄りの駅の東武鬼怒川線小佐越駅からも徒歩圏であった。東武ワールドスクウェアは，世界建築博物館と称するように，百以上の日本を含む世界の代表的建築物や遺跡を二十五分の一の縮尺で縮小して展示したもので，人形も約 14 万体を配置している。園内は大きく 6 つのゾーンから構成され，現代日本・アメリカ・エジプト・ヨーロッパ・アジア・日本，2010 年（平成 22 年）4 月 24 日には，実物に先駆けて東京スカイツリーが展示され，その高さは約 26 ｍに及ぶ。

　同様の縮尺を用いた施設としては，外国では 1952 年（昭和 27 年）開園のオランダにあるマドローダム（オランダの建物のみ）や 1984 年（昭和 59 年）開園の台湾にある小人国（中国の建物のみ），日本では 1985 年（昭和 60 年）開園の兵庫県淡路島津名町（現・淡路市）にあるおのころ愛ランド公園（1998 年 3 月に淡路ワールドパークONOKOROに改修して再開園）があり，すでに閉鎖された施設としては 1973 年（昭和 48 年）開園の静岡県清水市にあった三保文化ランドのミニチュアランド（2000 年 10 月 30 日に閉鎖）や 1993 年（平成 5 年）7 月 21 日開園の熊本県荒尾市にあったアジアパーク（2000 年 8 月 31 日に閉鎖）などの例があるものの，規模と内容でそれらすべてを圧倒，その規模は世界最大である。特に，日本の特撮映画で培われた，優れた精密模型技術が生かされており，写真の撮り方次第では縮小模型であることを感じさせにくい。「一日で世界一周」の疑似体験が魅力となっている，世界地理学習に最適のテーマパークである。縮小ものではなく，実際の実物を見ることが世界地理学習には最良ではあるものの，ここに展示してある実物をすべて見るためには相当の費用と時間が必要となるであろう。また「上からの俯瞰でもって全体像を見ることができる」「現地の実物では見ることができない部分も見ることができる」というのが，現地の実物も見られている故・橋本九二男先生の，東武ワールドスクウェアを訪

地形図　東武ワールドスクウェア①
2万5千分の1地形図「鬼怒川」昭和40年改測

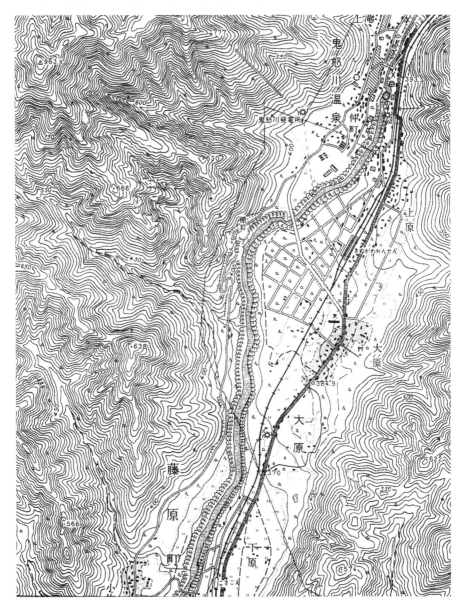

地形図　東武ワールドスクウェア②
２万５千分の１地形図「鬼怒川」平成13年修正

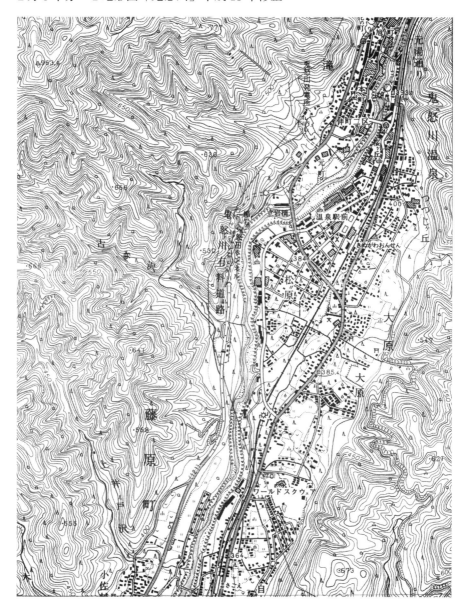

れられた御感想である。1995年（平成7年）7月9日には，フランスのリヨン郊外，サンガルニエ村にあった「ヴァルディサーカス」（縮尺17分の1でサーカス団員と観客の動きを表現したもの）の展示館を追加したが，2002年（平成14年）に閉館した。関東地方では学校の校外学習で人気が高く，当初はその好評さから第2弾として東武鉄道では，東武日光駅の北，日光市所野の霧降高原に「東武レールウェイワールド」を1998年（平成10年）に開園する計画であった。しかし，その後の東武ワールドスクウェア入場者大幅減少により，この第2弾は中止されている。

　2002年（平成14年）3月31日には東武鉄道の直営から，東武ワールドスクウェア㈱に譲渡された。来場者数は約30万人前後で推移したが，2010年（平成22年）の東京スカイツリー展示の追加もあって50万人台と増加，2012年（平成24年）9月には東武鉄道の事業譲渡に伴う借入金を完済，追加投資の基盤が整備された。2014年（平成26年）に屋内展示施設のヒストリアム・シアター（デジタル映像による世界の建築物と東武ワールドスクウェアの歴史）を開設，悪天候時の対応を強化，2015年（平成27年）には台北１０１を追加した。アクセスは，当初，東武鬼怒川線鬼怒川温泉駅からバスであったが，2017年（平成29年）7月22日に東武ワールドスクウェア前駅が開業，駅前立地となるとともに，同年4月21日より運転開始した新型特急リバティ等の特急列車が停車，園内でも特急券等の購入が可能となり，飛躍的に便利となった。さらに，同年8月10日には運転開始したＳＬ大樹も停車することとなった。2018年（平成30年）には台湾の富貴角燈台，2019年（令和元年）にはタイのワット・アルン，2021年（令和3年）には首里城と，展示が増加，特に台湾からの観光客を意識した展示が2つ追加されている。2001年（平成13年）にアメリカ同時多発テロでニューヨークのワールドトレードセンタービルが崩壊，2019年（令和元年）に焼失した首里城と共に，失われた建物を人々に伝える意義もある。

　2010年代は，順調な集客を継続，東武スカイツリーの展示や東武ワールドスクウェア駅設置，ほぼ毎年の追加展示など，東武鉄道との連携や魅力向上が効果的と指摘できる。

　「地形図　東武ワールドスクウェア①　2万5千分の1地形図「鬼怒川」

昭和 40 年改測」は，鬼怒川図名最初の図で，開園前の状況が示されている。また，現・鬼怒川温泉駅は 1964 年（昭和 39 年）の移転のため，駅前は区画整理されているものの，まだ建物は立っていない。「地形図　東武ワールドスクウェア②　2 万 5 千分の 1 地形図「鬼怒川」平成 13 年修正」では，「ワールドスクウェア」と表示され（但し，文字で建物輪郭がわかりにくくなっている），現・鬼怒川温泉駅前や川沿いに旅館街が形成されている。また，道路網も整備され，住宅も増加している。

- ・日経リゾート編集部（1993）：東武ワールドスクウェア，好調な滑り出し―今後の課題はイベントの充実―，「日経リゾート」，110：22-25.
- ・月刊レジャー産業資料編集部（1993）：東武ワールドスクウェア―　温泉客を引き込む―，「月刊レジャー産業資料」，321：72-74 ＋ 82-85.
- ・東武鉄道・東宝映像美術・大塚巧藝社（1993）：『世界建築博物館　東武ワールドスクウェア』，東武ワールドスクウェア.
- ・東宝映像美術（1993）：『一日でめぐる　世界一周の旅　微笑の楽園　東武ワールドスクウェア』，東武ケーブルメディア，ビデオソフト，45 分.
- ・ソルト（1993）：全国必見テーマパーク大集合　東武ワールドスクウェア，「旅　テーマパーク探検」，日本交通公社出版事業局，794：126.
- ・月刊レジャー産業編集部（1994）：事例研究　東武ワールドスクウェア，「月刊レジャー産業資料」，333：81-84.
- ・森　彰英（1995）：ワールドスクウェアはなぜ成功したか，『元気を乗せて東武は走る』，日本能率協会マネジメントセンター，118-124.
- ・磯野　理（1998）：縮尺 25 分の 1 の世界，「まちなみ・建築フォーラム」，3：26-30.
- ・東京人編集部（2009）：世界の名建築大集合！　東武ワールドスクウェア（特集　小さな建築とミニチュア都市模型），「東京人」，24（5）：55-59.

（5）修善寺虹の郷 ＜文献9点＞

　修善寺虹の郷は，1990 年（平成 2 年）4 月 1 日，修善寺町（現・伊豆市）の丘陵上に開園した。60 年以上の歴史がある修善寺町所有の自然公

園をテーマパークに業種転換したもので，伊豆箱根鉄道駿豆線修善寺駅よりバスで約10分に位置（但し，多客時は大渋滞することがあり，大幅な所要時間増となることがある），土地・施設は修善寺町の所有，当初は，ふるさと創生資金により設立された財団法人修善寺振興公社の運営で，自称「第一セクター」であった。実質的には公営であったため，料金設定は低く押さえられ，他に競争相手となるような同様のテーマパークが伊豆にないこともあって，比較的順調な集客である。この低料金政策は，他のテーマパークにも影響をあたえている。日本製のレプリカであるがイギリス村・カナダ村・伊豆の村といった町並みと，距離約2,400 m（片道1,200 m）の施設内鉄道としては比較的長い距離を本邦初の軌間381 mmを採用した乗客が乗れるミニュチュア鉄道の英国製ロムニー鉄道を導入，蒸気機関車とディーゼル機関車が客車を牽引して走行している。テーマパーク元年の翌年である1984年（昭和59年）頃より計画され，1987年（昭和62年）に最初のミニＳＬを輸入している。1996年（平成8年）3月20日にはレールウェイミュージアムが開設された。しょうぶ園等の自然公園以来の草花園も多く，幅広い年齢層に楽しめる構成である。なお，伊豆半島方面でのテーマパークは，修善寺町から東京寄りに位置する大仁町で前述の日光江戸村系列「伊豆歴史時代村」が予定されたものの，開園には至っていない。

　テーマパークが集中している日光鬼怒川地区に対して伊豆地区で少ないのは，歴史が古い観光地であること，東京からの鉄道交通機関がＪＲであること，地域資本の分散現象，観光客の分散，地元行政の分散，強力なテーマパーク推進者の不在，中小規模のレジャー施設の存在，修善寺・虹の郷の低料金に対抗し得るテーマパークが作りにくいこと等が理由として指摘できる。鉄道・バス交通の資本を具体的に指摘すると，当初は地元資本の独立系バス会社である東海自動車が伊豆半島のバス交通網を形成していた。その後，西伊豆において西武系の伊豆箱根鉄道が鉄道と航路を開設，東伊豆において東急系の伊豆急行が開通，東海自動車が小田急の資本参加を得て，電鉄系3社の分断状態となっている。伊豆半島の町村は第三次産業人口比率が50〜60％を示す観光の比率が高い町村が多く，静岡県下の他の町村は40％程度である。修善寺は中伊豆の中心地で，東京駅から直

地形図　修善寺・虹の郷①
２万５千分の１地形図「修善寺」昭和59年修正

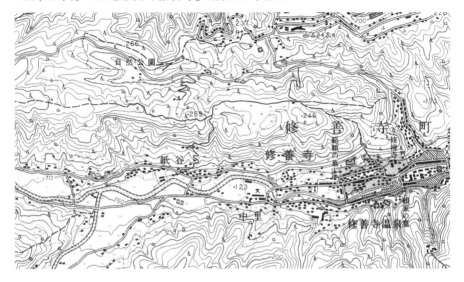

地形図　修善寺・虹の郷②
２万５千分の１地形図「修善寺」平成13年修正

通特急「踊り子」号で約2時間，三島駅まで新幹線を利用すると修善寺まで約1時間30分である。

　観光温泉地立地としては，知名度の高さと観光関連産業の発達，東京からの交通の便の良さと，恵まれた立地条件である。2019年（令和元年）に指定管理がシダックス大新東ヒューマンサービスとなった。従来から「花しょうぶ」など花や木々の美しさには定評があり，ライトアップや，近年ではコスプレーヤーに人気で，コスプレ専用更衣室が用意され，ＳＮＳによくアップされる。

　なお，修善寺町は，2004年（平成16年）4月1日に土肥町・天城湯ヶ島町・中伊豆町と合併，伊豆市となり，市役所は旧・修善寺町に開設された。

　「地形図　修善寺・虹の郷①　2万5千分の1地形図「修善寺」昭和59年修正」は，開園前の自然公園時代が描かれた図である。「地形図　修善寺・虹の郷②　2万5千分の1地形図「修善寺」平成13年修正」は，開園後で，自然公園が拡張整備されるとともに，鉄道線記号で表現されたロムニー鉄道とイギリス村・カナダ村の建物が描かれ，修善寺温泉からの道路も拡張整備されている。

- 櫻井　寛（1992）：ロムニー鉄道，「旅　Ｂ級列車で行こう！」，日本交通公社出版事業局，780：8-11.
- ソルト（1993）：全国必見テーマパーク大集合　修善寺虹の郷，「旅　テーマパーク探検」，日本交通公社出版事業局，794：128.
- 白川　淳（1993）：修善寺ロムニー鉄道　修善寺虹の郷，『全国保存鉄道』，ＪＴＢ，77-78.
- 日経リゾート編集部（1993）：「安近短」で絶好調の「修善寺　虹の郷」の秘密―花の見せ方ひとつにも工夫中―，「日経リゾート」，110：74-81.
- 戸田芳樹（1995）：修善寺「虹の郷」の計画と設計，「ランドスケープ研究：日本造園学会誌」，59（2）：117-124.
- 白川　淳（1998）：修善寺虹の郷，『全国保存鉄道Ⅳ　西日本編』，ＪＴＢ，27-28.
- せんろ商會（2003）：修善寺虹の郷，『知られざる鉄道Ⅱ』，ＪＴＢ，109.

・白川　淳（2008）：ロムニー鉄道　修善寺虹の郷，『全国歴史保存鉄道』，
　　ＪＴＢ，94．
・岡本憲之（2014）：修善寺虹の郷ロムニー鉄道，『知られざる鉄道　決
　　定版』，ＪＴＢパブリッシング，46-47．

（6）登別マリンパークニクス・登別中国庭園　天華園＜文献４点＞

　登別マリンパークニクスは，1990年（平成２年）７月20日，北海道登
別市登別東町に開園した。札幌駅〜函館駅間の特急列車が停車するＪＲ室
蘭本線登別駅前に立地しており，開園当初の運営は第３セクターの株式会
社北海道マリンパークで，水族館を中心としたテーマパークであった。北
欧デンマークのアンデルセンの世界をテーマとし，フェン島にある古城
イーエスコー城の外観を忠実に再現（内部は水族館），スカンジナビアンス
トリートとして北欧の町並みや，アンデルセンの生家を再現しており，ア
ンデルセンの銅像もある。しかしながら，集客が低迷し，2001年（平成13
年）１月に経営権が加森観光に移され民営化された。加森観光は登別で「の
ぼりべつクマ牧場」や「登別温泉ゴルフ場」を経営しており，北海道内で
は他にトマム（のちに星野リゾートに譲渡）・ルスツ等のリゾート地や東北で
のスキー場，さらにはオーストラリアでローンパインサンクチュアリのコ
アラ自然動物園などの経営にも乗り出していた。民営化によって，アシカ・
イルカ・ラッコ・ペンギンなどのショーの開催といった水族館としての機
能強化，観覧車や絶叫マシンのあるニクスランドをオープンさせて遊園地
としての機能を加味，その結果，テーマパークとしての色彩は相対的に薄
れた。しかし，債権圧縮・固定資産税対策，規模に対する人員の見直し等
で経営は好転，基本的には，建物の水準の高さと特急停車の駅前立地，登
別温泉の知名度が貢献している。

　「地形図　登別マリンパークニクス・登別伊達時代村①　２万５千分の
１地形図「登別温泉」昭和61年修正」は，開園前の状況が示されている。
「地形図　登別マリンパークニクス・登別伊達時代村②　２万５千分の１
地形図「登別温泉」平成３年修正」は，開園後で，駅北東側に描かれている。

　登別中国庭園天華園は，1992年（平成４年）４月23日に開園した。清朝

地形図　登別マリンパークニクス・登別伊達時代村①
２万５千分の１地形図「登別温泉」昭和61年修正

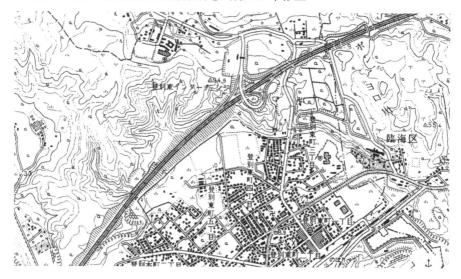

地形図　登別マリンパークニクス・登別伊達時代村②
２万５千分の１地形図「登別温泉」平成３年修正

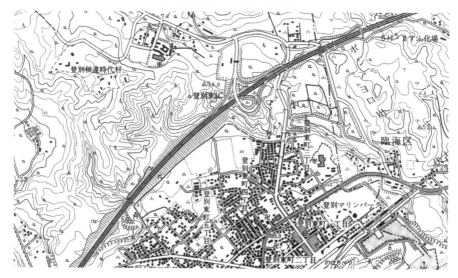

皇帝別荘庭園をモデルに中国から材料と設計施工の技術者を招聘して建設，門殿「天華群芳」・自雨亭「陶然自雨」・大会堂「漢宮同楽」・大仮山と池・扇面亭「与誰同坐」・鐘亭「慧敏宗誠」・宝塔「永安宝塔」・中華ファーストフード「天然居」・餐庁「大観楼酒家」・茶室「玄妙飲緑」・売買街「華街襯玉」によって構成され，中国雑技団のショーも開催されていた。日本国内では最も本格的な中国庭園と建物群で，1994年（平成6年）日本テレビ系で放映された「新・西遊記」などの中国時代劇のテレビドラマロケ地にも使用された。前述の登別伊達時代村が「和風」，登別マリンパークニクスが「洋風」，この天華園が「中華」と，登別は「和洋中」のテーマパークが揃うユニークな場所であった。オーナーの新潟県糸魚川市の谷村建設は，1988年（昭和63年），新潟市に本格的中国庭園「天寿園」をオープンさせていたが，経営不振で1994年（平成6年）に閉鎖，1995年（平成7年）に新潟市の公園として周辺地域とともに整備された。登別の天華園も経営不振で1999年（平成11年）9月17日に休業となり，同年11月に閉園となった。2000年（平成12年）に前述の加森観光が買収を検討，小動物を導入した動物ランドを計画したが，登別マリンパークニクスの経営優先方針で2001年（平成13年）に買収を断念，建物群は放置された状態が継続していたが，2017年（平成29年）から解体が開始され，2019年（令和元年）11月より太陽光発電所の北海道登別市北登別ＭＳ（メガソーラー）発電所となった。

・酒井多加志（2001）：療養保養温泉地から国際観光温泉地へ　登別温泉，『北海道　地図で読む百年』，古今書院，81-84.
・都築宏幸（2007）：中華庭園天華園，『ニッポンの廃墟』，インディヴィジョン，39・66.
・ワンダーＪＡＰＡＮ編集部（2007）：登別　中国庭園　天華園,「ワンダーＪＡＰＡＮ」，三才ブックス，5：38-41.
・Ｄ．ＨＩＲＯ（2008）：天華園，『幻想遊園地』，メディアボーイ，86-91.
・ワンダーＪＡＰＡＮ編集部（2010）：登別中国庭園天華園，『ワンダーＪＡＰＡＮ日本の不思議な《異空間》500』，三才ブックス，12.

（7）元祖忍者村嬉野温泉肥前夢街道 ＜文献7点＞

　元祖忍者村嬉野温泉肥前夢街道は，1990年（平成2年）1月2日，佐賀県嬉野町（現・嬉野市）に開園した。嬉野温泉で最大の収容力を持つ宿泊施設「和多屋別荘」の社長が嬉野温泉の活性化を目的に，「和多屋別荘」裏手の丘陵地に建設したものである。17世紀の長崎街道をモデルにして，嬉野町俵坂にあった俵坂関所を復元，代官所，水車小屋，坂井田柿右衛門館，からくり時計，本陣，忍者屋敷，芝居小屋，旅籠など，本格的な建物が並ぶ。江戸時代の街道の再現に際しては，東映太秦映画村の協力を得て高度な出来上がりであり，劇場における活劇出演者も，当初は東映太秦映画村から交代でやってきていた。

　肥前夢街道のある嬉野温泉は佐賀県だが，長崎のハウステンボスに最も近い本格的な温泉地で，ハウステンボス開業により宿泊観光客が増加した。しかし，ハウステンボス内及び周辺ホテルの増加とハウステンボス自体の入園者減もあり，嬉野温泉自体の宿泊客数が減少していた。さらには嬉野温泉自体の魅力低下により，肥前夢街道も入込客の減少傾向が続き，1998年26万人，1999年20万人，2000年17万人，2001年12万人で，2000年（平成12年），肥前夢街道の不振で親和銀行から「和多屋別荘」に貸し付けられた債権50億の返済が滞っていることから，オリックスがその債権を買収，企業再生事業に乗り出すことになった。

　2002年（平成14年）に店舗運営が有限会社マールに委託され，2005年（平成17年）に経営権が株式会社マールに譲渡された。株式会社マールは，嬉野温泉で温泉旅館入船荘を経営している。忍者体験テーマパークとして，忍者メインの内容となり，九州忍者保存協会の本部事務局が置かれている。経営の変遷はあったが，30年以上の歴史を歩んでいる背景としては，嬉野温泉という有名温泉地に立地するとともに，温泉と和風テーマパークという整合性，内容と規模が適正であることが大きい。維持に費用が掛かるアトラクションは，来園者数によっては大きな負担となる。その点からも，有名温泉地型テーマパークのモデルケースともいえる。

　嬉野温泉は，佐賀県で武雄温泉と並ぶ2大温泉地であるが，武雄温泉が特急も停車する佐世保線の駅前立地に対して，鉄道が通じていなかった。

地形図　肥前夢街道①
２万５千分の１地形図「嬉野」平成元年部分修正

地形図　肥前夢街道②
２万５千分の１地形図「嬉野」平成９年修正

実は，1915年（大正4年）12月21日に肥前電気鉄道が開通，祐徳軌道と接続して武雄駅（現・武雄温泉駅）に至ることができたが，1931年（昭和6年）12月25日に廃止，僅か16年間の鉄道があった。以来，嬉野温泉にとって鉄道駅は悲願であったが，2022年（令和4年）9月23日に西九州新幹線嬉野温泉駅が開業，武雄温泉とともに，新幹線駅前立地となった。実に，91年ぶりの鉄道の復活であり，しかも新幹線での復活で，アクセスの飛躍的な改善となる。テーマパークの立地としても，新幹線駅立地は初めてで，画期的である。新幹線駅を降りたら，そこは有名温泉と忍者村というわけである。但し，西九州新幹線は，当面，武雄温泉駅〜長崎駅間のみで，九州新幹線と接続する新鳥栖駅〜武雄温泉駅間は，開通方式が未定となっており，福岡方面からは武雄温泉駅で乗り換えが必要となっている。

　嬉野町は，2006年（平成18年）1月1日に塩田町と合併，嬉野市となり，市役所は旧・塩田町に開設された。

　「地形図　肥前夢街道①　2万5千分の1地形図「嬉野」平成元年部分修正」は，開園前の状況が示されている。「地形図　肥前夢街道②2万5千分の1地形図「嬉野」平成9年修正」は，開園後で，嬉野温泉を見下ろす旧茶畑斜面に点在する建物と周遊道が描かれている。

・小原健二（1989）：21世紀のレジャー基地づくり「肥前夢街道」を地域
　　（九州・佐賀嬉野温泉）再開発の切り札に，「ウイル」，8（4）：186-189.
・月刊レジャー産業資料編集部（1990）：文化資源に着目した九州のテー
　　マパーク　肥前夢街道，「月刊レジャー産業資料」，282：69-70.
・日経リゾート編集部（1993）：肥前夢街道のリストラに着手　お客さ
　　んの娯楽性需要に賭けてみる，「日経リゾート」，113：84-90.
・ソルト（1993）：全国必見テーマパーク大集合　肥前夢街道，「旅　テー
　　マパーク探検」，日本交通公社出版事業局，794：115.
・船木麻由（1997）：肥前夢街道，「FUKUOKA　STYLE」，18：85-88.
・財界九州編集部（2001）：かつての嬉野観光の目玉もいまや苦境の象徴？
　　宙に浮いた「肥前夢街道」の売却，「財界九州」，42（7）：25-27.
・月刊レジャー産業資料編集部（2018）：テーマパーク　元祖忍者村：
　　嬉野温泉　肥前夢街道：忍者のＤＮＡを九州全域に伝えるテーマ

パーク，「月刊レジャー産業資料」，624：88-93.

（8）サンリオ・ハーモニーランド ＜文献9点＞

　サンリオ・ハーモニーランドは，1991年（平成3年）4月26日，大分県日出町の丘陵地に開園した。前述のサンリオピューロランド開園から半年も経っていない。リゾート法の承認を受けた大分県の「別府くじゅうリゾート構想」として，基盤整備や土地の造成は大分県など自治体が担当，施設建設や運営は大分県やサンリオなどが出資する第3セクターのハーモニーランドが担当した。サンリオのキャラクターが登場するのは勿論，大分県との関わりが深く，「大分県の豊かさ」「一村一品運動」が前面に出ている。サンリオピューロランドと異なって屋外型で，ファンタジーの町並みがあるハーモニービレッジゾーン，アトラクションのあるハーモニーパークゾーン等があり，それらのゾーンはハーモニートレインで結ばれる。遊園地の少ない土地柄から，大観覧車等の遊具も設置され，遊園地的性格も併せ持つ。2009年（平成11年）7月よりサンリオエンターテイメントが運営している。

　サンリオ・ハーモニーランドのある日出町は，人口減少市町村の多い大分県内で珍しく年々人口増加を続け，人口増加率は県庁所在地の大分市を上まわる県下第一位である。その要因は，大分空港と大分市の間に位置し，大分市と大分空港周辺に位置する半導体等の工場で働く人々のベッドタウンとなっていることである。

　「地形図　サンリオ・ハーモニーランド①　2万5千分の1地形図「杵築」昭和53年修正」は，開園前の状況が示されている。「地形図　サンリオ・ハーモニーランド②　2万5千分の1地形図「杵築」平成11年部分修正」は，開園後で，赤松峠の丘陵地北斜面に建物が描かれている。また，大分空港道路が開通している。

- ・月刊レジャー産業資料編集部（1990）：事例　ハーモニーランド，「月刊レジャー産業資料」，282：94-95.
- ・根本祐二（1990）：ピューロランド・ハーモニーランド，『テーマ・パーク時代の到来』，ダイヤモンド社，149-150.

地形図　サンリオ・ハーモニーランド①
2万5千分の1地形図「杵築」昭和53年修正

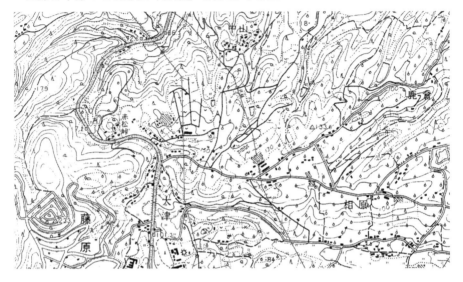

地形図　サンリオ・ハーモニーランド②
2万5千分の1地形図「杵築」平成11年部分修正

- サンリオ（1991）：『JAPANESE DREAM サンリオ ハーモニーランド ガイドブック』，サンリオ．
- サンリオ（1991）：『JAPANESE DREAM ハーモニーランド ポケット版ガイド』，サンリオ．
- 月刊レジャー産業資料編集部（1991）：サンリオ・ハーモニーランド ―一村一品運動とサンリオファンタジー融合の試み―，「月刊レジャー産業資料」，291：178-181．
- 日経トレンディ編集部（1991）：地方色生かし「本家」超えた大分・ハーモニーランド，「日経トレンディ」，45：36-37．
- 日経リゾート編集部（1993）：ハーモニーランドに新ゾーン 集客の落ち込み回復狙う，「日経リゾート」，116：22-23．
- サンリオ（1993）：『サンリオビデオコレクション 愛と夢、優しい気持ちに会える国 ハーモニーランド 完全ガイド』，サンリオ，ビデオソフト，30分．
- ソルト（1993）：全国必見テーマパーク大集合 ハーモニーランド，「旅 テーマパーク探検」，日本交通公社出版事業局，794：127．

（9）長崎オランダ村・ハウステンボス ＜文献82点＞

1）長崎オランダ村の開園

長崎オランダ村は，1983年（昭和58年）4月15日の東京ディズニーランド開園に続いて，同年7月22日に，長崎県西彼町（現・西海市）に開園した。前述したように，この年は本格的なテーマパークの元年とされ，その後，「東の東京ディズニーランド，西の長崎オランダ村」と称されるようになった。ちなみに，1990年（平成2年）4月22日スペースワールドの開園で「東のディズニーランド，西のスペースワールド」，1991年（平成3年）4月20日レオマワールドの開園で「東のディズニーランド，西のレオマワールド」，1992年（平成4年）3月25日ハウステンボスの開園で「東のディズニーランド，西のハウステンボス」と称されたこともあったが，2001年（平成13年）3月31日ユニバーサル・スタジオ・ジャパンの開園で「東のディズニーリゾート，西のユニバーサル・スタジオ・ジャ

パン」が，今日では，よく言われることになった。

　1983 年（昭和 58 年）7 月 22 日の長崎オランダ村第一期オープンは，ブルーメンダム（風車とレストラン）だけであった。ミニチュアのオランダの町並みや出島の縮小模型もあり，大村湾遊覧船も発着したが，テーマパークというよりは，風車のあるドライブインという方が適当な状況であった。場所は，たまたま以前のレストランが廃業して，その後を引き受けることとなったという経緯である。その廃業したレストラン用地の再活用を任されたのが神近義邦氏で，西彼町内で 1980 年（昭和 55 年）11 月 15 日開設の，自然動物公園である「長崎バイオパーク」を成功させて，期待されたわけである。

　意図的であったわけでないが，当時，長崎〜佐世保（西海橋や九十九島方面）間の最短道路で大動脈であった国道 206 号線道路に面していたこと，そしてそのほぼ中間に位置することが，多くの立ち寄り客を呼んだ。さらに，以下のごとく，毎年のように，新規追加拡張を続けて，リピーターを呼んだ。1984 年（昭和 59 年）7 月の第二期オープンは，ブルーメンダム（海事博物館・海上広場）で，1985 年（昭和 60 年）6 月に 17 世紀最大のオランダの帆船「プリンス・ウィレム」をオランダの造船所で 14 億円かけて復元，同年 8 月 27 日に長崎オランダ村に到着，この話題が全国的に報道されて，大評判となった。同年 7 月に，第三期オープンのウィレムスタッド（マーケット広場・町並み），1986 年（昭和 61 年）に大村湾クルーズ用に外輪船のワーペンファンホールン号が前畑造船鉄工で建造され，1987 年（昭和 62 年）にオランダ村内連絡用にオランダに実際あるフェリーの同型船テッセル号が前畑造船鉄工で建造，同年 3 月に第四期オープンのホールン（17 世紀のオランダの港町）と，本格的なオランダの町並みが形成された。そして，同年 9 月にハウステンボス計画が発表された。オランダのフェロルメ造船所で 1987 年（昭和 62 年）に復元建造された観光丸（1855 年〈安政 2 年〉オランダ国王から徳川幕府に寄贈された本邦初の洋式軍艦，ディーゼルエンジンで外輪走行するとともに，帆走も可能）が大村湾クルーズ用として 1988 年（昭和 63 年）1 月に就航，1988 年（昭和 63 年）3 月に第五期オープンのザーンス・スカンス（木造建築の港町），1989 年（平成元年）7 月に第六期オープン（大

航海体験館・天体運命館）と，長崎オランダ村の陣容が整った。1990 年（平成 2 年）2 月にハウステンボス建築工事が開始されている。

　1987 年（昭和 62 年）に分割民営化されたＪＲ九州は，長崎オランダ村の発展に着目，特急運転や航路開設を行った。1988 年（昭和 63 年）3 月 20日に小倉〜佐世保間に不定期特急「オランダ村」がパノラマ先頭車のキハ183-1000 系気動車使用で新設された。テーマパーク名が特急名に採用されるのは異例であった（快速等で博覧会や行事名はよくある）。1989 年（平成元年）4 月 29 日にはオランダ村特急は 485 系電車特急と併結協調運転開始，後述するハウステンボスの開園・長崎オランダ村の一時閉園，特急ハウステンボス新設により廃止となった。この車輌は，1992 年（平成 4 年）7 月 15日には小倉〜由布院〜博多間の特急「ゆふいんの森Ⅱ世」に転用されて1999 年（平成 11 年）1 月まで使用，同年 3 月より特急「シーボルト」として佐世保〜長崎間を 2003 年（平成 15 年）3 月まで使用，2004 年（平成 16 年）3 月より特急「ゆふＤＸ」として博多〜別府間を 2011 年（平成 23 年）1月まで使用，2011 年（平成 23 年）6 月より特急「あそぼーい」として熊本〜別府間で使用中となっている。

　また，1990 年（平成 2 年）5 月 2 日，ＪＲ九州のジェットフォイル「ビートル」が博多〜平戸〜オランダ村間に就航，ＪＲ九州が船舶運航事業に取り組むこととなった最初である。オランダ村航路時代では 1990 年度8 万 4 千人・1991 年度 9 万 2 千人，1991 年（平成 3 年）3 月 25 日にハウステンボス開園に伴い，博多〜平戸〜ハウステンボス航路となって 1992年度 11 万 2 千人と，多くの観光客を輸送，途中の寄港地である平戸も，便数は少ないが，最短所要時間ルートとなった。オランダ村航路開設後の 1991 年（平成 3 年）3 月 25 日に開設された博多〜釜山航路の旅客数は，1991 年度 4 万 6 千人・1992 年度 4 万 4 千人で，当初は釜山航路の倍以上の旅客を輸送していたことになる。しかし，ハウステンボス航路は，ＪＲ航路の集約化のために，1993 年（平成 5 年）3 月 31 日に休止となった。一方，釜山航路はその後の就航率の向上もあって，コロナ禍前までは，多数のジェットフォイルが運航される航路であった。

　「地形図　長崎オランダ村①　2 万 5 千分の 1 地形図「喰場」昭和 45 年

地形図　長崎オランダ村①
２万５千分の１地形図「喰場」昭和45年測量

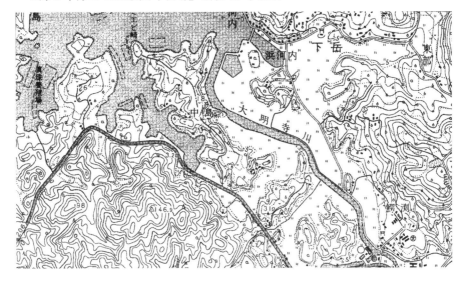

地形図　長崎オランダ村②
２万５千分の１地形図「喰場」昭和58年修正

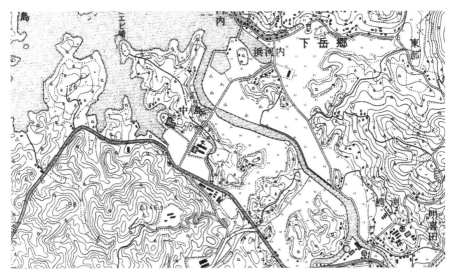

地形図　長崎オランダ村③
２万５千分の１地形図「喰場」平成２年修正

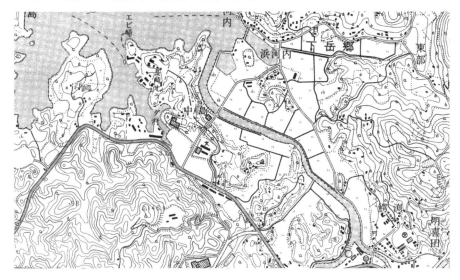

地形図　長崎オランダ村④
２万５千分の１地形図「喰場」平成12年修正

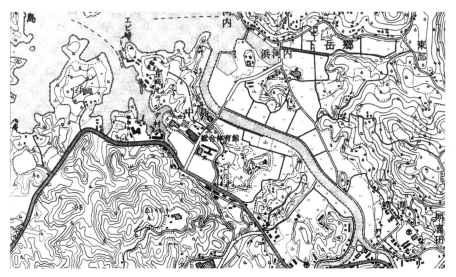

測量」は，２万５千分の１地形図「喰場」最初の図で，開園前の状況が示されている。「地形図　長崎オランダ村②　２万５千分の１地形図「喰場」昭和58年修正」では，長崎オランダ村の僅かな建物が描かれているのみで，入り江の奥が埋め立てられている。「地形図　長崎オランダ村③　２万５千分の１地形図「喰場」平成２年修正」では，長崎オランダ村と表記されるとともに，入り江の南側部分が拡張され，対岸の半島部にも敷地が拡大，博多や佐世保からの航路発着記号も記載されている。「地形図　長崎オランダ村④　２万５千分の１地形図「喰場」平成12年修正」は，長崎オランダ村ウィレムスタッドとして再開されたときのもので，入り江に面した長崎オランダ村の輪郭と建物群が以前の図よりもよく描かれている。

２）ハウステンボスの開園

　ハウステンボスは，1992年（平成４年）３月25日，長崎県佐世保市ハウステンボス町に開園，同時に，旧・長崎オランダ村は一旦閉鎖された。同年３月10日にはＪＲ九州のハウステンボス駅が開業していて，駅前立地となった。ＪＲ九州の大村線早岐駅～ハウステンボス駅間が電化され，ＪＲ九州の電車特急「ハウステンボス」が博多駅～ハウステンボス駅間運行開始，ほとんどの列車が佐世保行きの特急「みどり」と併結されて本数も多く，所要時間が約２時間と長崎オランダ村と比べて，飛躍的にアクセスが改善した。駅前立地と合わせれば，好立地となった。また，長崎空港からも直通バス・直通航路があるという充実ぶりである。さらに，ＪＲ九州のジェットフォイル「ビートル」も，博多～平戸～ハウステンボス間の運航となった。但し，前述したように，休止を経て，1994年（平成６年）４月１日に航路は廃止となった。

　長崎オランダ村が随時の拡張であったのに対して，ハウステンボスは当初から遠大な計画のもとに作られている。実際のオランダの土地は，かつて海底であった場所である干拓地が多く，ハウステンボスの土地は，近世の干拓地を造成した土地である。ハウステンボス建設の際には，水路を張り巡らし，大村湾の水質に影響しないように，環境に深く配慮された設計である。従来の長崎オランダ村と比べて規模の大幅な拡大により，特に

交通関係・清掃・アトラクション・ホテル要員等が多く必要となった。基本的には，地元企業との協調が重視され，高額給与による地元からの引き抜きはしない方向であった。ちなみに採用されたのは，船舶関係が元・海上自衛隊員や大村湾の漁師，園内バスやタクシーは元・路線バスやタクシー運転手，ファーストフード・清掃関係は若年アルバイトや中高年雇用，アトラクションは広域採用と地元若年新規採用，ホテル要員は広域採用と地元新規採用であった。

　ハウステンボス内の配置と内容構成は，入国棟・出国棟のあるブルーケルンには，ナイアンローデ城，続くキャンデルダイクには風車とチーズ農家，ニュースタッドにはホライゾンアドベンチャーなどのアトラクションがあり，スタッドハウスとアレキサンダー広場を中心としたビネンスタッドには，ホテルアムステルダムやハイグレードな専門店街のパサージュがある。シンボルタワーのドムトールンがあるユトレヒト，最高級のホテルヨーロッパや，ホテルデンハーグがあり，マリンターミナルもあるスパーケンブルグ，フォレストビラのあるフォレストパーク，最奥にはパレスハウステンボスがある。運河めぐりやクルージングも楽しめる。

　このように，オランダに実際ある建物をモデルに町並みを再現，限りなくオランダの街を再現したということであるが，何かしら「ニュータウン」を見る思いである。その後，背後の丘陵斜面に造られた高層マンションの背景はそれを強く印象付ける。長崎オランダ村にはノスタルジックな思いが感じられたが（もっとも，ハウステンボスが開園してからは比較の対象となり，その落差が印象的となってしまう），ハウステンボスの洗練された美しさに違和感があるのは少数派だろうか。いわば，17世紀のオランダをテーマとしながら，町並みに歴史が感じられない。人工的に経年変化を加えることまでは考えられなかった。勿論，今からそれを実行すると逆効果となるが。東京ディズニーシーのメディテレーニアンハーバーの建物群や，ユニバーサル・スタジオ・ジャパンの建物群と比較すると，その差は歴然となる。

　テーマパークは異空間が売り物である。しかし，人々が生活する街の意味合いも本当に持たしたため，僅かながらでも現実の生活臭が感じられ，

テーマパーク性の減少につながっている。収入増のためにその後設置された無造作な売店や飲食施設は，それを助長することになった。集客のため，格安の入園・パーク内ホテル宿泊と航空機等の交通機関をセットした団体ツアーが多く組まれている。ということは，個人でパーク内ホテルを宿泊予約すると高価となり，個人客が減少，より一層の団体格安ツアー依存という悪循環を生み出す。開園当初，しばらくはチーズ等のオランダ関係の物産販売が好調だったが，テーマパークに必要な強力キャラクターの出現を見ることなく，物品販売も低迷することになった。もはやオランダ物産では飽きられている。「ハウステンボスへ行った」「また行きたい」「ハウステンボス独自の，そのときだけの」というお土産を期待しているわけであるが，大きな変化がないのが現状であった。東京ディズニーリゾートで指摘したように，表向きはオランダであっても，日本の文化・気候・比較といった風土をよく考慮することが必要である。意図的かどうかは別として長崎オランダ村が持っていた日本の風土的感覚を，ハウステンボスは徹底して排除して，オランダに深くこだわったことが，裏目に出たともいえる。本物にこだわったことが，日本人的感覚とのずれを生むことになった。日本人の観光スタイルは短期周遊型で，長期滞在型ではない。テーマパーク内においても，少し歩けば，すぐに場面が展開しなければならない。一つのアトラクションから次のアトラクションへの移動が，日本人的感覚では遠い。次へ移動する間に，前の感動が冷めてしまうのである。長崎オランダ村は，地形の関係から高低差があり，オランダの地形や風景を知る人々からは違和感があったが，それが変化や場面転換へのプロローグ的効果を与えていた。ハウステンボスは，現実のオランダにこだわったため，ほとんど平坦で日本人的感覚からは駄々広く，単調なイメージとなってしまった。

　1993年（平成5年）4月24日，長崎オランダ村ウィレムスタッド（旧・長崎オランダ村）が約1年ぶりに改装されて再オープンしたものの集客は不振で，1997年（平成9年）には西彼町出資の第三セクターが運営を引き継いだが，2001年（平成13年）10月21日に閉鎖された。2002年（平成14年）3月にハウステンボス側から地元の西彼町（現・西海市）に土地・建

物の購入が打診され，同町は購入の予定を立てたが，拡張する際の借地関係が継続しており，後述するハウステンボスの会社更生法適用によって，延期された。ハウステンボスのアトラクションは，2002 年（平成 14 年）の「フライトオブワンダー」（旧・宇宙帆船館）や「キッズファクトリー」（旧・アクアリント）等が大きな変更で，当初の過大な投資，その返済が重荷となって，リピーターを呼ぶための有効な新たなアトラクションを追加できなかったと指摘されている。

　2000 年（平成 12 年）4 月に長崎国際大学（人間社会学部国際観光学科・社会福祉学科）が，ハウステンボスのある佐世保市ハウステンボス町に開学した。

3）ハウステンボスの模索

　2003 年（平成 15 年）2 月 26 日，ハウステンボスは会社更生法の適用を申請した。同年 9 月 3 日に野村プリンシパル・ファイナンス（野村證券系投資企業）が支援企業に決定した。また，管財人から再度，長崎オランダ村ウィレムスタッド（旧・長崎オランダ村）の購入打診が西彼町（現・西海市）にあり，その後に 1 億 8 千万円で購入の契約を結んだ。ハウステンボスの支援企業には，外資系企業や，東京ディズニーリゾートを運営するオリエンタルランドも検討されたようである。帆船「プリンス・ウィレム」は，オランダのテーマパークに 1 億 3000 万円で売却，オランダに戻ることとなったが，2009 年（平成 21 年）に焼失した。

　2005 年（平成 17 年）3 月 19 日，長崎オランダ村ウィレムスタッド（旧・長崎オランダ村）跡にキャスビレッジ（cas village）が開設された。地元の西彼町（現・西海市）が土地・建物を購入し，賃貸借により誘致したもので，地元雇用の拡大に期待を込めた。西彼町はこの直後の 2005 年（平成 17 年）4 月 1 日に西海町・大島町・崎戸町・大瀬戸町と合併，西海市となった。西彼杵半島とその沖合の島々が一つの行政体となり，市役所は旧・大瀬戸町に開設された。フードテーマパークとして飲食店 12 店舗やショッピング施設を設置，将来的には調理師学校も開設予定であったが，旧オランダ村施設の改築・改装に過大な投資を行い，飲食店中心で観光客流動が変化した道路沿いという悪条件では，開設直後から集客がまったく振るわず，

僅か半年後の同年 10 月 3 日に運営会社の CAS ジャパンが自己破産，即日閉鎖された。「テーマパーク性」を重視した施設選定であったようだが，極めて短期間での閉鎖はビジネスモデルそのものに問題があったと指摘せざるを得ず，11 もの企業・団体からの選定であったことを考慮すると，残念である。閉鎖に至った要因は，数多くの飲食店をそろえるにあたっての問題点や料理内容・価格設定等の問題が指摘されるが，根本的には立地の問題が大きい。

1980 年代までは前述したように長崎～佐世保間の主要道路に位置していたが，1990 年（平成 2 年）1 月 26 日に長崎市からの長崎自動車道と佐世保からの西九州自動車道が接続され，長崎～佐世保間はもとより，福岡をはじめとする九州各地と高速道路のみで結ばれることになった。このように長崎オランダ村が位置する西彼杵半島に対して，大村湾を挟んで対岸の大村側を通る高速道路の全面開通により，高速道路経由が中心道路となって，西彼杵半島を通過する在来道路の交通量は激減，期待したほどの立ち寄り客が得られなくなった。長崎オランダ村が盛況であった時代とは，大きく異なる交通立地環境となったのである。その点からすれば，鉄道駅前立地であるハウステンボスへの「新規展開」に関しては適確な判断であったともいえる。かつて長崎オランダ村が盛況であったとはいえ，ハウステンボスへの展開をせずにそのまま継続していたならば，不振が十分予想されるところでもあった。大都市内や大都市周辺とは異なり，地方では交通の変化が立地条件に大きな変動をもたらす。勿論，反対に大型ショッピングセンター等の開設によって，交通流動に大きな変化をもたらすことがある。ビジネスモデル構築には，施設だけでなく，道路交通上の立地条件変化にも注目しなければならない事例でもある。公共交通が整備されている大都市内や大都市周辺，さらに言えば大都市圏内でのビジネスモデルとは異なる地域システムの理解が必要な事例と指摘できる。

2006 年（平成 18 年）7 月 22 日，ハウステンボスでは，旧・ノアの劇場を改装して「Kirara（キララ）」を開設した。これは，前年に開催された愛知万博の人気パビリオン「三菱未来館 @earth（アットアース）もしも月がなかったら」を移設したものである。続いて，2007 年（平成 19 年）3

月 25 日，旧・天星館を改装して「グランドオデッセイ」を開設した。やはり，愛知万博での人気パビリオン「三井・東芝館」で採用されたもので，コンピューターグラフィックによる観客が映画の登場人物になれるアトラクションである。実績があり，導入費用も比較的安価であることが採用の理由で，テーマパーク再建の方策として有効である。実際，この例のみならず，遊園地遊具の再活用は当然のごとく行われており，意外なところでは貴重な植栽の再利用も進んでいる。休園等に至った施設の再利用は，対費用効果からは有効な方策であろう。さらに同年 7 月 28 日，旧・アニメワールドを改装して「コムタチン・コムタチンミュージアム」をグランドオープンさせた。「コムタチン・コムタチン」はハウステンボスを舞台とした絵本である。

4）ハウステンボスの再建

2010 年（平成 22 年）3 月をもって野村プリンシパル・ファイナンス（野村證券系投資企業）が支援を終了，同年 4 月より H I S が経営再建を担うこととなり，H I S が 67％出資する子会社とされ，澤田秀雄氏が社長に就任した。その際，債務は債権放棄と九州財界からの出資金で弁済，佐世保市からは固定資産税相当額の再生支援交付金を受給することとした。すなわち，債務返済と固定資産税実質負担がなくなることとなった。さらに，九州の有力企業である西鉄・九州電力・九電工・西部ガス・九州旅客鉄道からの出資も受けることとなり，新規投資の原資が確保されることとなった。同年にはイルミネーションイベントを開催，2011 年（平成 23 年）には「ワンピース　サウザンドサニー号」クルーズを開始した。2013 年（平成 25 年）にはハウステンボス歌劇団を結成・公演開始，イルミネーションにプロジェクションマッピングが追加され，地元リピーター客の獲得に貢献した。2014 年（平成 26 年）には順調な経営改善により再生交付金を辞退，2019 年（令和元年）5 月 21 日には，社長が坂口克彦氏に交代した。2017 年（平成 29 年）8 月 5 日に，泉陽興業の話題の V R アトラクション「V R ビークル」を導入，世界最高・最長・最速，世界最強の V R ジェットコースター「V R - K I N G」を開設した。

　H I S の経営となって，10 年以上が経過した。基本的条件としては，

地形図　ハウステンボス①
2万5千分の1地形図「早岐」昭和46年改測・「川棚」昭和45年改測

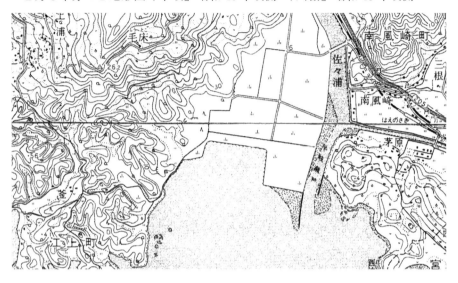

地形図　ハウステンボス②
2万5千分の1地形図「早岐」昭和51年修正・「川棚」昭和51年修正

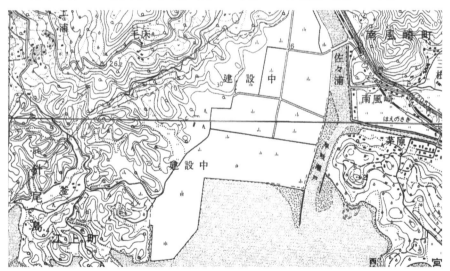

地形図　ハウステンボス③
２万５千分の１地形図「早岐」平成２年部分修正・「川棚」昭和60年修正

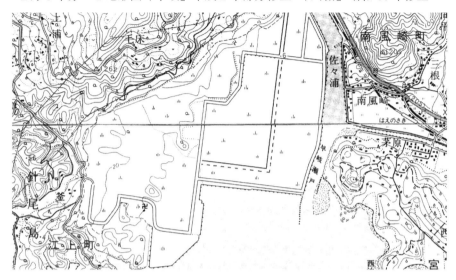

地形図　ハウステンボス④
２万５千分の１地形図「早岐」平成９年修正・「川棚」平成11年部分修正

債務返済と税金負担（当初予定は10年間）がなくなったことが大きい。さらに、九州の有力企業から出資を受けたことで、魅力あるアトラクションやイベントを行うことができるようになった。勿論、費用対効果が重要で、リピーター確保のために、新陳代謝も欠かせない。特に、従来からの花の演出と、イルミネーション、プロジェクションマッピング、そのテレビコマーシャルが集客に効果的となっている。これも、町並みがしっかりとした造りとなっていることが、土台になっていることにも注目したい。「お祭り日のヨーロッパの街」ということであろう。開設当初の、オランダにこだわった建物群・町並み、オランダから来たキャスト、新車ながらクラシカルなバスやタクシーなどといった「千年の街」を目指したことを知る人々にとっては、現在の変貌ぶりは「タウンからパークへ」ということではあるが、驚異的である。今後も、時代を重ねることによって、新たな展開が待ち受けているかもしれない。「タウンとパーク」の集束化によって、「パークタウン」という新たな「街」が形成されることを期待したい。

　テーマパーク経営の視点から分析すると、「内容・販売・広告」の3点がカギとなる。内容は「ハードとソフト」であるが、前述したようにハード面では規模と施設が開園当初にしっかりと作られていることが大きく、ソフト面では光と花の演出が効果的で、その専門家のノウハウが生かされている。販売面ではHISの旅行業者としての販売力が大きく、広告面でもHISの旅行業者としての広告力があり、これら3点ともに貢献しているといえる。

　2010年（平成22年）5月6日、オランダ村跡地の旧・出口棟（土産物店があった場所）に西海市役所西彼総合支所が移転、また跡地に長崎県県央振興局農林部西海事務所が移転した。2015年（平成27年）に西海市はオランダ村跡地の管理運営事業者を公募、長崎バイオパーク運営企業等の新法人ホーランド・ヴィレッジが敷地・建物10年間無償借り入れの条件で選定された。2016年（平成28年）4月16日に港町「ホールン」地区を「ポートホールン長崎」として再開、2017年（平成29年）11月27日に運営会社は「長崎オランダ村」、施設名も「長崎オランダ村」となった。レストラン・バーベキュー・美術館・輸入雑貨販売店が設けられたが、施設の老朽

化と来園者の減少により，2021年（令和3年）5月21日から長期休園となった。10年間無償借り入れ期間満了を待たずの5年間であった。

　「地形図　ハウステンボス①　2万5千分の1地形図「早岐」昭和46年改測・「川棚」昭和45年改測」は，戦後初の改測版で，早岐の瀬戸（川のように見えるが海の瀬戸，実はハウステンボスは針尾島にある）の大村湾側に戦前期造成の土地がその後のハウステンボス建設地である。水田や海軍兵学校として利用されたり，終戦直後は引揚者収容施設や自衛隊施設，さらには長崎オランダ村の臨時駐車場等に活用されたりしたことがある。「地形図　ハウステンボス②　2万5千分の1地形図「早岐」昭和51年修正・「川棚」昭和51年修正」では，「建設中」と表示されて埋立地が沖に拡大している。しかし，長崎県が工場用地として造成・分譲しようとしたが，1社たりとも進出しなかった。「地形図　ハウステンボス③　2万5千分の1地形図「早岐」平成2年部分修正・「川棚」昭和60年修正」では，西側の丘陵部が削られ，造成地と一体化されている。「地形図　ハウステンボス④　2万5千分の1地形図「早岐」平成9年修正・「川棚」平成11年部分修正」では，造成地にハウステンボスが開園，地形図にみるハウステンボスの姿は日本離れして興味深い。ＪＲ大村線にハウステンボス駅が開設され，丘陵平坦化部には米軍施設が設置されている。

5）長崎オランダ村・ハウステンボスの文献 <文献82点>

　長崎オランダ村・ハウステンボスに関する文献は，東京ディズニーリゾート（東京ディズニーランド・東京ディズニーシー）に次いで多い。本書で示した文献数でも，東京ディズニーリゾート104点に対し，長崎オランダ村・ハウステンボスは82点，特に，ハウステンボス開園期の文献は44点である。下記の文献の表題を見るだけでも，どのようなテーマパークであるかという特色と展開やコンセプトを知ることができる。単行本は少ないが，業界誌に度々記事が掲載されており，社長の神近義邦氏はマスコミによく登場したが，2000年（平成12年）6月に社長を辞任している。一般受けする東京ディズニーランドに対して，玄人受けするハウステンボスと称される。他のテーマパークにおいて，東京ディズニーランドは参考になる所が少ない（真似をするにもできない）が，ハウステンボスは外国村や歴史村の建設

に，さらにはテーマパークによる地域振興の参考になるところが多いと言われる。数少ない単行本の『ハウステンボス物語』や社長の神近義邦氏自ら執筆の『ハウステンボスの挑戦』が立地や展開，そしてそのコンセプトを理解するのに最適である。その一方で，不振・模索・再建と，大きな変化を歩んだ。「風車とレストラン」から始まった「テーマパーク」が，規模・内容のみならず，経営的にも大きな荒波の中で，いかに乗り越えてきたかといったことなど，多くの文献が語る内容はドラマチックで極めて興味深い。

① 長崎オランダ村開園期の文献 ＜文献 14 点＞

・近代建築編集部（1986）：長崎オランダ村ウィレムスタッド，「近代建築」，40（1）：71-90.

・新建築編集部（1986）：長崎オランダ村ウィレムスタッド　オランダ村訪問記，「新建築」，61（1）：275-283.

・山口　広（1986）：「写し」の文化　オランダ村訪問記（長崎オランダ村ウィレムスタッド），「新建築」，61（1）：284.

・前田　豪（1986）：20 世紀の出島「長崎オランダ村」（長崎オランダ村ウィレムスタッド），「新建築」，61（1）：285.

・谷亀利一（1986）：日蘭交流の新拠点　長崎オランダ村　パスポート片手に、さぁオランダ旅行，『ザ・長崎　異国文化の新発見』，読売新聞社，92-95.

・村屋勲夫（1987）：長崎オランダ村　エコノミーとエコロジーの両立をめざす，「エコノミスト」，65（20）：64-71.

・津曲辰一郎（1989）：郊外型レジャー施設の成功例　長崎オランダ村，『新しい時代のビジネステキスト　あそびビジネス』，読売新聞社，178-184.

・日経産業新聞編（1989）：オランダ村の成功，『リゾート夢開発の現場』，日本経済新聞社，8-10.

・日経産業新聞編（1989）：オランダ村（長崎）―売り上げの半分物販で―，『リゾート夢開発の現場』，日本経済新聞社，65-68.

・日経産業新聞編（1989）：長崎オランダ村―オランダが全面協力―，

『リゾート夢開発の現場』，日本経済新聞社，132-134.
- 森田裕一（1989）：ワーペンファンホールン，『日本客船総覧』，森田裕一自費出版，401.
- 森田裕一（1989）：テッセル，『日本客船総覧』，森田裕一自費出版，401.
- 森田裕一（1989）：観光丸，『日本客船総覧』，森田裕一自費出版，402.
- 月刊レジャー産業資料編集部（1989）：長崎オランダ村，『テーマパーク・テーマリゾート企画・開発実務資料集』，綜合ユニコム，151-158.

② ハウステンボス開園期の文献 ＜文献44点＞

- 高田征知（1989）：長崎オランダ村とハウステンボス計画，「土木学会誌」，74（13）：16-19.
- 根本祐二（1990）：長崎オランダ村ハウステンボス，『テーマ・パーク時代の到来』，ダイヤモンド社，143-145.
- 月刊レジャー産業資料編集部（1990）：長崎オランダ村の商品販売力の強さ，「月刊レジャー産業資料」，282：67-99.
- 社団法人日本港湾協会（1990）：自然環境と住空間の調和を図る港街の創造　日本最大のウォーターフロント・リゾート計画「ハウステンボス計画」，「港湾」，1990.8，10-16.
- 日経リゾート編集部（1991）：長崎オランダ村　自然との調和と航海が売り物　長崎県西彼町，「日経リゾート」，66：64-67.
- 日経リゾート編集部（1991）：特集・ハウステンボスの野望，「日経リゾート」，71：26-41.
- 建築技術編集部（1992）：自然と人が調和した街　長崎オランダ村ハウステンボスが開業，「建築技術」，499：37-39.
- 高橋一貢（1992）：長崎オランダ村、ハウステンボス　テーマのある「遊」空間，『レジャービジネスの経営診断　「遊」空間のマーケティング』，日本経済新聞社，155-160.
- 日経リゾート編集部（1992）：ハウステンボスは町造り　「ふるさと再生」のモデルを作りたい，「日経リゾート」，78：52-57.
- 月刊レジャー産業資料編集部（1992）：特集・"千年王国"ハウステンボスの事業スタンスを探る，「月刊レジャー産業資料」，303：67-99.

・宮田雅臣（1992）：エコロジーとエコノミーの共存を目ざして（長崎オランダ村・ハウステンボス），「月刊実業の日本」，95（4）：111-114.

・竹内伶（1992）：現代の仕掛人　大企業を魅きつけるエコリゾート　神近義邦，「月刊実業の日本」，95（4）：116-117.

・日経リゾート編集部（1992）：ハウステンボス　オランダの歴史を町づくりに実現　長崎県佐世保市，「日経リゾート」，84：86-93.

・日経リゾート編集部（1992）：「ハウステンボス開業3カ月」を聞く　6月は“絶好調”，ホテルも90％稼働，「日経リゾート」，86：82-87.

・日経リゾート編集部（1992）：特集・東京ディズニーランド VS. ハウステンボス，「日経リゾート」，92：40-86.

・月刊レジャー産業資料編集部（1992）：ケーススタディ　ハウステンボス―壮大な計画と消費行動の接点を探る―，「月刊レジャー産業資料」，314：105-109.

・上之郷利昭（1992）：『ハウステンボス物語　男たちの挑戦　いかにして長崎・大村湾に巨大リゾートは生まれたか』，プレジデント社.

・富樫宏由（1992）：自然環境との共生を求める都市づくり　長崎オランダ村ハウステンボス，「土木学会誌」，77（10）：4-7.

・横松宗治（1992）：長崎オランダ村ハウステンボスの環境整備計画，「近代建築」，46（8）：81-110.

・野間恒・山田廸生（1993）：「観光丸」，『世界の艦船別冊　日本の客船2　1946-1993』，海人社，201.

・日経リゾート編集部（1993）：ハウステンボスに新アトラクション登場　―オランダ村もリニューアル開業―，「日経リゾート」，103：10-13.

・ソルト（1993）：全国必見テーマパーク大集合　オランダ村，「旅　テーマパーク探検」，日本交通公社出版事業局，794：131.

・日経リゾート編集部（1993）：「ハウステンボス」開業1年　入場者386万人，消費単価は1万3800円，「日経リゾート」，109：28-33.

・月刊レジャー産業資料編集部（1993）：長崎オランダ村〜ハウステンボスの地域振興策を検証する，「月刊レジャー産業資料」，321：101-110.

・蛭子能収（1993）：日向ぼっことチューリップ　長崎人の見たハウ
　　ステンボス，「旅　テーマパーク探検」，日本交通公社出版事業局，
　　794：61-66.
・横松宗治（1993）：長崎オランダ村ハウステンボスの交通施設，「都市
　　計画」，184：77-81.
・池田武邦（1994）：長崎オランダ村ハウステンボスの計画と設計（ハ
　　ウステンボスのランドスケープ計画・設計），「造園雑誌」，57（4）：
　　380-387.
・秋山忠右（1994）：長崎オランダ村，『日本空中紀行』，時事通信社，33.
・神近義邦（1994）：『ハウステンボスの挑戦』，講談社.
・富士ヶ根靖雄（1994）：シーガイア＆ハウステンボス　2000億円プロ
　　ジェクトに銀行も全面支援，「週刊東洋経済」，5246：33-35.
・馬渕公介（1995）：大人の修学旅行　新しき出島、長崎ハウステンボ
　　スの大人的過ごし方，「サライ」，7（7）：76-79.
・清野由美（1996）：中世オランダの街再現の夢物語に挑む。神近義邦
　　ハウステンボス社長，「ＡＥＲＡ 1996.12.2」，朝日新聞社，65-68.
・神近義邦（1996）：千年の街を創る　ハウステンボスの「街づくり」，『い
　　こい―リゾート，テーマパーク』，ぎょうせい，25-36.
・藤井剛彦（1996）：ＴＤＬと違ったコンセプトで成功したハウステンボ
　　ス，『東京ディズニーランドの魔術商法 ’97』，エール出版，142-148.
・津下淳一（1997）：ハウステンボスがめざす街づくり―アジアの交流人
　　口を呼び込む地方都市の観光開発―，「都市問題研究」，49（2）：79-95.
・日本銀行長崎支店経済研究会編（1997）：ハウステンボスの出現と増
　　えるアジアからの観光客，『アジア効果で活気づく長崎』，東洋経済
　　新報社，34-36.
・日本銀行長崎支店経済研究会編（1997）：ハウステンボスの過去・現
　　在・未来，『アジア効果で活気づく長崎』，東洋経済新報社，104-108.
・日本銀行長崎支店経済研究会編（1997）：ハウステンボスの地域経
　　済への波及効果，『アジア効果で活気づく長崎』，東洋経済新報社，
　　225-227.

・安達清治（1997）：「ウェルカムプラン２１」と外国人旅客 700 万人時代へ，「月刊レジャー産業資料」，375：48-54.

・尾花 研（1997）：アジア観光客が激増する九州の集客施設，「月刊レジャー産業資料」，375：55-60.

・野村健治（1997）：集客の定義に基づく代表的テーマパークの採点「ハウステンボス」，「月刊レジャー産業資料」，375：197-201.

・藤生 明（2001）：ハウステンボス 10 年目の大憂鬱，「ＡＥＲＡ 2001.10.29」，朝日新聞社，80-81.

・福田大輔（2002）：長崎・ハウステンボス，『空から見る国土の変遷』，古今書院，238-239.

・渋田哲也（2002）：『「国鉄マン」がつくった日韓航路 俺たちのプロジェクト「ビートル」物語』，日本経済新聞社.

③ ハウステンボス模索期の文献 ＜文献６点＞

・丸子真史（2003）：破綻したハウステンボスの行方，「ＡＥＲＡ 2003.4.21」，朝日新聞社，65.

・月刊レジャー産業資料編集部（2004）：検証・［再投資］による集客施設の魅力蘇生術 ハウステンボス，「月刊レジャー産業資料」，453：64-68.

・月刊レジャー産業資料編集部（2004）：［事業再生］戦略を聞く 竹内大介氏，「月刊レジャー産業資料」，456：79-83.

・長島俊一（2005）：『ハウステンボス周辺の今昔』，芸文堂.

・和泉貴志（2009）：レポート＆インタビュー野村系投資会社が全面支援のハウステンボス再生に異変か，「経済界」，44（19）：60-61.

・財界九州編集部（2009）：ＨＴＢ「野村」に見放されたハウステンボス 福岡財界による支援協議が焦点に，「財界九州」，50（12）：26-28.

④ ハウステンボス再建期の文献 ＜文献 18 点＞

・財界九州編集部（2010）：どうなるハウステンボス，「財界九州」，51（2）：25-33.

・井川 聡（2012）：『超高層から茅葺きへ ハウステンボスに見る池田武邦の作法』，海鳥社.

・澤田秀雄（2012）：『運をつかむ技術：18年間赤字のハウステンボスを
　１年で黒字化した秘密』，小学館．

・月刊レジャー産業資料編集部（2014）：ハウステンボス：スケールメリッ
　トを活かしたオンリーワン・ナンバーワンの価値創造でオールター
　ゲットの集客に成功，「月刊レジャー産業資料」，575：44-46．

・木ノ内敏久（2014）：『Ｈ．Ｉ．Ｓ．澤田秀雄の「稼ぐ観光」経営学』，イー
　スト新書．

・週刊ダイヤモンド編集部（2014）：ハウステンボス完全復活　澤田流
　改革のすごみと野望，「週刊ダイヤモンド」，102（31）：48-50．

・鳥海高太朗（2015）：楽して得してちょい贅沢"おとな旅"コンシェルジュ
　世界初！　有機ＥＬで光るチューリップが咲き乱れる！　1100万球
　のイルミネーションに酔いしれ、妖しい仮面舞踏会で舞う　春のハ
　ウステンボス「４つの王国」満喫ツアー，「週刊ポスト」，47（12）：
　118-120．

・財界九州編集部（2015）：テーマパーク　ハウステンボスは"再建"
　から"成長"ステージへ「総合力」の向上で受け入れ体制拡充（今
　やにぎわい創出の"核"「エンタメ」），「財界九州」，56（4）：36-40．

・財界九州編集部（2015）：決める力：その時トップは　ハウステンボ
　ス社長　澤田秀雄氏　再建を終え、『成長』の階段を猛スピードで
　駆け上がる澤田ＨＴＢ，「財界九州」，56（8）：70-73．

・月刊レジャー産業資料編集部（2016）：注目技術研究　ハステンボスに
　みるサービスロボット活用の可能性　最新施設　ハウステンボス「ロ
　ボットの王国」エンターテイメントを基軸に最先端のロボット技術
　を体感できる複合施設，「月刊レジャー産業資料」，600：112-115．

・エコノミスト編集部（2016）：ロボットが活躍　共存社会が到来　従
　業員３分の１以下に　ハウステンボスの「変なホテル」，「エコノミ
　スト」，94（52）：85-86．

・富田直美（2017）：ハウステンボス発「変なホテル」のロボット活用
　×観光展開，「不動産経済」，103：75-85．

・週刊ダイヤモンド編集部（2017）：再生したハウステンボスから誕生

する仰天ビジネスの勝算,「週刊ダイヤモンド」, 105 (2):88-91.

・澤田秀雄（2017）：ハウステンボスを核にして営業利益1000億円を達成するエイチ・アイ・エス代表取締役会長兼社長　ハウステンボス代表取締役社長　澤田秀雄,「ダイヤモンド」, 105 (2):94-95.

・アミューズメント産業編集部（2017）：泉陽興業、話題のＶＲアトラクション「ＶＲビークル」をハウステンボスに導入！：世界最高・最長・最速、世界最強のＶＲジェットコースター「ＶＲ-ＫＩＮＧ」8月5日グランドオープン！,「アミューズメント産業」, 46 (9):10-13.

・高田孝太郎（2017）：ハウステンボスの取り組みについて,「ながさき経済」, 335：1-7.

・月刊レジャー産業資料編集部（2019）：「花」で集客するテーマパークの狙い　中世ヨーロッパの統一された街並みにマッチする旬のイベント展開で女性客、シニア・ファミリー層に強く訴求：ハウステンボス,「月刊レジャー産業資料」, 635：53-55.

・月刊レジャー産業資料編集部（2021）：ハウステンボス「光のファンタジアシティ」：デジタル×リアルが融合した新エリアで昼も夜も"花と光の感動リゾート"へ,「月刊レジャー産業資料」, 656：10-13.

(10) えさし藤原の郷

　えさし藤原の郷は，1993年（平成5年）7月4日に，岩手県奥州市江刺岩谷堂に開園した。同年に放映された奥州藤原氏を描いたＮＨＫ大河ドラマ「炎立つ」のオープンセットを，放映後も存続させたもので，平安時代の本格的な建物群が並ぶ歴史テーマパークである。大河ドラマ撮影終了後も，大河以外に様々な時代劇の撮影に利用された。江刺開発振興が管理・運営を行ない，ドラマ撮影等では，地元の人々がエキストラで出演するなど，地元密着型テーマパークでもある。

　伽羅御所は平安貴族の住宅である国内唯一の寝殿造りの建物，経清館と清衡館は武家館，政庁は政治を司る場所，金色堂，天空館，義経屋敷，安宅関など，多数の建物で町並みを形成している。

地形図　えさし藤原の郷
２万５千分の１地形図「陸中江刺」平成 19 年更新

　奥州藤原氏祖先の藤原経清と，平泉創設の奥州藤原氏初代・清衡氏居住の豊田館付近に作られており，世界遺産平泉中尊寺観光と組み合わせれば，奥州藤原氏の栄華を学べる歴史観光となる。

　在来線の東北本線は，北上川の西側（右岸）の水沢を通過，東側（左岸）の江刺岩谷堂側を通過しなかったが，東北新幹線は一関〜北上間で北上川を２回越えて江刺岩谷堂側を通過，1985 年（昭和 60 年）に水沢江刺駅が設置された。奥州市は，2006 年（平成 18 年）に水沢市・江刺市・胆沢郡前沢町・胆沢町・衣川村が合併して誕生した。江刺岩谷堂は，岩谷堂箪笥で知られる。

　「地形図　えさし藤原の郷　２万５千分の１地形図「陸中江刺」平成 19 年更新」は，北上川の東側（左岸）で，江刺岩谷堂市街地背後の丘陵地に位置する。図では右上に「えさし藤原の郷」，図中央に市街地，図左下に東北新幹線。

（11）志摩スペイン村パルケエスパーニャ ＜文献７点＞

　志摩スペイン村パルケエスパーニャは，1994 年（平成 6 年）4 月 22 日，三重県志摩郡磯部町（現・志摩市）に近畿日本鉄道が建設した電鉄系のテーマパークで，隣接してホテル志摩スペイン村も同時開業，1990 年代前期のテーマパークブームの最後を飾る開園である。しかも，伊勢志摩地区にはすでに他のテーマパークがあり，相乗効果が期待できるとともに，観光客の創造によって，本体の鉄道客の増加にもつながるとされた。リゾート法承認の第 1 号「三重サンベルトゾーン」構想の中核施設である。

　エントランスはセビリアのスペイン広場がモチーフである。エスパーニャ通りはレストラン・ショップがあり，マイヨール広場はマドリッドをイメージし，セビリアの町並みをモチーフとしたサンタクルス通りにもレストラン・ショップがある。ハビエル城を再現したハビエル城博物館はフランシスコ・ザビエルの生家として知られる。アドベンチャーラグーンといったウォーターライドなどのアトラクションも多く用意された。

　開園時期から，他のテーマパークの影響を感じさせ，例えて言えば東京ディズニーランドと長崎ハウステンボスを合わせて煮詰めた感じである。ただ，多くのテーマパークを見て比較すると，よくできている割にやや物足りなさを感じるのは後発のテーマパークの宿命でもある。そこから目の肥えたテーマパーク客が他のテーマパークと比較して，リピーターとならないことがある。日本の比較文化が悪影響を及ぼしているともいえる。フライングドンキホーテなるアトラクションがあり，建物群を上から見ることができるものの，上から見られることを配慮していない建築情況が垣間見られる。

　大阪や名古屋から時間的にも費用的にもかかるにもかかわらず，駅前立地を確保できなかったこと，立地場所の地形を有効に活用できなかったことなど，地理学的知識の活用が不十分である。地元の観光関係業者にとっては，重要な志摩地区への集客施設であるので，存続希望が強い。宿泊客減少の要因は天然温泉がないことによるもの，というのが地元旅館業者の認識のようである。しかし，地元和風民宿に宿泊しての志摩スペイン村来訪は違和感が大きい。もっとも，この地域は養殖漁業が盛んな地域であり，

環境に配慮する必要から，テーマパーク建設とアトラクションやアクセスに制約が多かったのも事実である。例えば，リアス式海岸の斜面に階段状に配列されたスペイン風ペンションに宿泊し，帆船や蒸気船を模した船で志摩スペイン村訪問といった連携が考えられ，実際，当初の連絡駅近鉄志摩線磯部駅からの定期船航路構想もあったが，実現されなかった。斜面にコテージ風の宿泊施設開設も，会員制宿泊施設「プライムリゾート賢島」（現・都リゾート志摩ベイサイドテラス）の一部にある程度である。ただ，前述したように，志摩地中海村がその役割の一部を担っているともいえる。

　集客の低下対策として若者向けにジェットコースター等の絶叫マシンを導入，志摩温泉郷の夢を求めて 2001 年（平成 13 年）4 月 22 日には志摩スペイン村「ひまわりの湯」なる天然温泉施設が開業して中高年客は増加した。しかし，テーマパーク性は徐々に低下している方向にあるといえるだろう。なお，磯部町は，2004 年（平成 16 年）10 月 1 日に浜島町・大王町・志摩町・阿児町と合併，志摩市となり，市役所は旧・阿児町に開設された。2007 年（平成 19 年）3 月 1 日より鉄道連絡駅も磯部駅からさらに遠方である賢島方面の鵜方駅（旧・阿児町）に変更された。これは，磯部駅が志摩スペイン村以外の大きな輸送需要がなく，鵜方駅が現・志摩市内へのバス発着地中心となっていることからではあるが，大阪・名古屋からはさらに時間を要することになった。ちなみに，磯部駅と鵜方駅の中間にある穴川駅が最寄り駅で至近である。

　大阪・名古屋方面からの観光客が期待されるテーマパークであるが，両方面とも，本書で登場したように有力なテーマパークが両都市内・都市圏に存在し，絶叫マシン等についても同様に有力な遊戯施設が存在する。前述したように，内容や交通の便の改善も必要ではあるが，特急料金を含む交通費を負担して来園してもらうには，テーマパークの魅力だけでは不十分である。テーマパークのテーマと連携した，地域全体での相互作用・相乗効果を高める取り組みが求められる。

　「地形図　志摩スペイン村①　2 万 5 千分の 1 地形図「磯部」平成元年修正」は，開園前で，1976 年（昭和 51 年）7 月 1 日開通のパールロード（有料であったが，2006 年 7 月 1 日に無料化）が通過する半島部が予定地である。

地形図　志摩スペイン村①
２万５千分の１地形図「磯部」平成元年修正

地形図　志摩スペイン村②
２万５千分の１地形図「磯部」平成９年修正

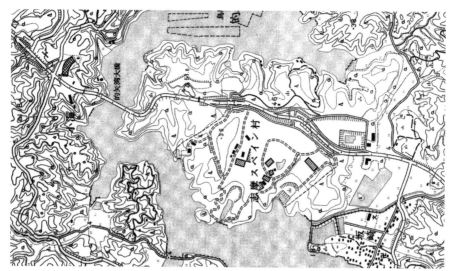

「地形図　志摩スペイン村②　2万5千分の1地形図「磯部」平成9年修正」は，開園後で，開園前と比べれば平坦地化等かなりの地形改変が行われている。

- 串田幹男（1994）：志摩スペイン村，「月刊レジャー産業資料」，329：76-81.
- 月刊レジャー産業編集部（1994）：志摩スペイン村—近鉄が総力を結集した中部・関西圏最大のテーマリゾート—，「月刊レジャー産業資料」，333：42-45.
- 谷原武夫（1994）：三重サンベルトゾーンの核施設となる志摩スペイン村の全容，「月刊レジャー産業資料」，333：53-57.
- 石井洋平（1994）：志摩スペイン村　リゾート法指定第一号構想の中核　400万人突破の勢い，「週刊東洋経済」，5246：36-37.
- 月刊レジャー産業編集部（1995）：志摩スペイン村　不況、天災の状況下で年間集客目標を大きく上まわる，「月刊レジャー産業資料」，345：40.
- 中西啓恩（1996）：国際リゾート「三重サンベルトゾーン」構想，『いこい—リゾート，テーマパーク』，ぎょうせい，11-23.
- 月刊レジャー産業資料編集部（1996）：パルケエスパーニャ，「月刊レジャー産業資料」，363：80-83.

（12）倉敷チボリ公園 ＜文献9点＞

　倉敷チボリ公園は，1997年（平成9年）7月18日，ＪＲ山陽本線倉敷駅前北側に開園した。当初は，1987年（昭和62年）に岡山市が中心となって岡山操車場跡地を開園場所として計画され，1990年（平成2年）に岡山県と岡山市が第3セクターのチボリ・ジャパン社を設立，1991年（平成3年）に岡山市が撤退を決定して開園は見送られた。しかし，1993年（平成5年）に岡山県が単独で引き継ぎ，クラボウ（倉敷紡績）の工場跡地に場所を変更して開園させることとなった。1995年（平成7年）に着工，岡山県が公園整備やインフラを担当，第3セクターのチボリ・ジャパン社が管理運営を行うことになった。同社は，岡山県と倉敷市が約2割を，岡山県内

の企業等が約5割を，岡山県外の企業等が約3割を出資した。敷地はクラボウの所有のため，岡山県とチボリ・ジャパン社が地代を支払った。デンマークのコペンハーゲンにある世界最古のテーマパークであるチボリ公園と提携，その公園をイメージして作られた。しかし，すでにテーマパークブームは終わり，観光都市倉敷駅北口前という駅前立地であるものの，工場跡地で狭いために将来の拡張に問題があり，その後の集客対策として遊園地で見られるような遊具を設置したためテーマパーク性が低下し，しかも駅や列車から利用客がいないときに停止しているのが明瞭となっている。駅や列車内で「あれはチボリ公園だ」という声が頻繁に上がるものの，「動いていないな」とも指摘される。賑わいがテーマパークの魅力であるものの，外から賑わいが感じられない状況となり，悪印象となっている。当然のごとく経営不振に陥り，2001年（平成13年）4月に社長が交代した。但し，その社長が岡山市長選挙に立候補のため社長を辞任，市長選挙に当選，岡山市長となった。

倉敷市は岡山県内では一番の観光地であり，倉敷美観地区は1990年代当初に約400万人の観光客を集めたものの，2000年は310万人と大幅に減少し，2001年には290万人と300万人を切った。2002〜2005年では，辛うじて300万人である。倉敷美観地区自体，1930年（昭和5年）建築の近代的な大原美術館等，近世ではなく，近代に人工的に作られた風景であり，倉敷チボリ公園の開園によって，より一層，人工的に作られた街・倉敷の印象が深まってしまった。本来は，相乗効果で魅力倍増を期待したところであるが，打ち消しあう結果となってしまった。美観地区がそうであったように，本来の輸送機能上必要な幅，すなわち船が方向転換できる堀幅があった堀を，埋め立てて輸送路としての機能を発揮しえない狭さとし，そこに本物ではあるが蔵屋敷を移築したという景観形成の産物である。しかし，美観地区同様，年月をかけて地道に，地域に自然に溶け込むことが倉敷の魅力向上となるであろうし，本場のチボリ公園の精神にもつながると考えられた。

2007年（平成19年）4月にチボリ・ジャパン社は，チボリ・インターナショナル社との運営契約更新を断念，同年7月4日に正式通知，同年7月

地形図　倉敷チボリ公園①
2万5千分の1地形図「倉敷」平成5年修正

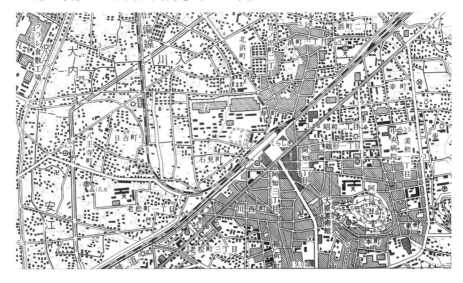

地形図　倉敷チボリ公園②
2万5千分の1地形図「倉敷」平成19年更新

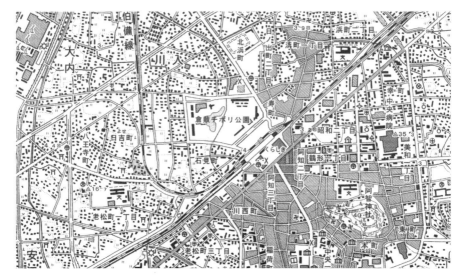

18 日に 10 年間の契約切れのため，名称使用料をその後は新たに負担している
が，「チボリ」の名称使用は 2008 年（平成 20 年）12 月末までとなった。それまでに，名称変更は勿論，県民公園や市民公園への転換も含めて，再検討が求められることになった。その結果，2008 年（平成 20 年）8 月 6 日の同社取締役会で 12 月末に閉園決定となった。

　閉園後，施設は解体され，2010 年（平成 22 年）2 月にクラボウに返還された。跡地には，2011 年（平成 23 年）11 月 23 日に倉敷市により倉敷みらい公園が，同年 11 月 24 日にイトーヨーカ堂により「アリオ倉敷」が，同年 12 月 1 日に三井不動産により「三井アウトレットパーク倉敷」が，それぞれ開設された。倉敷市の観光客数は，2010 年代は，インバウンドによる訪問者増で年間 500 万人前後を推移したが，2020 年は約半分の 200 万人台に激減した。

　「地形図　倉敷チボリ公園①　2 万 5 千分の 1 地形図「倉敷」平成 5 年修正」は，開園前で倉敷駅北西にクラボウ（倉敷紡績）の工場が描かれている。「地形図　倉敷チボリ公園②　2 万 5 千分の 1 地形図「倉敷」平成 19 年更新」は，工場跡地に開園後で，倉敷駅北側の駅前や周辺道路が整備されている。

・上田篤・さとうち藍　編著（1993）：町並みを楽しむ倉敷，『情報図鑑』，福音館書店，174-175.
・青峰大幹（1994）：『岡山チボリ公園』，日本図書刊行会 .
・月刊レジャー産業資料編集部（1996）：倉敷チボリ公園，「月刊レジャー産業資料」，353：136-139.
・河合　昭（1996）：倉敷チボリ公園，「月刊レジャー産業資料」，363：46-49.
・荒山正彦（1999）：連載　観光の経験　第 4 回　テーマパークと文化財のはざまで，「月刊　地理」古今書院，44（8）：71-77.
・月刊レジャー産業編集部（2002）：適正集客力を把握した費用対効果の高い施策で倉敷チボリ公園の経営再建を図る，「月刊レジャー産業資料」，432：90-93.
・月刊レジャー産業編集部（2003）：検証　レジャー・リゾート　［事業

再生］戦略を聞く　高谷茂男氏　失われたファミリーの“遊び”の
場を呼び戻す　おもちゃ王国・倉敷チボリ公園　そしてレオマワー
ルドへ，「月刊レジャー産業資料」，444：54-59.

・北川博史（2008）：倉敷，『地図で読み解く　日本の地域変貌』，海青社，
pp.260 〜 261.

・渡邊雅浩（2010）：『素晴らしきチボリ公園の残像』，吉備人出版.

４．新規振興地型テーマパーク地域とその文献 ＜文献46点＞

（１）グリュック王国 ＜文献９点＞

　グリュック王国は，1989年（平成元年）7月1日，北海道帯広市幸福町
に開園した。地場の建設不動産会社である，ぜんりん地所建設が母体の，
ぜんりんレジャーランドが経営・運営していた，純民営のテーマパークの
代表でもあった。ぜんりん地所建設は1973年（昭和48年）創業で，当初
は宅地建物の分譲販売を行っていたが，1980年代よりスイミングクラブ
やスポーツクラブの経営に乗り出し，このテーマパーク事業にも進出した。
新規振興地型テーマパークの最初であるとともに，日本では珍しく，帯広
空港に近接した臨空立地で，羽田より95分，名古屋より100分，大阪よ
り125分で（いずれも開園当初の所要時間），航空機利用ではあるが，大都市
より約2時間の条件を満たす。中世ドイツのグリム童話の世界をテーマと
し，グリムの街，グリムの村，グリムの森から構成された。ブレーメンの
粉挽き風車・ローデンブルグの城門・ハーナウ市庁舎・マキシミリアン皇
太子離宮・グリムの家・聖カテリーナ教会・グリム兄弟銅像等のグリム童
話モチーフの銅像を再現，ドイツより本物の木組み家屋を数棟移築，グリ
ムの街広場の石畳も本物を敷き詰めた。さらに1992年（平成4年）7月に
はビュッケブルグ城も精巧に再現，シュロスホテルとして利用され，ホー
ルの天井画は圧巻であった。

　帯広は，道東で釧路に次ぐ人口の都市である。1981年（昭和56年）3月
1日に現・帯広空港が開港，ジェット機が就航した。釧路方面には，釧路
湿原国立公園と阿寒国立公園があり，道東観光の中心である。それに対し

地形図　グリュック王国①
２万５千分の１地形図「中札内」昭和43年修正

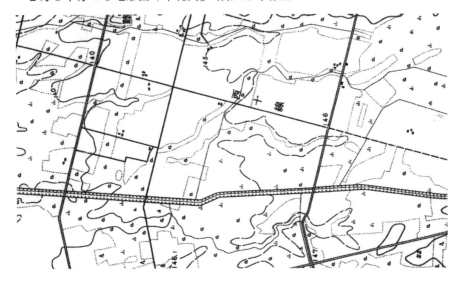

地形図　グリュック王国②
２万５千分の１地形図「中札内」平成３年部分修正

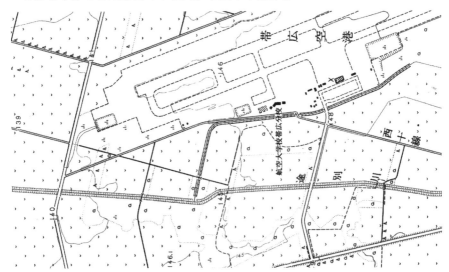

地形図　グリュック王国③
２万５千分の１地形図「中札内」平成９年修正

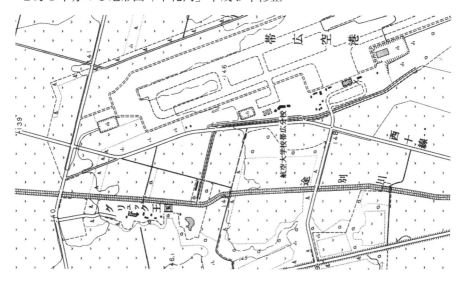

地形図　グリュック王国④
２万５千分の１地形図「中札内」平成 18 年更新

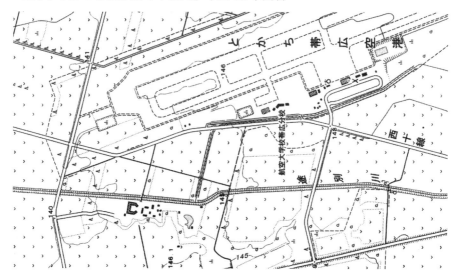

て帯広のある十勝方面には大雪山国立公園があるものの，旭川のある上川方面からの観光客が中心である。モール温泉で有名な十勝川温泉や1987年（昭和62年）2月2日に廃止された広尾線幸福駅が有名であったが，釧路と比べれば観光客が比較的少ない状況であった。本土方面からの観光客を多く集客できる施設の開設による観光開発が期待されたという，時代的・地域的背景があった。

　しかし，開業初年度こそ黒字を計上したものの，立地条件から集客は低迷が続き，時期により営業範囲の縮小が行われてきた。1990年代前半は年間60万人台，最盛期は70万人を超えたことがあったものの，2000年代にはいっては20万人程度と推察され，経営的にも困難な状況が継続，資産価値の大幅低下を防ぐため，冬季の積雪からメンテナンスは欠かせず，営業を継続しながら売却先を模索したが効果はなく，2003年（平成15年）に休園となり，2007年（平成19年）2月5日に正式に閉園となった。閉園後，敷地・建物はそのままで，再利用はされていない。

　「地形図　グリュック王国①　2万5千分の1地形図「中札内」昭和43年修正」は，開園前であるとともに，帯広空港が移転・開港前の状況を示している。「地形図　グリュック王国②　2万5千分の1地形図「中札内」平成3年部分修正」は，開園前で，1981年（昭和56年）3月1日に帯広空港が移転・開港している。「地形図　グリュック王国③　2万5千分の1地形図「中札内」平成9年修正」は，開園後で，水路に面した細長い樹林地に開設された。「地形図　グリュック王国④　2万5千分の1地形図「中札内」平成18年更新」は，休園後で，名称表記がなくなったため，建物は詳細に描かれている。

　・月刊レジャー産業資料編集部 (1989)：話題の施設　グリュック王国,「月刊レジャー産業資料」，No.266，pp.210 〜 211.
　・日経リゾート編集部 (1991)：グリュック王国　北海道の大地に本物のドイツ再現　北海道帯広市,「日経リゾート」，66：68-71.
　・月刊レジャー産業資料編集部 (1992)：ケーススタディ　グリュック王国—テーマパークを核に観光産業の発展を目指す—,「月刊レジャー産業資料」，314：74-78.

・ソルト（1993）：全国必見テーマパーク大集合　グリュック王国，「旅
　テーマパーク探検」，日本交通公社出版事業局，794：130．

・藤井剛彦（1996）：グリュック王国，『東京ディズニーランドの魔術商
　法 '97』，エール出版，167-169．

・藤井剛彦（1997）：グリュック王国（北海道・帯広市）の失敗の研究，『東
　京ディズニーランドの魔術商法 '98』，エール出版，130-132．

・酒井竜次（2007）：グリムの森，『ニッポンの廃墟』，インディヴィジョ
　ン，65．

・ワンダーＪＡＰＡＮ編集部（2008）：Ｇ王国　北海道帯広市，「ワン
　ダーＪＡＰＡＮ」，三才ブックス，7：82-85．

・Ｄ．ＨＩＲＯ（2008）：グリュック王国，『幻想遊園地』，メディアボー
　イ，16-27．

（2）カナディアンワールド ＜文献11点＞

　カナディアンワールドは，1990年（平成2年）7月29日，北海道芦別市
黄金町に開園した。運営は第三セクター，東急エージェンシーの企画・東
急建設の建設であった。カナディアンワールドのある芦別市はかつて炭鉱
で栄えた町で，閉山後の町の活路を「テーマパーク」に期待し，石炭の露
天掘りの跡地に開園した。カナダの小説「赤毛のアン」の世界をテーマと
し，広大なラベンダー畑の中，特に小説の舞台となったプリンスエドワー
ド島のアヴォンリー村がそのまま再現された。アンの家は，家の中の調度
品・衣装に至るまで忠実に再現され，赤毛のアンのファンには大好評を得
た。カナダ人による工房や英会話のレッスンもあり，赤毛のアン人形が特
に人気商品であった。芦別市が28％，産業基盤整備基金から27％，東急
グループ企業が10％，他は地元の商工業者の出資という，第三セクター
（星の降る里芦別）の代表であったが，経営不振が続いた。1997年（平成9
年）10月31日の営業を最後にテーマパークとしては閉鎖されたが，1999
年（平成11年）7月に市営公園として再開され，アトラクションはなくなっ
たが，建物が公開されている。

　芦別では，炭鉱閉山に対する地域振興として，1970年（昭和45年）7月

17 日に芦別レジャーランドを開設，ホテル・温水プール・遊園地などを設けた。1978 年（昭和 53 年）にはホテル五重塔を，1984 年（昭和 59 年）には日本庭園大浴場・ギリシャ神殿大浴場を，1985 年（昭和 60 年）にはジャンボプールを開設するなど，施設の追加でリピーター客を呼ぶ対策を取った。1988 年（昭和 63 年）に北の京・芦別に改称，カナディアンワールド開業後の 1993 年（平成 5 年）にはホテル三十三間堂を開業，宿泊部門を充実させた。しかし，バブル崩壊などにより経営が悪化，経営権の変遷を経て，2012 年（平成 24 年）にライフステージホテル天都となったが，2013 年（平成 25 年）8 月末でホテル営業は終了，宗教法人「天徳育成会」北海道分院が占有する施設となっている。

　1990 年（平成 2 年）のカナディアンワールド開園に続いて，1993 年（平成 5 年）に，芦別市の百周年・市制施行四十周年を記念して，道の駅「スタープラザ芦別」に郷土資料館の星の降る里百年記念館を開館した。芦別炭鉱の写真や実物資料の展示とともに，「炭鉱長屋の一日」をみるハイテク映像システムが導入されている。北海道の空知地域は炭鉱都市が多く立地し，中でも芦別市は「芦別五山」と称された三井鉱山・三菱鉱業・明治鉱業・油谷鉱業・芦別高根炭鉱の各炭鉱があった。北の芦別，南の夕張と，炭鉱最盛期人口でも夕張に次ぐ多さであった。このように，芦別は，旧産炭地の中でも，以前から観光開発が期待されたという，時代的・地域的背景があった。

　日本の坑内堀炭鉱は，現在，北海道釧路の釧路コールマイン 1 社である。北海道では，昭和 30 ～ 40 年代にかけて多くの炭鉱が閉山した。その後，昭和 50 ～ 60 年代にかけて坑内堀で採掘されなかった地表に近い上層部の炭層が露天掘りで採掘され，現在でも，5 社ほどが露天掘を継続中である。詳しくは，下記の拙稿を参照されたい。

・奥野一生（2000）：鉱山と鉱業関係の博物館・資料館・見学施設（総合・石炭・石油・天然ガス編），「大阪教育大学地理学会会報」，大阪教育大学地理学会，39：9-44.
・奥野一生（2006）：地形図読図　第 10 回　北海道　幾春別，「月刊地理」，古今書院，84-91.

地形図　カナディアンワールド①
２万５千分の１地形図「芦別」昭和36年測量

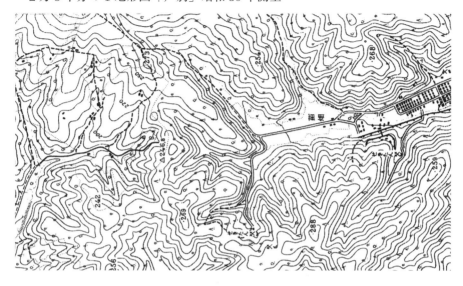

地形図　カナディアンワールド②
２万５千分の１地形図「芦別」昭和43年修正

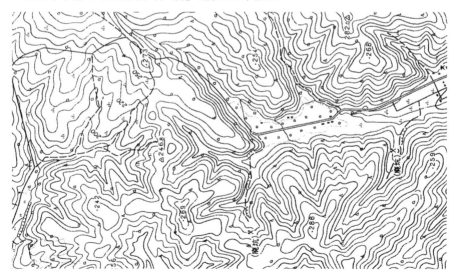

地形図　カナディアンワールド③
２万５千分の１地形図「芦別」昭和53年改測

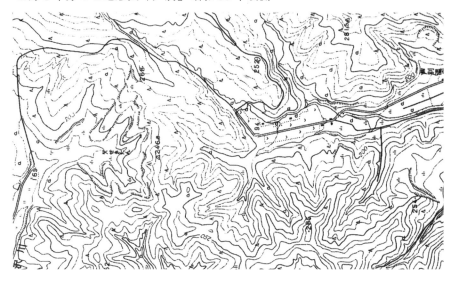

地形図　カナディアンワールド④
２万５千分の１地形図「芦別」昭和60年修正

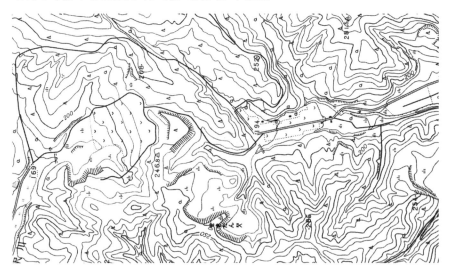

地形図　カナディアンワールド⑤
2万5千分の1地形図「芦別」平成7年修正

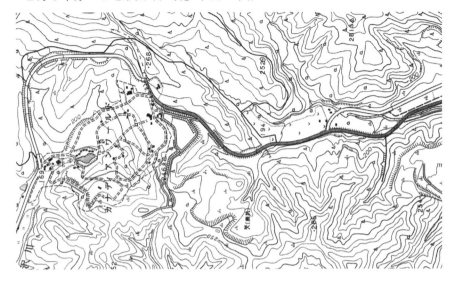

地形図　カナディアンワールド⑥
2万5千分の1地形図「芦別」平成13年修正

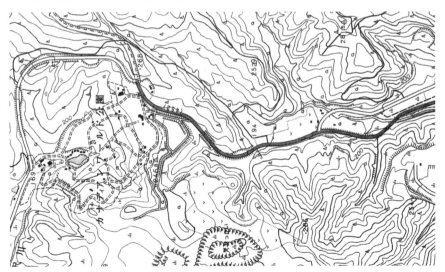

「地形図　カナディアンワールド①　2万5千分の1地形図「芦別」昭和36年測量」は，2万5千分の1地形図「芦別」の最初の版で，図中に「せきたん」の文字があり，炭鉱住宅や運炭線も描かれ，周辺に多くの坑内掘炭鉱が操業中であった。「地形図　カナディアンワールド②　2万5千分の1地形図「芦別」昭和43年修正」では，炭鉱の閉山が始まり，炭鉱住宅や運炭線も消え，すぐ南の炭鉱も「廃坑」と記載されている。「地形図カナディアンワールド③　2万5千分の1地形図「芦別」昭和53年改測」では，「せきたん」と記載されているのは石炭の露天掘で，谷斜面が拡大して大きな窪地状になっている。学校跡地に温泉宿泊施設（国民宿舎）が開設されている。「地形図　カナディアンワールド④　2万5千分の1地形図「芦別」昭和60年修正」は，開園前で，石炭露天掘が終了した場所では以前より緩やかな窪地斜面となった状況が示され，露天掘の場所が南へ移動している。「地形図　カナディアンワールド⑤　2万5千分の1地形図「芦別」平成7年修正」は，開園後で，緩やかな窪地斜面上の広大な石炭露天掘跡地に，建物が点在，池の周囲には建物が連なっている。南側の石炭露天掘は「廃坑」と記載され，周辺道路の整備も進んでいる。「地形図　カナディアンワールド⑥　2万5千分の1地形図「芦別」平成13年修正」は，市営公園化後の再開された状況が描かれている。

・月刊レジャー産業資料編集部（1990）：カナディアンワールド—日本一広いラベンダー畑と赤毛のアンの世界—，「月刊レジャー産業資料」，282：127-130.

・ソルト（1993）：全国必見テーマパーク大集合　カナディアンワールド，「旅　テーマパーク探検」，日本交通公社出版事業局，794：130.

・佐藤克廣（1993）：北海道におけるリゾート開発と第三セクター　（株）星の降る里芦別を中心に，『「第三セクター」の研究』，中央法規，239-259.

・木村王一（1995）：あるテーマパークにみる経営不振の要因，「月刊レジャー産業資料」，345：67-72.

・北川美紀（1996）：地域振興策としての観光開発　北海道芦別市を事例として，「日本地理学会予稿集」，日本地理学会，49：316-317.

・藤井剛彦（1997）：カナディアンワールド（北海道・芦別）の失敗の研究，
『東京ディズニーランドの魔術商法 ’98』，エール出版，126-130.
・塚田　博（1998）：カナディアンワールド挫折の中で　はじけた夢の
後始末　過疎自治体の苦悶，「地方自治職員研修」，31（10）：32-34.
・月刊レジャー産業資料編集部（2010）：窮状のなかでの自治体再建に
向けて第三セクター「カナディアンワールド」の清算事例，「月刊
レジャー産業資料」，521：58-61.
・ワンダーＪＡＰＡＮ編集部（2010）：北の京芦別，『ワンダーＪＡＰＡ
Ｎ日本の不思議な《異空間》500』，三才ブックス，10.

（3）レオマワールド・ニューレオマワールド ＜文献13点＞

　レオマワールドは，1991年（平成3年）4月20日，香川県綾歌郡綾歌
町（現・丸亀市）に開園した。1988年（昭和63年）4月10日に本四連絡橋
児島坂出ルートの瀬戸大橋が供用開始となり，また，1989年（平成元年）
12月16日に現・高松空港が供用開始，ジェット機が就航した。このよう
に四国の交通が格段に便利となるとともに，瀬戸大橋は開通当初「優れた
観光資源」と称され，四国，特に香川県での観光開発が期待されるという，
時代的・地域的背景があった。従来から島嶼美を誇る瀬戸内海国立公園を
有し，離島研究とテーマパーク研究，さらには航空交通の専門家が関わり，
地元大学による研究・提言の地元貢献が当然のごとく期待されたわけであ
る。レオマワールドは，この現・高松空港予定地の土地と等価交換方式で
入手した国有林解除地に建設されたもので，開園当初は西日本最大のテー
マパークであり，ゴルフ場経営の大手である日本ゴルフ振興が株式会社レ
オマを設立して，建設・運営を行った。名前の由来は，経営者の大西一氏
からで，「レジャーは大西にまかせなさい」の頭文字をとったわけである。
開園当初は，「四国は五国になります」（レオマワールドの1国を加えて）と
いうキャッチフレーズも使用された。

　入り口のウエルカムプラザは人口の湖に浮かぶガラスの城でレストラ
ンとショッピングゾーン，キンダーガーデンは子供のためのファンタジッ
クワールド（朝日エンジニアリング製キンダーガーデントレインは軌間1000mmと

遊覧鉄道としては広いとともに珍しい存在)，マジカルストリートは5つの本格的なアトラクションゾーンである。種々のアトラクション，パーク内ホテルは本格的で，一段上がった高台に，オリエンタルトリップとしてアジア・中近東をテーマとし，モスク・タイの寺院等が現地材料・現地職人建築による本格的な建造物で再現され，タイの水上マーケットやチベット・韓国・中国の建築物等も再現されたものの，そのゾーンまで足を運ぶ人々はやや少なかったようである。アジア・中近東がテーマとなったのは，社長のイスラム磁器コレクション展示の美術館も開設されるためであった。

　開園当初は，一定の集客を見たが，ブームが過ぎれば，立地条件の不利性とテーマの魅力性の問題から来客は落ち込む一方で，親会社であるゴルフ場経営の日本ゴルフ振興がバブル崩壊によるゴルフ場経営の低迷から，開園10周年を迎えることなく，2000年（平成12年）8月31日をもって，休園となった。さらに2003年（平成15年）2月18日，レオマワールドの親会社である日本ゴルフ振興が民事更生法（後に会社更生法）の適用を申請した。レオマワールドの売却ができなかったことが，負債を増大させたと言われている。レオマワールド自体も，2003年（平成15年）4月に民事再生法（後に会社更生法）の適用を申請した。

　1995年（平成7年）の拙稿で，レオマワールドについては次のように指摘した。「レオマワールドは立地から見て限界地域にあり，その動向が注目されるテーマパークである。筆者は，前述したが，大都市より時間距離2時間，経済距離1万円，在来の有名観光地（温泉観光地を含む）に隣接もしくは動線上に位置することが，立地条件として重要と考えている。このテーマパークはそのテーマがアジアで，他にないユニークさがある。一般に外国をテーマとする場合，欧米が客受けするそうで，実際に欧米が多く，リトルワールドでも，アルザスやバイエルンといった欧州の建物を近年集客対策で導入している。他の地域で立地条件としては不利ながらこれからテーマパークを考えている所があり，それらの地域からも注目されている。ただ，レオマワールドは高松空港と琴平の中間地点にあり，四国では道路の整備が遅れているが，その整備推進により観光客流動の動線上に位置できるようになれば，不利な点はかなり克服できる。」とした。残念ながら，

立地場所の問題，規模の問題は勿論，テーマのアジアや，観光客流動の動線の問題が克服されなかった。

　2004年（平成16年）4月11日，地元（香川・岡山）企業グループを中心とした譲渡先により，「ニューレオマワールド」として再開された。四つのゾーンは別々の企業による独立採算方式である。かつての入り口のウェルカムプラザは，以前と同様の飲食・物版エリアで「四国お宝村」と称し，小売業のマルナカが運営している。かつてのキンダーガーデンとマジカルストリートは遊園地エリアで，新たに四国最大規模の観覧車が設置されて「レオマフェスティバルパーク」と称し，「おもちゃ王国」を展開するサンヨープレジャーが運営している。かつてのレオマリゾートホテルは，新たに天然温泉「森の湯」が設けられて「ホテルレオマの森」と称し，冷凍食品で知られる加ト吉と琴平の旅館琴参閣が運営している。かつてのオリエンタルトリップは，動物園エリアとなって「レオマアニマルパーク」と称し，動物リース会社の日振動物の運営である。交通は，最寄り駅である高松琴平電気鉄道岡田駅よりことでんバスが運行されていたものの，2006年（平成18年）9月1日より運休となった。ＪＲ坂出駅からの琴参バスは，平日運行で休日は運休となっていた。なお，綾歌町は2005年（平成17年）3月22日，旧・丸亀市等と合併して，新・丸亀市となった。

　2008年（平成20年）の拙著で，レオマワールドについては次のように指摘した。「現在，新規振興地型で残る唯一のテーマパークとなった。一旦は休園となり，テーマパークとしての再開が危ぶまれたりもしたが，再開することができたのは，『西のレオマワールド』と称したように，規模・内容ともに本格的であったこと，香川県はもとより四国で最大級の集客施設であったこと，岡山も含む地元企業の熱意と専門分野の企業による運営が可能であったこと，ボランティアも含めて地元の協力があること等，運営方法も含めて，テーマパーク再建の模範例と言える。今後は，リピーター客を増やすために，新規振興地型としての不利な条件をどのように克服していくかが問われることとなった。」とした。残念ながら，2004年（平成16年）4月11日からの体制は，僅か6年間，2010年（平成22年）7月16日で終了した。

地形図　レオマワールド①
２万５千分の１地形図「滝宮」平成元年修正・「善通寺」平成元年修正

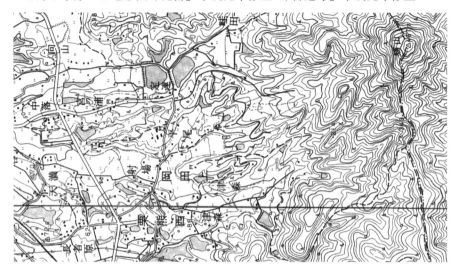

地形図　レオマワールド②
２万５千分の１地形図「滝宮」平成４年部分修正・「善通寺」平成４年部分修正

地形図　レオマワールド③
2万5千分の1地形図「滝宮」平成8年修正・「善通寺」平成8年修正

地形図　レオマワールド④
2万5千分の1地形図「滝宮」平成18年更新

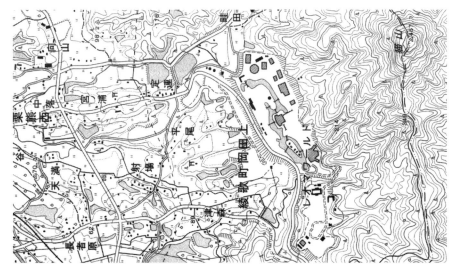

2010 年（平成 22 年）7 月 17 日に，再々開園となった。転機は，加卜吉が 2008 年（平成 20 年）4 月 18 日に日本たばこ産業（ＪＴ）の完全子会社となり，2010 年（平成 22 年）1 月 1 日にテーブルマークとなった。ニューレオマワールドの運営会社である香川県観光開発のテーブルマーク保有株式が同年 5 月に大江戸温泉物語に売却されたことによるものである。同年 7 月 2 日にホテルレオマの森は大江戸温泉物語に引き継がれ，遊園地エリアのレオマおもちゃ王国を運営するレオマユニティーの株式の多くは大江戸温泉物語に譲渡，大江戸温泉物語が運営することとなったものである。同年 8 月にはオリエンタルトリップのタシチョ・ゾンの周辺が整備され公開が再開された。なお，2015 年（平成 27 年）2 月 13 日にペインキャピタルが大江戸温泉物語ホールディングスの全株式を取得，香川県観光開発の主要株主もペインキャピタルとなった。2015 年（平成 27 年）3 月 21 日に，「レオマ光ワールド」と「レオマ花ワールド」を開催，同年 10 月 28 日に第 3 回イルミネーションアワードで「レオマ光ワールド」が特別賞新イルミネーション賞を受賞した。

　大江戸温泉物語の運営となって，経営は大きく改善された。新期振興地型にとって，知名度と魅力の向上が必要かつ重要となる。大江戸温泉物語の一員となることで，他の施設と共にテレビコマーシャルが関西地方を中心に放映され知名度は向上，食材等の共同購入によるコストダウンでコストパフォーマンスから魅力ある食事提供が可能となった。また，「レオマ光ワールド」と「レオマ花ワールド」などの新規の取り組みも魅力向上に貢献している。勿論，天然温泉「森の湯」が設けられていたことも，大江戸温泉物語との整合性でプラスとなっている。経営には，地元リピーターと宿泊による収入増が必要で，天然温泉「森の湯」が地元リピーターの獲得となっていた。「レオマ花ワールド」は，季節ごとの魅力となっている。「レオマ光ワールド」も夜間ということから，地元客・宿泊客の集客につながっている。特に，オリエンタルトリップのモスク壁面を活用したプロジェクションマッピング，遊園地エリアでのスモークとライティングによる「オーロラショー」など，独特の演出も行われている。ただ，オリエンタルトリップには貴重な建物がある中で，プラサット・ヒン・アルンは内

部見学ができなくなり，タシチョ・ゾンの２階も見学できなくなった。

　ハウステンボスでも示したように，テーマパーク経営の視点から分析すると，「内容・販売・広告」の３点がカギとなる。内容は「ハードとソフト」であるが，前述したようにハード面では規模と施設が開園当初にしっかりと作られ，ソフト面では光と花の演出，大江戸温泉物語のノウハウ，販売面では大江戸温泉物語としての販売力，広告面でも大江戸温泉物語の広告力，これらが大きく貢献しているといえる。

　「地形図　レオマワールド①　２万５千分の１地形図「滝宮」平成元年修正・「善通寺」平成元年修正」は，開園前で，讃岐平野を見下ろす国有林の北側斜面が予定地であった。「地形図　レオマワールド②　２万５千分の１地形図「滝宮」平成４年部分修正・「善通寺」平成４年部分修正」は，開園後で，レオマワールドと整備された周辺道路が描かれている。部分修正は，このレオマワールド部分であった。「地形図　レオマワールド③　２万５千分の１地形図「滝宮」平成８年修正・「善通寺」平成８年修正」は，前図より施設や園内道路・橋が明瞭に描かれている。「地形図　レオマワールド④　２万５千分の１地形図「滝宮」平成18年更新」は，ニューレオマワールドとして再開後であるが，表記はレオマワールドの表記のままである。また，建物の改装は行われたが，建物自体に大きな変動はなく，更新図であることもあって地形図上でも一部の取り付け道路以外，大きな変化はない。

　・月刊レジャー産業資料編集部（1990）：事例　レオマワールド，「月刊
　　　レジャー産業資料」，282：96-97.
　・月刊レジャー産業資料編集部（1991）：レオマワールド―水とリゾート，
　　　オリエンタル文化の香り高い―，「月刊レジャー産業資料」，291：
　　　171-175.
　・日経リゾート編集部（1991）：レオマ，500万人達成に３つの試練―
　　　不利な立地を覆す施設間の連携が急務―，「日経リゾート」，53：
　　　58-65.
　・日経リゾート編集部（1991）：レオマワールド―アジアの「秘境」と
　　　遊園地を合体―香川県綾歌町，「日経リゾート」，66：56-59.

- 月刊レジャー産業資料編集部（1992）：ケーススタディ　レオマワールド―二年目の壁をソフトサービス面の充実で乗り切る―,「月刊レジャー産業資料」, 314：95-99.
- ソルト（1993）：全国必見テーマパーク大集合　レオマワールド,「旅　テーマパーク探検」, 日本交通公社出版事業局, 794：127.
- 御土久秀（1993）：『最新版　レオマワールドポケットガイド』, 現代書林.
- 月刊レジャー産業編集部（2003）：検証　レジャー・リゾート　［事業再生］戦略を聞く　高谷茂男氏　失われたファミリーの "遊び" の場を呼び戻す　おもちゃ王国・倉敷チボリ公園　そしてレオマリールドへ,「月刊レジャー産業資料」, 444：54-59.
- 月刊レジャー産業資料編集部（2004）：プロジェクト総覧２００４　ＮＥＷレオマワールド,「月刊レジャー産業資料」, 448：131.
- 月刊レジャー産業資料編集部（2004）：検証・［再投資］による集客施設の魅力蘇生術　ＮＥＷレオマワールド　700億円の物件を23億円で事業継承の４つのヴィレッジが複合するパークへと再生,「月刊レジャー産業資料」, 453：59-63・80-71.
- 月刊レジャー産業資料編集部（2004）：［事業再生］戦略を聞く　加藤義和氏,「月刊レジャー産業資料」, 456：54-58.
- 月刊レジャー産業資料編集部（2010）：大江戸温泉物語グループによる温浴施設・テーマパークの再生事業　ＮＥＷレオマワールド,「月刊レジャー産業資料」, 529：63 ～ 67.
- 藤岡　勇（2019）：平成の時代を乗り越えて、100年先も、この場所に：ＮＥＷレオマワールドのこれまでとこれから（特集　テーマパーク・遊園地に見る夢と経営　日本各地の遊園地とテーマパークを巡って),「運輸と経済」, 79（8）：66-70.

（4）新潟ロシア村（ロシアンビレッジ）＜文献９点＞

　新潟ロシア村は，新潟県北蒲原郡笹神村（現・阿賀野市）の新潟農林開発の所有地に，新潟中央銀行や新潟農林開発等を中心として，新潟県内の企業の出資により設立された株式会社ロシアホテル（後の株式会社新潟ロシ

ア村）によって 1993 年（平成 5 年）9 月 1 日に開園されたもので，第一期施設はホテル・教会・美術館のみであった。ＪＲ上越新幹線新潟駅よりバスにて所要時間 60 〜 90 分であった。1994 年（平成 6 年）秋に第二期施設の「職人とにぎわいの森」が開園されて，テーマパークといえる陣容となった。ホテル・教会・美術館はそれぞれ本格的なものであり，第二期施設では各種の工房があって，マトリョーシカや陶器，ガラス細工，そしてダイヤモンドと地ビールの実演販売があり，ロシア民謡と舞踊の劇場があった。北海道のテーマパークの多くが冬季は閉鎖するのに対して，当初は積雪地域にもかかわらず冬季も営業して，ホテル併設とあわせて，地方のテーマパークとしては注目すべき存在であった。

　新潟市は，環日本海側で最大の都市であり，対岸のロシアとの交易で有名，フル規格の新幹線が日本海側で初めて開通した。国立公園はなく，国定公園としては「佐渡弥彦米山国定公園」があり，観光地としては佐渡が有名である。そこで，新潟の奥座敷として有名な月岡温泉に近いこの地に，ロシアをテーマとしたテーマパークの開設は，新潟の本土側での観光開発が期待されたという，時代的・地域的背景があった。

　1995 年（平成 7 年）の拙稿で，新潟ロシア村については次のように指摘した。「新規振興地型としては，立地から見て限界地域にあり，その動向が注目されるテーマパークである。すなわち，新潟とロシアというテーマの明快さ，地元資本による主体的で冬季閉鎖しないという積極的な運営，当初よりホテルを併設する宿泊を考慮した本格的な設計，東京より新幹線利用で 3 時間を要するが東京圏と鉄道による結び付きを有すること，新潟県で湯沢に次ぐ宿泊客数を示す温泉地（新潟平野部では第 1 位）である月岡温泉が隣接町の豊浦町にあること，隣接してゴルフ場があるためゴルフ客の宿泊利用が期待できること等，多数の来訪客は見込めないものの，一定数は期待できる。その立地条件の活用が今後の動向を左右するであろう。」とした。

　1998 年（平成 10 年）12 月に一時閉鎖され，1999 年（平成 11 年）4 月 24 日にリニューアルオープンした。テーマ館として「ロシアンファンタジー」の大映像や，マンモスの展示等が新設された。しかし，同年にメインバン

地形図　新潟ロシア村①
２万５千分の１地形図「天王」平成元年修正

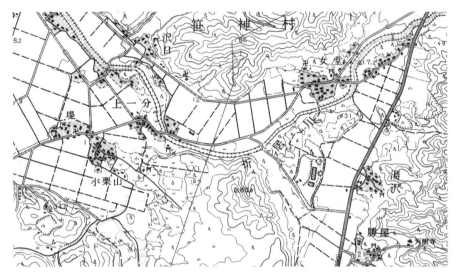

地形図　新潟ロシア村②
２万５千分の１地形図「天王」平成12年修正

クの新潟中央銀行が破綻，融資が打ち切られ，同年，冬季閉鎖となった。2000年（平成12年）4月7日に営業を再開，冬季休業が実施されることになった。

2002年（平成14年）4月1日，ロシアのハバロフスク地方政府から出資を受けて有限会社ロシアンビレッジが設立され，運営も移管されて，再度リニューアルオープンした。しかし，集客状況は改善せず，2003年（平成15年）12月に休業，2004年（平成16年）4月に閉園した。敷地・建物等は，そのまま残されている。なお，笹神村は2004年（平成16年）4月1日に水原町・安田町・京ヶ瀬村と合併して，阿賀野市となり，市役所は旧・水原町に開設された。

「地形図　新潟ロシア村①　2万5千分の1地形図「天王」平成元年修正」は，開園前の状況で，緩やかな傾斜の丘陵地であった。「地形図　新潟ロシア村②　2万5千分の1地形図「天王」平成12年修正」は，開園後で，「笹神ケイマンゴルフ場」の文字がかかる，丘陵地上に描かれた建物群が新潟ロシア村である。

・日経リゾート編集部（1993）：ファースト新潟ロシア村，8月開業へ　―大規模計画を延期，ミニパークを先行開発―，「日経リゾート」，101：30-32.
・米村勝彦（1999）：新潟ロシア村社長インタビュー　本物志向とこだわりで生き残る，「財界にいがた」，11（3）：86-88.
・伊藤博敏（2000）：金融界疑惑　新潟中央銀破綻、カギは新潟ロシア村に，「月刊公論」，33（2）：40-44.
・財界にいがた編集部（2000）：崖っぷちの新潟ロシア村が今春奇跡の再オープン！，「財界にいがた」，12（4）：86-88.
・財界にいがた編集部（2002）：ロシアが共同事業に乗り出した　新潟ロシア村の名誉挽回，「財界にいがた」，14（5）：54-56.
・酒井竜次（2007）：新潟ロシア村，『ニッポンの廃墟』，インディヴィジョン，81・234.
・栗原　亨（2008）：新潟ロシア村，「ワンダーJAPAN」，三才ブックス，6：72-73.

・D．ＨＩＲＯ（2008）：新潟ロシア村，『幻想遊園地』，メディアボーイ，
70-79.
・ワンダーＪＡＰＡＮ編集部（2010）：新潟ロシア村，『ワンダーＪＡＰ
ＡＮ日本の不思議な《異空間》500』，三才ブックス，73.

（5）柏崎トルコ文化村 ＜文献４点＞

　柏崎トルコ文化村は，1996 年（平成 8 年）7 月 27 日，新潟県柏崎市の
海岸後背丘陵地に開園した。第 1 期施設として，グランドバザール・トル
コレストラン・ミュージアムが開設され，1999 年（平成 11 年）7 月 24 日，
第二期施設としてモスクドーム・トロイの木馬等が増設された。ドーム内
のホールでは本場のベリーダンスが披露され，センターガーデンでは民族
舞踊が披露された。バザールではトルコの物産がよく揃っていた。

　柏崎市は，かつて西山油田で産出した石油を使用した石油化学工業で発
展した都市，現在でも近郊で石油・天然ガスを産出するが，多くは輸入に
頼っている。1982 年 11 月 17 日に北陸自動車道柏崎 IC ～米山 IC 間が開通,
1985 年（昭和 60 年）9 月に柏崎刈羽原子力発電所の 1 号機が運転を開始し
ている。1997 年（平成 9 年）7 月には 7 号機が運転開始，その時点で世界
最大の原子力発電所となった。1997 年（平成 9 年）3 月 22 日に北越急行
ほくほく線が開通，それまでは，東京～北陸間の移動ルートは，上越新幹
線長岡駅から柏崎を経由した特急「はくたか」を利用であったが，北越急
行が開通後は柏崎を経由しないルートとなり，一気に不便となった。化学
工業・原発だけでなく，観光開発による地域振興が期待されたという，時
代的・地域的背景があった。

　1999 年（平成 11 年）10 月に融資を受けていた新潟中央銀行が破綻,
2001 年（平成 13 年）5 月に整理回収機構が新潟中央銀行の債権を引き継
ぎ，2001 年（平成 13 年）12 月，冬季休業とともに閉鎖となった。2002
年（平成 14 年）7 月には整理回収機構から柏崎市が施設を買い取り，公
園として入場料は無料とし，柏崎市の企業と個人が出資して新たな柏崎ト
ルコ文化村の運営会社Ｋ・Ｔ・Ｖが設立され，柏崎市がその運営会社に施
設を貸し付けることになった。そして，2002 年（平成 14 年）7 月 18 日,

柏崎トルコ文化村は営業を再開したが集客状況は改善せず，2004年（平成16年）10月23日に発生した新潟県中越地震の影響もあって，2004年（平成16年）11月の冬季休業とともに再度閉鎖，2005年（平成17年）2月に運営会社Ｋ・Ｔ・Ｖが継続を断念，閉園した。2006年（平成18年）1月5日，柏崎市は土地建物の譲渡公募先募集を表明，同年3月24日公募が締め切られて新潟県内3社が応募，同年4月25日隣接地でホテルや結婚式場を運営するグランメリーホテルリゾートが最高価格を提示したことによって譲渡先に内定，同年6月23日議会で譲渡が承認された。なお，2007年（平成19年）7月16日に発生した新潟県中越沖地震では，柏崎市を中心に大きな被害を受けている。次の地形図中にあるＪＲ青海川駅は斜面が崩壊して土砂に埋まり，この区間でＪＲ信越線が同年9月12日まで不通となった。

「地形図　柏崎トルコ文化村①　2万5千分の1地形図「柏崎」平成5年修正」は，開園前で，柏崎市の鯨波海岸後背地の丘陵部が開設予定地であった。「地形図　柏崎トルコ文化村②　2万5千分の1地形図「柏崎」平成13年修正」は，開園後で，「トルコ村」と記され，建物群が描かれている。「地形図　柏崎トルコ文化村③　2万5千分の1地形図「柏崎」平成18年更新」は，閉園後で，名称表示はなくなり，再度閉鎖された状況が示されている。道の駅は，国道8号線の風の丘米山で，レストラン以外に，博物館記号表示は「コレクションビレッジ」と称する小さな4つの展示館である。

- アミューズメント産業編集部（1996）：新潟県　柏崎トルコ文化村1996年7月27日オープン，「アミューズメント産業」，25（10）：63-66.
- アミューズメント産業編集部（1999）：柏崎トルコ文化村に第2テーマパークオープン，「アミューズメント産業」，28（10）：46-51.
- 財界にいがた編集部（2007）：案の定！　柏崎トルコ文化村跡地で借地トラブル，「財界にいがた」，19（8）：48-52.
- ワンダーＪＡＰＡＮ編集部（2010）：柏崎トルコ文化村，『ワンダーＪＡＰＡＮ日本の不思議な《異空間》500』，三才ブックス，73.

地形図　柏崎トルコ文化村①
２万５千分の１地形図「柏崎」平成５年修正

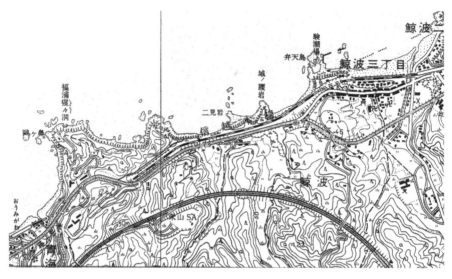

地形図　柏崎トルコ文化村②
２万５千分の１地形図「柏崎」平成13年修正

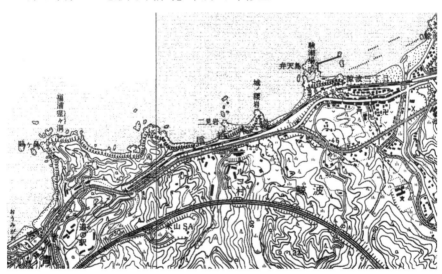

地形図　柏崎トルコ文化村③
２万５千分の１地形図「柏崎」平成 18 年更新

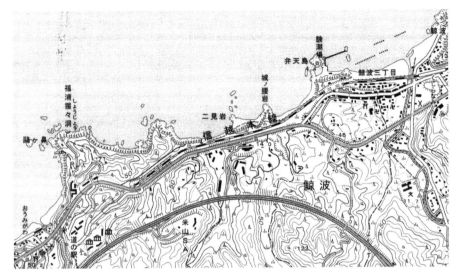

VI. おわりに

　本書では，テーマパークの総論と各論を展開するとともに，テーマパーク等の開園前後の地形図117点や，テーマパークに関する多数の筆者所蔵文献延べ722点，計839点を掲載，テーマパークに関する文献目録としての利用価値も極めて高いと自負している。前著では計660点だったので，約1.3倍に，「1万分の1地形図」と「世界の主要なテーマパーク」を割愛したにもかかわらず，ページ数も約1.2倍となった。引き続き，テーマパークの分布・開園影響・観光動向から日本の観光に大きな影響を与えていることや，開園時期と立地型を検討して，立地による集客状況の差異と地域との関連性についても考察した。さらに，個々のテーマパークも数多く提示し，それぞれの詳細な検討を行った。

　リゾートブームの影響で多数のテーマパークが計画され，実際に開業まで至ったテーマパークを本書でも取り上げたが，種々の問題を残してリゾートブームも現在は去り，閉鎖や休園，市営公園や民営化などへの転換もあり，経営主体や運営主体の変化もあって，テーマパーク再構成の時代となっている。遊園地では日帰り観光客が多いのに対して，テーマパークは宿泊観光客の占める比率が相対的に高いと，本書で指摘した。したがって，テーマパークの成否に，宿泊施設が大きく影響している。パーク内にホテルを配置することが理想的で，東京ディズニーリゾート・ハウステンボス・志摩スペイン村・レオマワールド，そして閉園したグリュック王国・新潟ロシア村にその例を見ることができ，内容や水準においてテーマパークと整合性が比較的保たれている。しかし，パーク外の周辺宿泊施設においても，整合性を有するかということも検討が必要である。さらに有名観光地ではすでにそのイメージができており，あとから開設されたテーマパークが違和感なく溶け込んでいるかといったことも継続した発展に大きく関わってくる。場合によっては，観光地自体もテーマパークのテーマとの整合性が求められることにもなる。例えば，欧米をテーマとしたテーマパークの宿泊施設が和風，個別客が多いのに団体客対応の宿泊施設，テーマパークで夕食まで楽しむのに夕食付きの基本プラン等，いくつかの

課題が指摘できる。すなわち，テーマパークと地域が一体となった魅力づくりを継続して行う必要性がある。もっとも，大規模な投資が行いやすい大都市に比べて，地方観光地の場合は限界があり，効果的な投資ができず，いわゆる「マンネリ化」「飽きられて」衰退へ向かう事例も出てくる。このように，テーマパークに限らず，観光地として成功している事例の多くは，継続した「地域づくり」に成功しているといってよく，「観光地域学」の視点が必要となる。

　観光については，地域政策，地域振興法等で「地域づくり」の支援が行われており，リゾート法等に代表される法整備も観光振興に必要で，法学・行政学の研究対象でもある。また同時に，観光地域の中で，観光施設や宿泊施設，そしてそこに暮らす人々がいかに連携して有機的な観光地づくりに関わっているかが問われている。すなわち，その「地域づくり」は「人づくり」であり，「東京ディズニーリゾートでの人材教育」が注目されているように，「人づくり」という視点から，観光地域において人材教育の果たす役割は極めて大きい。観光と教育との関連といえば修学旅行先での結びつきという視点のみにとどまるものではない。観光教育論，すなわち従来の経験継承的・実践実務的な観光教育にとどまることなく，これからは新規創造的・理論応用的観光教育の体系化，観光教育学の成立・確立が大いに期待されるところである。さらに，世界各地に開設されているディズニーランドにおいても，その地域の風土を考慮した展開が成否の要因となっていることから，風土研究である地理学の果たす役割も大きく，地理学はその期待にこたえなければならない。グローバル化・競合競争の時代にあっては，生き残り策と称して，国際スタンダードに統一する動きもあるが，その一方で，特色ある観光地づくり，ローカル化・自主自立の時代でもあることに注目すべきである。国際化のみが目指す道筋とは限らず，地域を総合的に理解し，地域性をいかに有効に活用するか魅力化するかといった地理学的視点も問われている。このように，テーマパーク研究は，一般的な観光研究同様，法学・教育学・地理学の各研究と，それらの総合的な研究である，地域学が有効と指摘でき，テーマパーク地域学の存在意義がそこにある。

テーマパークは，発展と停滞の二極分解を経て，多様化の模索，いくつかの基軸化が見られ，やがて集束化が進行するものと予測されると前著で指摘した。テーマパークの成否を検討するとき，本書でも繰り返し指摘したように，立地と展開からみて，日本の風土やその立地する地域との関係からテーマパークを考察する地域学的研究が必要不可欠である。また，立地と規模の関係を考慮することが，特に重要であると考えられる。地域学のテーマでもある地域振興のためにも，今後もテーマパーク研究が大いに発展することを期待したい。

あとがき

　1970 年（昭和 45 年），日本万国博覧会が千里丘陵にて開催され，当時，筆者は至近の大阪府立千里高等学校の生徒であった。大阪府立千里高等学校は，千里ニュータウン内に開設された最初の大阪府立高等学校である。地の利を生かして何回も訪れ，博覧会を隅々まで記憶にとどめることができた。また，日本万国博覧会のガイドブックが多く発行され，学研が高校生向けに発行したガイドブックである「万国博ヤングガイド」に地元高校生の見学体験対談として筆者が紙面に登場した。本文中でも述べたように，博覧会とテーマパークは関係深く，日本万国博覧会は，博覧会としては日本最大の地位を現在でも保っている。そして私事で恐縮ではありますが，テーマパーク元年の 1983 年（昭和 58 年）に結婚，開園直後の東京ディズニーランドを訪れたことは勿論，その後に次々と開園するテーマパークへ子供を含めた家族旅行で訪れることとなった。その内容は，当時，世話役を仰せつかった大阪教育大学地理学会地理教育部会で，地理・歴史学習に活用できる教材として報告，日本地理教育学会大会（大阪教育大学地理学会共催）でも発表させていただいた。

　日本万国博覧会から 33 年目，テーマパーク元年から 20 年目となる2003 年（平成 15 年）6 月 30 日に日本のテーマパーク研究をまとめた初著『ソフィア叢書 No.9　日本のテーマパーク研究』第一刷を発行した。幸いにして大好評で，第一刷はすぐに完売，約 2 カ月半後の同年 9 月 12 日に第二刷を発行した。この第二刷も完売したため，テーマパーク元年から四半世紀となる 2008 年（平成 20 年）8 月 30 日に，新旧地形図やその後の動向を大幅に追加した『新・日本のテーマパーク研究』第一刷を発行した。初著の叢書よりもひとまわり大きいＡ５判の単行本として，地形図もより広い範囲を掲載できるなど，図版も見やすくすることとした。判を大きくしたにもかかわらず，ページ数では約 2 倍となった。したがって，分量的には約 2.5 倍となっている。初著をご覧いただいた方々にも，本書の新たな部分から，ご購入いただけると考え，基本構成は初著と同一としたが，書名を『新・日本のテーマパーク研究』とさせていただいた。初著

が完売していたため，この第一刷もすぐに完売，約2カ月後の同年10月30日に第二刷を発行，さらに完売したため，2012年（平成14年）3月30日に第三刷を発行した。これも2021年（令和3年）には完売した。そこで，2018年（平成30年）に『観光地域学』，2021年（令和3年）に『自然地域学』と「地域学シリーズ」を刊行していたので，それに続く改訂増補版として，2022年（令和4年）に本書『テーマパーク地域学』を発行することとした。初著第一刷からすれば「第六刷」ということとなり，重ねて出版を引き受けていただいている竹林館様に感謝申しあげます。実に，20年間継続して同一テーマで単著の研究書を重ねて出版できることは，個人的に極めて感慨深いものがあり，ご指導いただいた恩師のおかげでもあります。関西学院大学学部生時代にご指導をいただき，関西大学大学院博士課程にもご出講されていた浮田典良先生に初著を謹呈いたしましたところ，新旧地形図の対比など，お褒めをいただきました。しかしながら，2005年（平成17年）にご逝去され，前書および本書を謹呈できないのが残念であります。日本地理学会交通地理研究グループでご指導をいただき，初著のご批評を賜り，本書で取り上げた「ユネスコ村」の貴重な初期のパンフレットを恵与いただきました中川浩一先生は2008年（平成20年）にご逝去された。また，初著の書評を日本地理教育学会の「新地理」に寄稿いただき，前書について「初著より充実した」とご感想をお寄せいただいた青木栄一先生は2020年（令和2年）にご逝去された。さらに，大阪教育大学地理学会地理教育部会の世話役を務めた際に，いつも励ましをいただきました位野木壽一先生は2006（平成18年）年，古川浩先生は2004年（平成16年），橋本九二男先生は2011年（平成23年），奈良芳信先生は2013年（平成25年），前田昇先生は2017年（平成29年），磯髙材先生は2020年（令和2年），守田優先生は2021年（令和3年），それぞれご逝去された。改めて，感謝申しあげます。

テーマパークとエアラインは本文中にも述べたように，共通項が多く，大学生の卒業論文テーマとして人気が高い。しかしながら，大学生に適度な研究書や論文は意外に少ない。前述の拙稿2編については，地理学・文化人類学・経済学・経営学等，多くの大学関係の方々から論文抜刷送付の

依頼をいただいたものの，配布用別刷はすぐになくなる盛況ぶりで，ご迷惑をおかけすることとなった。拙稿2編を中心にまとめた初著に引き続いて，前書・本書でも，今後，多くの方々がテーマパーク研究に取り組まれることを考慮して，筆者が所蔵している文献を多数掲載することに努めた。いわば，筆者の所蔵文献目録でもあり，僭越ながら，テーマパークに関する文献所蔵で，個人としてはトップクラスと自負している。本書に提示した所蔵文献で，すでに完売・品切れ・絶版となって，現在では現物を入手できない文献は数多い。その活用も，広く求められるところである。

　日本のテーマパークは，40年を経過，「半世紀」への歩みを始めている。同時に，研究の歴史も，半世紀への歩みが必要である。今後も，「研究対象」として，テーマパークを見守ることが求められるであろう。本書が，テーマパーク研究の40年の「節目」となり，「半世紀」に向けての一冊，さらには初著・前箸同様，「歴史」に残る一冊になれば幸いである。

注：大阪教育大学地理学会地理教育部会でのテーマパーク巡検報告は下記のとおりである。

1992 年（平成 4 年）5 月例会：九州のテーマパーク（長崎オランダ村ハウステンボス・肥前夢街道・サンリオハーモニーランド・スペースワールド）

1994 年（平成 6 年）4 月例会：名古屋近郊のテーマパーク（明治村・リトルワールド）

1994 年（平成 6 年）12 月例会：香川と三重のテーマパーク（レオマワールド・志摩スペイン村パルケエスパーニャ・伊勢戦国時代村）

1995 年（平成 7 年）2 月例会：北海道のテーマパーク（カナディアンワールド・グリュック王国・北海道開拓の村・登別伊達時代村・登別マリンパークニクス・天華園）

1995 年（平成 7 年）12 月例会：関東のテーマパークその 1（東武ワールドスクウェア・日光江戸村・ウェスタン村）

1996 年（平成 8 年）6 月例会：関東信越のテーマパークその 2（東京ディズニーランド・東京セサミプレイス・サンリオピューロランド・修善寺 虹の郷・新潟ロシア村・柏崎トルコ村）

2001 年（平成 13 年）9 月例会：レオマワールド（旧・レオマワールド閉園直前の状況報告）

2005 年（平成 17 年）7 月例会：東京ディズニーシー

2008 年（平成 20 年）10 月例会：ニューレオマワールド（ニューレオマワールドとして再開後の状況を報告）

2009 年（平成 21 年）11 月例会：リトルワールド

2010 年（平成 22 年）12 年例会：東京ディズニーリゾート

2013 年（平成 25 年）12 月例会：日本のテーマパーク 30 年の軌跡(1983 〜 2013 年)

2017 年（平成 29 年）6 月例会：ニューレオマワールド

2017 年（平成 29 年）7 月例会：ハウステンボス・ポートホールン長崎・ラグナシア・リトルワールド

2019 年（平成 31 年）4 月例会：北海道開拓の村

2019 年（令和元年）6 月例会：レゴランド

2019 年（令和元年）7 月例会：ムーミンバレーパーク

2019 年（令和元年）9 月例会：ニューレオマワールド

国土地理院発行　掲載地形図索引 ＜ 117 点＞

カバー表　地形図　浦安・東京ディズニーリゾート
　　　　　　　　上：5 万分の 1 地形図「東京東南部」昭和 56 年修正
　　　　　　　　下：5 万分の 1 地形図「東京東南部」平成 18 年修正
カバー裏　地形図　佐世保・ハウステンボス
　　　　　　　　左：2 万 5 千分の 1 地形図「早岐」令和 2 年 8 月調製
　　　　　　　　右：5 万分の 1 地形図「早岐」平成 2 年要部修正（道路）

本書は、『新・日本のテーマパーク研究』（竹林館　2008年発行）の改訂版である。
『新・日本のテーマパーク研究』発行の際に「掲載の地形図は、国土地理院長の承認を得て、同院発行の5万分の1地形図、2万5千分の1地形図を複製したものである。（承認番号　平20業複、第332号）」と明記した。
本書の地形図を第三者がさらに複製する場合には、国土地理院の規定に従わなければならないことにご留意ください。

観光地域学

Tourism Regionology

新ソフィア叢書No.1

奥野一生著

ISBN978-4-86000-377-7・A5判・本体1800円＋税

旧版帝国図・地勢図・地形図計50点掲載
観光学総論・観光学概論テキストに最適！

■目次より

観光地理学・交通地理学と観光地域動向
観光地域と観光資源／地域振興政策と観光
鉄道資本と観光地域／船会社と観光地域
航空企業と観光地域
観光業界と地域社会、宿泊業界を中心として
産業観光と地域社会、鉱業地域を中心として
テーマパークと地域社会／日本の観光地域

●日本各地の観光地など
　各20選も表・分布図で掲載

世界遺産
世界ジオパークと離島を含む
　国立公園
アニメの聖地
おもな火山
おもな温泉
おもな歴史的観光地
おもな観光による地域振興事例
テーマパーク・高級遊園地・
　国際博覧会
おすすめの観光地・施設 他

自然地域学

Natural Regionology

奥野一生著

新ソフィア叢書No.2
ISBN978-4-86000-455-2・A5判・本体1800円＋税

旧版帝国図・地勢図・地形図50点掲載！
自然地理学概論・入門・教職テキストに！

今日、高等学校進学率は極めて高く、高等学校での教育と進路指導は、各自の人生に大きな影響を与える。高等学校の地理総合において、自然環境の学習にとどまらず、人間文化・人間社会に与える影響、そこに至る視点の指導が肝要となろう。勿論、部分的でなく包括的であることも大学教育に繋ぐ上で必要であり、教職を目指す場合、勿論、研究者を目指す場合も、基礎・基本となるはずである。本書では、その求められている状況に対し、大学での自然地理学の教科書として企画したものである。（「はじめに」より）

― 目次より ―

日本の自然地理と自然災害／大地形／安定陸塊地域／古期造山帯地域／新期造山帯地域／山地地形地域と平野地形地域／海岸地形地域とサンゴ礁地形地域／氷河地形地域・乾燥地形地域・カルスト地形地域／ケッペンの気候区分と日本の気候／熱帯気候地域　／乾燥帯気候地域／温帯気候地域／冷帯気候地域・寒帯気候地域・高山気候地域／まとめ：日本の自然・鉱産物と歴史、世界の自然・鉱産物と歴史

● 著者略歴

奥野　一生　（おくの　かずお）

大阪府立　千里　高等学校　卒業
関西学院大学　法学部　政治学科　卒業　法学士
大阪教育大学　大学院　教育学研究科　社会科教育専攻
　　　　　　　　地理学講座　修士課程　修了　教育学修士
関西大学　　　大学院　文学研究科　地理学専攻
　　　　　　　　博士課程　後期課程　修了
　　　　　　　　博士（文学）学位取得（関西大学　文博第五十三号）

現在，大学教員

主著：
『日本のテーマパーク研究』竹林館，2003 年発行
『日本の離島と高速船交通』竹林館，2003 年発行
『新・日本のテーマパーク研究』竹林館，2008 年発行
『レジャーの空間』ナカニシヤ出版，2009 年発行（分担執筆）
『観光地域学』竹林館，2018 年発行
『日本ネシア論』藤原書店，2019 年発行（分担執筆）
『自然地域学』竹林館，2021 年発行

所属：
日本地理学会会員
（1998 ～ 2001 年度役員＜地理教育専門委員会専門委員＞）
人文地理学会会員
日本地理教育学会会員
日本クルーズ＆フェリー学会会員（役員〈理事〉）
日本島嶼学会会員（設立発起人・2005 ～ 2021 年役員〈理事〉）

テーマパーク地域学 *Theme Park Regionology*　　　新・ソフィア叢書 №3

2022 年 8 月 20 日　第 1 刷発行
著　者　奥野一生
発行人　左子真由美
発行所　㈱竹林館
〒 530-0044 大阪市北区東天満 2-9-4 千代田ビル東館 7 階 FG
Tel　06-4801-6111　Fax　06-4801-6112
郵便振替　00980-9-44593
URL http://www.chikurinkan.co.jp
印刷・製本　モリモト印刷株式会社
〒 162-0813 東京都新宿区東五軒町 3-19

Ⓒ Okuno Kazuo　2022 Printed in Japan
ISBN978-4-86000-481-1　C3325